高管团队知识覆盖与企业创新发展

李　山◎著

中国财经出版传媒集团
中国财政经济出版社
·北　京·

图书在版编目（CIP）数据

高管团队知识覆盖与企业创新发展 / 李山著. 北京：中国财政经济出版社，2025. 3. -- ISBN 978 -7 -5223 -3733 -3

Ⅰ. F27

中国国家版本馆 CIP 数据核字第 20253BD479 号

责任编辑：杨　然　　责任校对：胡永立
封面设计：陈宇琰　　责任印制：张　健

高管团队知识覆盖与企业创新发展
GAOGUAN TUANDUI ZHISHI FUGAI YU QIYE CHUANGXIN FAZHAN

中国财政经济出版社 出版

URL：http：//www. cfeph. cn
E - mail：cfeph@ cfeph. cn

社址：北京市海淀区阜成路甲 28 号　邮政编码：100142
营销中心电话：010 - 88191522
天猫网店：中国财政经济出版社旗舰店
网址：https：//zgczjjcbs. tmall. com
涿州汇美亿浓印刷有限公司印刷　各地新华书店经销
成品尺寸：170mm × 240mm　16 开　16. 25 印张　203 000 字
2025 年 3 月第 1 版　2025 年 3 月河北第 1 次印刷
定价：78. 00 元
ISBN 978 - 7 - 5223 - 3733 - 3
（图书出现印装问题，本社负责调换，电话：010 - 88190548）
本社图书质量投诉电话：010 - 88190744
打击盗版举报热线：010 - 88191661　QQ：2242791300

前　　言

在当今快速变化的商业环境中，企业的成功越来越依赖于其管理层，特别是高管团队的知识和能力。高管团队的知识结构，包括知识的广度和深度，对企业的创新、战略决策和最终绩效产生着深远的影响。本书旨在深入探讨高管团队知识覆盖与企业绩效之间的关系，以及这种关系如何影响企业的创新能力和高质量发展。

我们从理论和实证的角度分析了高管团队知识结构的异质性和同质性，以及这些结构如何影响企业的战略选择和行为。我们发现，高管团队的知识覆盖度与企业绩效之间存在着密切的联系。知识覆盖不仅关系到企业内部的沟通效率和决策质量，还直接影响企业的创新能力和市场竞争力。

本书通过自然语言处理（Natural Language Processing，NLP）技术，对上市企业高管的公开简历文本进行深入分析，构建了高管团队知识覆盖的量化模型，并探讨了其对企业双元创新和高质量发展的影响。实证研究发现，高管团队的知识覆盖度与企业绩效之间存在正相关关系，而知识异质性在一定程度上会削弱这种正向影响。此外，我们还探讨了股权激励和内部控制在这一关系中的作用。

在总结研究发现的基础上，本书提出对企业高管团队知识管理的相关建议。企业应该重视高管团队的知识结构建设，平衡知识异质性和知识覆盖度，并合理实施股权激励政策。同时，企业应加强对双元创新的均衡关注，在内部控制与高管团队知识覆盖之间找到合适的平衡点。

本书的研究不仅为企业提供了关于高管团队知识结构优化的理论和实践指导，也为学术界提供了新的研究视角。我们希望本书能为企业管理者、学者和政策制定者理解和完善高管团队的知识结构提供有益参考，并激发更多的讨论和研究。

在议题研究与书稿著述的过程中，我的研究生们提供了很多帮助，李泽萍、王忠瀚、陈子怡、尚沐阳深度参与了知识覆盖测度方法的相关研究，负责将构思变为实际研究过程。其中，李泽萍、王忠瀚主要为第2章、第3章的知识覆盖测度与创业企业绩效的关系验证提供了支持，陈子怡对第4章知识覆盖与双元创新的内容进行了探索，尚沐阳对第5章知识覆盖与高质量发展的关系进行了探讨。除此之外，研究生李尚泽、邱悦欣、倪平月、徐浩鹏协助完成书稿的校验、参考文献的编辑等工作。在此对他们表示感谢！

在本书的撰写与出版过程中，感谢我的博士导师徐升华教授给予的关心与帮助，以及同门师兄弟与同事黄辉教授提出的宝贵意见。本书的出版得到了国家自然科学基金项目“基于动态知识覆盖的创新创业团队成员选择机制研究”（项目批准号：71861010），以及“开放式创新下企业—用户知识在线互动与知识共创研究”（项目批准号：72161013）的资助；同时，本书也是江西新型智库数据中心的研究成果。此外，特别感谢中国财政经济出版社的大力支持！

华东交通大学　李　山

2024年11月21日

目　　录

第1章　高管团队知识需要异质性还是同质性

美国管理学者 Hambrick 和 Mason 在 1984 年提出高阶管理理论（Upper Echelons Theory），认为由于内外环境的复杂性，管理者不可能对企业的所有方面进行全面认识。管理者的认知结构和价值观决定了其对相关信息的解释力，因此，管理者特质影响着他们的战略选择，进而影响企业的行为。很大一部分学者认为，高管团队的异质性这一管理者特质，对企业经营发展及其绩效表现具有重要影响（任峰等，2017；Liu et al.，2024）[1][2]。目前该理论分为了两大学派：信息决策理论和社会认同理论。信息决策理论认为，团队成员间高知识异质性能为思考和解决问题提供多样化的视角和途径（王颖等，2011；Zhao et al.，2021）[3][4]，有利于开拓团队视野，丰富团队知识，形成知识碰撞，激发创新力和创造力，提升决策的科学性和有效性（Allen et al.，2006；段光等，2005）[5][6]；社会认同理论则认为，过高的知识异质性会导致成员间观念难以调和、信息交流不畅，产生认知冲突，不利于团队决策（Bermiss et al.，2015；Zhou et al.，2023）[7][8]。基于以上两种观点的研究，至今仍未得到统一结论（邢蕊等，2017）[9]。

1.1 微软的高管与 OpenAI

自 2023 年 1 月，美国开放人工智能研究中心（OpenAI）推出 Chat

Generative Pre-trained Transformer（简称“ChatGPT”）两个月之后即“火出圈”，以月活用户突破亿计引爆了全球的生成式人工智能（Artificial Intelligence，AI）狂潮，是科技界有史以来最高的纪录。OpenAI 背后最大的投资者微软（Microsoft）在其发展的关键瓶颈时期——2019 年投资 10 亿美元，并提供了 Azure 云平台计算服务。[①] 这是微软高层又一次重大的战略决策，也是自 2014 年萨提亚·纳德拉（Satya Nadella）掌舵微软以来，不断地调整公司的航向，在人工智能领域取得的又一次令人瞩目的飞跃。实际上，在 2019 年投资 OpenAI 之初，微软高层曾持怀疑态度，原因在于其顾虑微软研究院持续 10 多年的相关研究是否会被全盘否定，这使微软在投资 OpenAI 上并非一帆风顺。为此，微软高层在明确目标、战略决策、资源投入、内部沟通等方面做了不少的努力。首先是萨提亚·纳德拉在 AI 365 会议上明确了微软对 OpenAI 投资的愿景，即利用 OpenAI 的技术来增强微软的产品和服务；接着向其他公司领导人传达了其对 OpenAI 技术的雄心，表明了公司对这项投资的信心和期望。微软认识到为了支持 OpenAI 的人工智能模型，需要建造前所未有的大型计算机，这需要大量的资源投入，包括资金和工程团队。萨提亚·纳德拉与云计算部门总裁斯科特·格思里（Scott Guthrie）和副总裁艾瑞克·鲍伊德（Eric Boyd）讨论了建造超级计算机的计划，他们认为这不仅是对 OpenAI 的投资，也是对微软云服务能力的投资。Azure 为建造 OpenAI 超级计算机的预算高达 12 亿美元，这显示了微软对该项目的重视和承诺。为了完成超级计算机的建造，微软不得不从其他项目中抽调工程师，这影响了微软对 Azure 其他服务器的维护和测试。微软内部对于资源分配存在争议，一些团队对 OpenAI 能够获得大量资源而自己的项目却受到限制感到不满。执行副总裁拉杰什·杰哈（Rajesh Jha）向表达不满的产品

① 腾讯新闻．谁在控制 OpenAI? OpenAI 公司结构、董事会详解［EB/OL］.（2023－11－20）. https：//new. qq. com/rain/a/20231120A01H5B00.

团队解释说，对 OpenAI 的投资最终将有利于他们的工作，因为这项技术将增强微软的产品和服务。尽管存在短期的挑战和暂时的不满，但微软高管团队在长远的视角上达成了一致，即投资 OpenAI 并利用其技术，将为公司带来更大的收益。①

从目前来看，微软对 OpenAI 的投资总体上是成功的，这代表着微软高管团队又一次的成功决策。面对事关管理、技术创新、投资决策等重大决议时，影响高管团队达成一致意见的背后机制是复杂的。一些研究认为，高管团队的特征、权力分布、异质性等是决定性因素。这给了我们阐释企业高管团队决策有效性的明确方向，但我们也不能忽视了这些高管作为个体的"人"，其背后的经历、知识所蕴含的影响因素，以及他们作为决策群体所共同表现出来的一致行为机制。

为此，我们整理了来自微软官方的一些高管简历，看是否能够从中窥见不同的团队"密码"（见表 1－1）。

表 1－1　　　　　　微软高管简历

微软高管简历	关键词
萨提亚・纳德拉（Satya Nadella）是微软公司的董事长兼首席执行官。在 2014 年 2 月被任命为首席执行官之前，萨提亚・纳德拉在公司的企业与消费者业务中担任了领导角色。自 1992 年加入微软以来，他很快便以能够跨越多种技术和业务领域，成功改造微软部分重大产品的领导者而闻名。目前，萨提亚・纳德拉是微软云和企业集团的执行副总裁。在这个职位上，他领导了向云基础设施和服务业的转型，这一业务开拓了市场并从竞争中夺取了份额。此前，萨提亚・纳德拉领导了在线服务部门的研发，并担任微软商业部门的副总裁。在加入微软之前，萨提亚・纳德拉是 Sun Microsystems 技术团队的成员。萨提亚・纳德拉出生于印度海得拉巴，在华盛顿州贝尔维尤与家人同住。他在印度曼加洛尔大学获得电子工程学士学位，在威斯康星大学密尔沃基分校获得计算机科学硕士学位，并在芝加哥大学获得工商管理硕士学位。萨提亚・纳德拉担任他的母校芝加哥大学的董事会成员	业务与消费领域、产品供应、云基础设施、电子工程、计算机科学、工商管理

① 腾讯新闻．放下骄傲！微软是如何豪赌 OpenAI 的？［EB/OL］．（2023－05－26）．https：//new. qq. com/rain/a/20230526A07R3K00.

续表 1

微软高管简历	关键词
贾德森·阿尔托夫（Judson Althoff）是微软公司的执行副总裁兼首席商务官；他负责公司商业业务的销售策略制定、执行和收入增长，业务涵盖公共部门、中小企业、开发者和合作伙伴社区，遍及全球超过120个国家和地区的子公司。贾德森·阿尔托夫对与客户共同创新充满热情，致力于在他们的组织中——从董事会到工厂车间，以及在市场上推广和扩大数字化体验。在他的领导下，微软实现了连续不断的商业云收入增长，这得益于与客户的紧密合作，这些合作通过数字化转型推动了业务发展。贾德森·阿尔托夫于2013年3月加入公司，担任微软北美区总裁。在他的职业生涯早期，他在甲骨文和易安信担任了多年的高级销售。贾德森·阿尔托夫毕业于伊利诺伊理工学院（IIT）机械工程专业，并作为独立董事和审计与财务委员会成员，服务于艺康公司的董事会	商业业务、销售策略、客户共创、数字化、云收入、机械工程、审计、财务
作为执行副总裁兼首席人力资源官，凯瑟琳·霍根（Kathleen Hogan）赋予全球220000多名员工实现微软公司使命的力量。在她的职位上，她专注于使微软成为一个适宜员工工作的优秀场所，并确保公司正在创造一种吸引并激励世界上最有激情人才的文化。凯瑟琳·霍根之前曾担任微软服务公司的副总裁，该团队致力于帮助企业和消费者最大限度地提高他们对微软技术投资的价值。在2003年加入微软之前，她是麦肯锡公司的合伙人，以及甲骨文公司的开发经理。2021年，凯瑟琳·霍根因她在新冠疫情期间的领导力和人才战略，被《人力资源执行》杂志评为“年度人力资源执行官”。她还是全国女性与信息技术中心（NCWIT）的董事会成员，以及人力资源管理协会（SHRM）执行委员会的成员。作为一个乳腺癌幸存者和苏珊科曼基金会普吉特海湾分会的前董事会成员，她将个人和商业视角带给了该董事会。凯瑟琳·霍根还参与了西雅图社区的活动，同时是阿拉斯加航空集团的董事会成员。凯瑟琳·霍根在哈佛大学获得了应用数学和经济学学士学位，并且以优异成绩毕业。此外，她持有斯坦福大学商学院的工商管理硕士学位	人力资源、激情人才、消费者价值、开发经历、人才战略、女性、信息技术、应用数学、经济学、工商管理
艾米·胡德（Amy Hood）是微软公司的执行副总裁兼首席财务官，负责领导公司的全球财务组织，包括会计与报告、收购、业务运营、全球房地产、内部审计、投资者关系、税务规划和财务。艾米·胡德于2002年加入微软，并于2013年成为执行副总裁和首席财务官。任职期间，她推动了云计算的全球发展，并帮助微软及其客户通过技术转变实现业务增长，进入人工智能新时代。她深度参与公司的运营，以及公司成功收购的动视暴雪（Activision Blizzard）、领英（LinkedIn）和GitHub的战略发展和整体执行。她一直是微软首席执行官萨提亚·纳德拉的战略合作伙伴，推动财务长期增长，倡导企业文化，并推动公司建立更广泛的生态系统。自2017年以来，她还一直担任3M公司的董事会成员。艾米·胡德在杜克大学获得了经济学学士学位，并在哈佛大学获得了工商管理硕士学位	财务、会计、审计、税务、投资、云计算、人工智能、收购、经济学、工商管理

续表 2

微软高管简历	关键词
作为执行副总裁兼首席营销官，沼本健（Takeshi Numoto）负责领导全球营销工作，包括产品营销、品牌、广告、市场研究、活动和沟通，涵盖微软的所有产品和服务。在微软任职期间，沼本健的关键作用是创建新的商业模式。他的创新策略使公司的营销和商业能力现代化，建立了一个互联的销售和营销生态系统，利用数据优化客户体验。在之前的职位上，沼本健促进了公司商业产品组合的增长及其向云端的业务转型。在 1997 年加入微软之前，沼本健在日本政府的通商产业省任职。沼本健拥有东京大学法学学士学位和斯坦福大学工商管理硕士学位	营销、品牌、广告、创新、销售、数据优化、云计算、法学、工商管理
作为微软的副主席兼总裁，布拉德·史密斯（Brad Smith）负责领导公司的工作，并在涉及技术与社会的交汇点，包括人工智能、网络安全、隐私、环境可持续性、人权、数字安全、移民、慈善事业以及面向非营利客户的产品和服务等各种关键问题上代表公司公开发言。他领导着一支由大约 2000 名商业、法律和企业事务专业人士组成的团队，这些专业人士分布在 54 个国家，在 120 多个国家开展业务。在布拉德·史密斯与微软的卡罗尔·安·布朗（Carol Ann Browne）合著的畅销书《工具与武器：数字时代的承诺与危险》中，他敦促科技行业承担更多责任，并呼吁政府加快行动，应对新技术带来的挑战。在同名播客中，布拉德·史密斯和他的嘉宾们深入探讨了书中的主题，探索了当今塑造世界的数字问题的潜在解决方案。《纽约时报》称布拉德·史密斯为“整个科技行业事实上的大使”，《澳大利亚金融评论》则称他为“科技行业最受尊敬的人物之一”。他曾多次在美国国会和其他政府机构面前就这些关键政策问题发表证词。布拉德·史密斯于 1993 年加入微软，最初在巴黎工作了 3 年，负责领导欧洲的法律和企业事务团队。2002 年，他被任命为微软的总法律顾问，并在接下来的 10 年里，领导了解决公司与世界各国政府以及科技行业公司之间反垄断争议的工作。在过去的 10 年里，布拉德·史密斯一直致力于推动微软的客户隐私保护以及 DREAMers 和其他移民权利的工作，包括就这些问题对美国政府提起多项诉讼。在加入微软之前，布拉德·史密斯在科文顿·柏灵律师事务所（Covington & Burling LLP）担任律师和合伙人。他至今仍被该律所铭记，因为他是该律所悠久历史上首位坚持（于 1986 年）将个人电脑放在办公桌上作为接受工作邀请条件的律师。除了在微软的工作，布拉德·史密斯在多个民间组织和更广泛的技术行业中都很活跃。2014 年，布拉德·史密斯被任命为普林斯顿大学董事会成员，至今仍然在职。自 2015 年起，他一直担任奈飞公司（Netflix）的董事会成员，并担任华盛顿州机会奖学金计划董事会主席。2024 年，他转任 Kids in Need of Defense（KIND）的名誉董事会主席，该组织是他与安吉丽娜·朱莉在 2008 年共同创立的，他曾担任其董事会主席长达 15 年。布拉德·史密斯在威斯康星州的阿普尔顿长大，隔壁的大城市是绿湾。他就读于普林斯顿大学，在哥伦比亚大学法学院获得法学博士学位，并在瑞士日内瓦的国际研究生院学习国际法和经济学	技术、社会、人工智能、网络安全、绿色、商业、法律、法学、经济学

续表 3

微软高管简历	关键词
克里斯托弗·杨（Christopher Young）是微软公司负责业务发展、战略和风险投资的执行副总裁。他负责通过建立战略合作伙伴关系、制定公司战略以及通过微软的企业风险投资部门识别高影响力的投资，来推动整个公司的增长。克里斯托弗·杨是迈克菲（McAfee）有限责任公司的前首席执行官（2014—2020 年）。2017 年，他领导了将迈克菲从英特尔拆分出来成为独立公司的倡议。在他的领导下，迈克菲不断发展壮大，为全球 2000 强企业中超过 2/3 的企业和 5 亿多消费者提供关键任务系统和数据保护。在职业生涯早期，克里斯托弗·杨在思科、RSA 和美国在线（AOL）领导了网络安全工作。他还领导了 VMware 的终端用户计算，并共同创立了 Cyveillance 公司。克里斯托弗·杨目前是美国运通公司的董事会成员。他曾是社交媒体公司 Snap、网络安全数据分析公司 Rapid7 和网络威胁联盟的董事会成员，并曾担任普林斯顿大学的董事会成员。克里斯托弗·杨以优异成绩获得了普林斯顿大学的文学学士学位，以及哈佛商学院的工商管理硕士学位。他与妻子及两个女儿生活在旧金山湾区	战略、风险投资、数据安全、文学、工商管理
凯文·斯科特（Kevin Scott）是微软的人工智能执行副总裁兼首席技术官。他是一位创新的领导者，致力于推动技术愿景以实现微软的使命，并对创造惠及每个人的技术充满热情。他专注于帮助公司成为工程师、开发者和研究人员工作和学习的优秀场所。在技术领域和学术界的 20 年职业生涯中，凯文·斯科特担任了研究者、工程师和领导者的角色。在加入微软之前，他是领英的工程和运营高级副总裁，在那里他帮助建立了技术和工程团队，并领导公司完成了首次公开募股（IPO），实现了连续 6 年的快速增长。在职业生涯早期，凯文·斯科特负责谷歌的移动广告工程，包括谷歌以 7.5 亿美元收购移动广告公司 AdMob 的整合工作。在 AdMob 公司，凯文·斯科特负责世界上最先进的移动货币化平台的工程和运营。在加入 AdMob 公司之前，凯文·斯科特在谷歌担任了多个领导职位，负责搜索和广告工程，并帮助公司建立远程工程中心。凯文·斯科特是播客《技术背后》的主持人，该播客采访了帮助创建当今技术产业的技术英雄。他还撰写了《重新规划美国梦》一书，探讨了如何现实地利用人工智能来服务每一个人，而不仅是少数特权阶层。作为搜索和信息提取领域多项专利的共同发明人，凯文·斯科特撰写了多篇关于动态二进制重写的出版物，这些出版物在其他学术研究中被引用了数百次。他获得了谷歌创始人奖、英特尔博士奖学金和 ACM 服务认可奖。凯文·斯科特是电商服务平台 Shopify 的董事会成员，为多家硅谷初创公司提供咨询服务，是一位活跃的天使投资者，是非营利组织“技术背后”的创始人，也是安妮塔博格学院（Anita Borg Institute）董事会名誉成员和斯科特基金会（The Scott Foundation）的受托人。他还担任哈佛公共目的技术（TAPP）项目领导委员会成员。凯文·斯科特拥有维克森林大学计算机科学硕士学位、林奇堡学院计算机科学学士学位，并在弗吉尼亚大学完成了计算机科学博士学位的大部分课程	技术、工程师、开发、学术、人工智能、天使投资、计算机

内容来源：微软官方网站，https：//news. microsoft. com/leadership/？section = senior - leaders，https：//news. microsoft. com/exec/kevin - scott/。

通过查看这些高管的简历资料，我们可以从中总结出每个人的背景、特质，并以关键词的方式进行凝练呈现。通过这些关键词，我们大体可以将高管的背景知识总结为财务与投资、营销与客户、经济与商业、技术与数字四大类，并透过每位高管的简历，按照高、中、低三个层次，将其知识背景进行归类，由此得到表 1 – 2 所示的知识分布情况。

表 1 – 2　　　　微软高管的知识分布情况

高管	关键词	财务与投资	营销与客户	经济与商业	技术与数字
萨提亚·纳德拉	业务与消费领域、产品供应、云基础设施、电子工程、计算机科学、工商管理	低	中	高	高
贾德森·阿尔托夫	商业业务、销售策略、客户共创、数字化、云收入、机械工程、审计、财务	中	高	高	中
凯瑟琳·霍根	人力资源、激情人才、消费者价值、开发经历、人才战略、女性、信息技术、应用数学、经济学、工商管理	低	中	高	中
艾米·胡德	财务、会计、审计、税务、投资、云计算、人工智能、收购、经济学、工商管理	高	低	高	低
沼本健	营销、品牌、广告、创新、销售、数据优化、云计算、法学、工商管理	低	高	高	中
布拉德·史密斯	技术、社会、人工智能、网络安全、绿色、商业、法律、法学、经济学	低	低	高	高
克里斯托弗·杨	战略、风险投资、数据安全、文学、工商管理	高	低	高	低
凯文·斯科特	技术、工程师、开发、学术、人工智能、天使投资、计算机	高	低	低	高

针对四类知识，我们简单地对高、中、低三个层次进行分别计数，形成如表 1 – 3 所示的知识分布矩阵，由此可以进一步探索微软高管团队的知识构成情况。我们大体上可以看出：①微软非常重视商业管理，7 位高管在经济与商业领域具有较深厚的知识背景。不仅如此，在财务与投资、技术与数字方面，也各有 3 位高管具有高层次的知识覆盖。②很多

高管是复合型人才，首席执行官萨提亚·纳德拉既有深厚的技术背景，又有过人的商业管理才能，首席技术官凯文·斯科特还是投资高手。反观微软对OpenAI的投资决策过程，可以说这与其拥有一支由跨界精英组成的高管团队不无关系。这不得不引起我们对高管团队知识构成异质性与同质性的再思考。

表1-3　微软高管团队的知识分布矩阵　　单位：人

知识类别	高	中	低
财务与投资	3	1	4
营销与客户	2	2	4
经济与商业	7	0	1
技术与数字	3	3	2

在微软对OpenAI的投资决策中，我们可以看到高管团队知识异质性的重要性。一个由不同背景、专业知识和经验组成的团队，能够从多个角度审视问题，提出多样化的解决方案。这种多样性可以激发创新思维，增强团队的适应性和解决问题的能力。例如，萨提亚·纳德拉的技术背景和商业敏感性，加上凯文·斯科特在投资方面的专长，共同推动了微软对OpenAI的投资决策，这体现了知识异质性在战略决策中的价值。

然而，知识同质性也有其优势。当团队成员拥有相似的知识背景和思维方式时，他们更容易达成共识，降低沟通成本，提高决策效率。在微软的案例中，尽管其高管团队在某些知识领域具有异质性，但在经济与商业领域却显示出高度的同质性，这有助于确保其高管团队在关键问题上能够迅速形成统一战线。

理想的高管团队应该在知识异质性和知识同质性之间找到平衡。他们需要足够的异质性来促进创新和多角度思考，也需要一定程度的同质性来确保团队的凝聚力和决策效率。这种平衡可以通过团队成员的互补技能和相关经验来实现，同时需要有效的沟通和协作机制来支持。

在微软的案例中，高管团队通过共享愿景和目标，以及在关键问题上的深入讨论，实现了这种平衡。他们不仅重视每个成员的独特贡献，还强调团队合作和集体智慧。这种平衡的知识构成有助于微软在快速变化的市场中保持竞争力，能够抓住像 OpenAI 这样的战略机会。

由此可见，高管团队的知识构成应该是一个动态平衡的过程，既要有多样性来激发创新，也要有一致性来确保执行力。通过不断调整和优化团队的知识结构，公司可以更好地应对未来的机遇和挑战。

1.2 知识异质性还是同质性

从上述微软与 OpenAI 的投资案例可见，高管团队知识构成的异质性与同质性是一个问题的两面。学术界对此均有研究，并形成了两大学派：信息决策理论和社会认同理论[1]。信息决策理论认为，团队成员间高知识异质性能为思考和解决问题提供多样化的视角和途径[3]，有利于开阔团队视野，丰富团队知识，形成知识碰撞，激发创新力和创造力，提升决策的科学性和有效性[5][6]；社会认同理论则认为，过高的知识异质性会导致成员间观念难以调和、信息交流不畅，产生认知冲突，不利于团队决策[7][8]。基于以上两种观点的研究，至今仍未得到统一结论[9]。

信息决策理论立足团队创造力，提出团队成员间的信息差异有利于多角度思考问题，整合多方信息决策，提出更高效和更具创新性的方案，精妙且爆发式的创新成果能帮助企业快速打开市场、抢占市场、立足市场[10]，从而肯定了知识异质性对企业绩效的价值，但却忽略了对企业发展而言同样重要的要素——系统、有效的企业内部治理与外部经营。如果说创新与创造力是企业对外拼搏的武器，是“矛”，那么系统、有效的治理与经营则是维护企业内部稳固、强化中坚力量的“盾”，“矛”与“盾”对企业发展而言都不可或缺。信息决策理论过多关注了“矛”的攻击性，忽略了“盾”的防守性，这是该理论遭到社会决策理论质疑的一个关键点。社会决策理论从“相似—吸引”规律出发，提出属性高度相似的个体间往往更容易产生认同感，因而个体在团队中会优先选择与自己相似的对象成为伙伴，并逐步发展成小团体[11]。虽然特征相似个体构成的群体，其内部信息交流顺畅、凝聚力和合作性强，但同时可能在团体内出现群体分层现象，即团队内存在若干个自由组建的非正式小群体。这种缺乏强制约束的小群体往往会对团队整体的协作交流产生不利影响，甚至引起团队内部冲突和关系紧张，不利于团队整体发展，从而影响企业的经营与管理[12][13]。但社会决策理论忽略了个体与知识之间不是单纯的一对一的关系，也存在一对多的情况，小群体之间不一定是完全割裂的。高管团队成员因其丰富的职场经验，不乏存在相当一部分人同时了解或掌握两种及两种以上类型的知识[14]，这些拥有多种知识的成员在团队中可以起到人际连接、知识桥梁的作用。一方面，各小群体间成员交叉，打破了人际圈完全割裂的局面，共有的关系纽带可以缓解团队内交流不畅、群体间关系紧张的困境[15]；另一方面，各小群体内部因知识属性相似，聚焦具体业务时视角集中，可以在充分考量与论证的情况下作出最优决策。具备多种知识的成员，可以承担起群体间知识传递和整合的功能，综合考察各群体的决策，给出整体最优解，这有利于降低知识异质性造成的成员间知识转移的难度，从而有利于企业的健康持久发展[16]。综上所述，高管团队成员知识结构对企业绩效影响的复杂性，不仅体现在团队成员知识结构的异质性方面，也体现在团队知识的覆盖维度上（Wong，2008；Bloodgood，2015）[17][18]。

然而，学术界投入更多的热情在异质性问题的研究上，对同质性问题的探讨相对缺乏，这种偏好可能与异质性问题在创新、创业领域中所展现出的复杂性和多样性有关，同质性问题则相对被忽视。事实上，创业者的知识同质性与异质性均对创业成功有着不可忽视的影响。有研究表明，团队成员的知识同质性能够提高沟通效率，知识异质性则有助于创新和问题解决。因此，知识的特性问题应该成为研究者们关注的对象。

1.3
创业者的知识同质性与异质性

曾经的“80 后”创业明星茅侃侃在 2018 年选择结束了自己的生命，令人非常惋惜，这引发了人们对创业问题的深度思考（张蕊，2018）[19]。在我国倡导创新创业的政策背景下，创业的成功率并不高，甚至可以说很低。虽然官方并未就此发布权威数据，但就网上的讨论来看，创业成功的困难程度可见一斑（李正豪，2018）[20]，甚至一些具有名人光环的投资人提出，我国目前的创业成功率不到 1%（阎焱，2017）[21]，这一论断是从创业企业成功上市的角度得出的。即使是从初创企业的 3 年存活率来看，创业的成功率也并不高，2013 年后成立的企业，其死亡率超过了 90%。同时，猎云网对美国 2009—2012 年的 2011 家软件企业融资情况的调查数据分析显示，几乎每一轮融资就会淘汰一半左右的企业，走到 F 轮的寥寥无几，甚至为零（冷洁，2016）[22]。这说明创业是一个伴随着高风险、高失败的艰难过程，创业失败率高并不是我国仅有的现象。

影响创业成功的因素有很多，也很复杂，究其原因，创业团队与融资问题是影响创业成败的首要因素。创业团队的社会资本（张梦琪，2015；Xu，2016）[23][24]与心理契约履行（黄文平等，2015；Tuan，2016）[25][26]是关乎创业成败的关键因素。同时，创业团队的社会资源禀赋会影响企业吸引风险投资的能力，即融资问题也受到创业团队的影响（赵春霞，2017）[27]。有研究表明，超过六成的初创企业受累于创始人之间的矛盾而宣告创业失败（Gorman et al.，1989）[28]。为此，有学者认为团队成员的选择是必须关注的重要因素（曹祎遐，2014）[29]，这对于发起人来说，不仅关乎初创期的原始积累，而且会持续影响上升期的创业绩效（Beckman et al.，2007）[30]。

在此背景下，Kakarika（2013）[31]认为专业背景知识的多样性是带来新创企业团队绩效提升的主导因素。曹祎遐（2014）[29]基于此采用定性的方式，从团队成员异质性的角度描述了创业团队成员的选择模型，认为并非所有成员的特质差异均能带来创业绩效的显著提升，只有技能经验、职能背景、认知模式等一些关乎成员外在知识特性的要素才会因差异存在而导向更好的创业绩效，但价值观、人格品质、文化知识素养等内在知识特性要素的差异不可过大，否则会引发团队成员的内部矛盾，从而影响创业绩效（Zhou et al.，2015）[32]。同样地，也有研究认为知识异质性应该得到更加细化地探讨，不可一概而论。例如，领域知识（Domain Knowledge）差异就不宜过大，否则会适得其反（Tsai，2017）[33]；处理问题的程序化知识如果存在差异，会直接导致团队成员的认知矛盾。

这些研究说明知识要素对团队成员的选择是至关重要的，但依靠知识要素选择团队成员并非采用线性思维模式，也并非简单的选择过程。在考察知识异质性的时候，其对应面不可断言为知识覆盖度（Knowledge Overlap）所起到的反向作用。所谓知识覆盖度指团队成员拥有的共同知识所达到的程度（Wong，2008）[17]。Wong 认为，知识多样性与知识覆盖度是知识要素的两个维度，可共现于团队成员的选择过程。在此基础上，Wong 结合社会网络理论，发现知识覆盖会强化内部网络密度

(Internal Network Density)，进而对团队绩效产生的正向作用。同时，创业过程会伴随着创新，创业者应该通过创新来提高创业的成功概率(Ireland et al.，2009)[34]。

由上述讨论我们意识到，团队成员的知识结构对创业成败具有深远的影响。知识同质性意味着团队成员在知识背景、技能经验上具有较高的相似性，这可能有助于降低沟通成本，提高决策效率。然而，过度的同质性可能导致团队创新能力的下降，因为相似的思维模式和知识背景会限制新观点和创新解决方案的产生。

相比之下，知识异质性则指团队成员在知识、技能和经验上的差异性。这种差异性可以为团队带来更广泛的视角和创新能力，因为不同知识背景的成员可能会提出不同的解决方案。研究表明，适当的知识异质性可以提高团队的适应性和创新能力，从而增加创业成功的概率。但是，如果团队成员之间的差异过大，可能会产生沟通障碍和冲突，影响团队的凝聚力和执行力。

因此，创业者在组建团队时，需要在知识同质性和异质性之间找到平衡点。一方面，团队需要有足够的共同知识基础，以保证有效的沟通和协作；另一方面，团队也需要不同背景和专业知识的成员来促进创新和适应变化。团队领导者应该意识到，团队成员的知识结构不是一成不变的，而是可以通过培训、团队建设活动和跨领域合作来不断优化和调整的。

最终，创业者应该追求的是一个动态平衡的知识结构，既能确保团队的稳定性和执行力，又能保持足够的灵活性和创新能力。这种平衡的实现，需要创业者在团队建设和管理过程中，不断评估和调整团队成员的知识结构，以应对不断变化的市场环境和创业挑战。

虽然微软已经不是传统意义上的创业企业，但从其高管团队的知识背景分析中也能够看出，许多高管成员都具备多领域的知识。例如，作为首席技术官的凯文·斯科特还是一位投资高手；在列示的9位高管中，具有工商管理或经济学专业背景的就有7位，这些人又不同程度地拥有工科或其他专业背景知识，可以看出微软的高管团队构成也在寻求一种异质性与同质性的平衡。

我们从创业者的视角来看，创业团队成员知识构成的异质性与同质性同样是一个复杂问题。这说明无论是如微软这种“巨无霸”型的企业，还是小而美的初创企业，他们的高层管理团队都面临着知识结构平衡的问题。

1.4 知识覆盖问题

针对当前学术界研究的不同偏好，本书将更多的关注点放在同质性问题上。在讨论创业者知识异质性与同质性问题时，我们已经提到了知识覆盖问题。根据 Wong（2008）[17]、Bloodgood（2015）[18]等的研究，我们认为知识覆盖是一种融合了团队整体知识多样性、个体知识多样性以及知识在成员间分布特征的对知识结构的更高要求。在一个团队中，适当的知识覆盖可以更好地发挥出团队知识多样性的效用，这对企业的长久发展来说具有重要意义。这些观点说明，知识同质性与知识覆盖还不能完全等而视之，我们需要更加全面地看待知识同质性问题。

相较于知识异质性，学界对知识覆盖的研究并不多。下面对知识覆盖现有的文献研究进行总结。

知识覆盖（Knowledge Overlap）指团队成员拥有的共同知识所达到的程度（Wong，2008；Bloodgood，2015）[17][18]。知识覆盖并不是知识异质性的对立概念，如果从多样性的角度来看异质性，二者是可以同时表达的两个维度。例如，一个具有不同知识背景的专家团队，在知识上体现出多样性与低覆盖度的特征，但一个具有一定知识范围的通才团队，则兼具了多样性与高覆盖度的特征（Wong，2008）[17]。适当的知识覆盖度可以降低因知识多样性带来的知识转移挑战（Hoisl et al.，2014）[35]。

一些研究认为，知识覆盖对组织创新与绩效表现具有正向影响。Yang 和 Pan（2009）[36]从组织生态视角出发，发现了强关系网络可以通过知识覆盖的方式来影响组织之间转移知识的效果。Mariotti（2011）[37]通过考察英国赛车制造行业，发现在这种知识密集型的行业所形成的跨组织网络中，需要网络成员之间存在一定程度的知识覆盖，这样才能更好地进行产品创新。Hahn 和 Lee（2010）[38]对信息系统开发过程进行研究，认为这个领域的工作需要业务领域知识与技术领域知识的融合。他们通过仿真技术获得了一些有趣的结论，如知识覆盖在业务与技术开发团队之间非均匀分布时，才能提高信息系统开发的绩效，并且知识覆盖的模式应该与团队成员决策依赖关系的分布一致，这样绩效才会更好。Saraf 等（2011）[39]从开源软件社区项目对开发者的吸引角度进行研究，也得到了关于知识覆盖更复杂的结论。这项研究揭示技术与应用背景的覆盖度越高，越能吸引开发者参与到开源项目中，但在技术覆盖度较低的情况下，具有更多社区从业经验的开发者也能被吸引并参与项目开发。Bloodgood（2015）[18]在研究组织的创新过程时，从组织内外部知识覆盖度、知识吸收能力与组织例程的角度，探寻知识覆盖的最佳程度，以吸收足够的外部知识，创建合适的组织例程，从而支持创新。

但有研究认为，在团队成员个体层面探讨知识覆盖，其作用并不明显。例如，Blickensderfer 等（1997）[40]从心理学的共享心智模型出发，就团队成员知识覆盖对预测团队绩效的情况展开研究，认为这种预测能力是无效的。Gupta（2012）[41]在心理学领域也从知识覆盖的角度考察了决策团队对知识非贡献者的态度与行为，表明知识覆盖的影响较为有限。

除此之外，个别研究论及了知识覆盖的形式化定义问题。Vargas - Vera 等（2013）[42]利用 Dempster - Shafer 相似度的匹配算法来求解知识覆盖度。范玉斌等（2017）[43]则专门针对制造领域的知识覆盖度进行了定义。Hahn 和 Lee（2010）[38]在研究信息系统开发过程时，通过参照 NK 适应度曲面模型（NK Fitness Landscapes Model），对知识覆盖进行了定量的仿真研究。

从这些为数不多的研究中可以看出两点：①知识覆盖是一个目前尚未被正式定义的概念，Wong（2008）、Bloodgood（2015）等的研究认为，知识覆盖不是简单的知识同质性问题，而是与知识异质性、多样性共同考虑的更多维度的整体概念。②围绕知识覆盖这一主题，学者们探讨的问题并不多，一个团队的知识覆盖程度达到多少为宜，以及知识覆盖是否能够用于判断组织绩效等问题，均没有得到充分的论证。

为了清晰表达我们对知识覆盖问题的看法，这里用一个抽象的概念图示意出知识覆盖、知识同质性、知识异质性、知识多样性几个概念之间的关系（见图 1 - 1）。作为一个团队，首先应该满足知识多样性的前提，个体拥有的知识是在多样性知识上的不同分布，由此体现出知识异质性与同质性的特征，然后据此判断团队中每个人的知识覆盖情况。因此，知识多样性、异质性是讨论知识覆盖的前提，在此基础上判定个体及其团队在多样性与异质性上的同质化程度，即为知识覆盖问题。

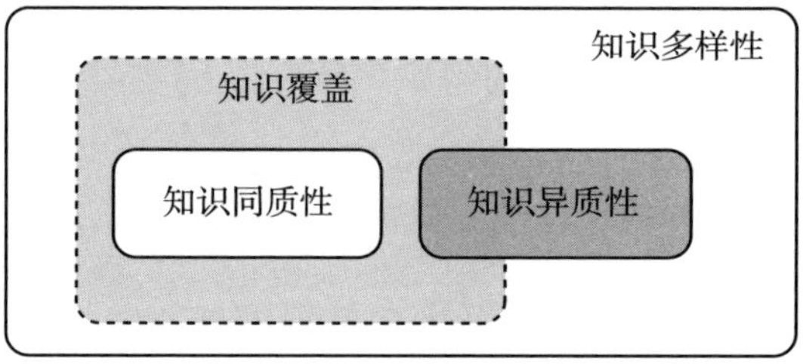

图 1 - 1　概念关系

为进一步说明这些概念的关系，我们可以举个简单的例子。假定有2个高管团队，每个团队有2名高管，他们均拥有不同程度的三类知识，如图1-2所示。知识同质性指整个团队共同拥有各类知识的平均水平。如果按照团队内部各高管拥有各类知识的平均水平来算，可以看出团队1的知识同质性程度是38%［(40+45+30)÷3×100%］，团队2的知识同质性程度是40%［(50+30+40)÷3×100%］，说明团队2内部的知识同质化程度高于团队1。知识异质性指团队拥有各类知识的差异程度。如果按团队内部各高管所拥有各类知识差异程度的平均值来算，可知团队1的知识异质性程度是28%［(20+35+30)÷3×100%］，团队2的知识异质性程度是20%［(40+10+10)÷3×100%］，说明团队1的知识差异度要高于团队2。结合上述概念关系图，我们可以说团队1、团队2具有知识的多样性，团队内部各有不同程度的知识同质性与异质性，并在此基础上综合考虑知识覆盖问题。

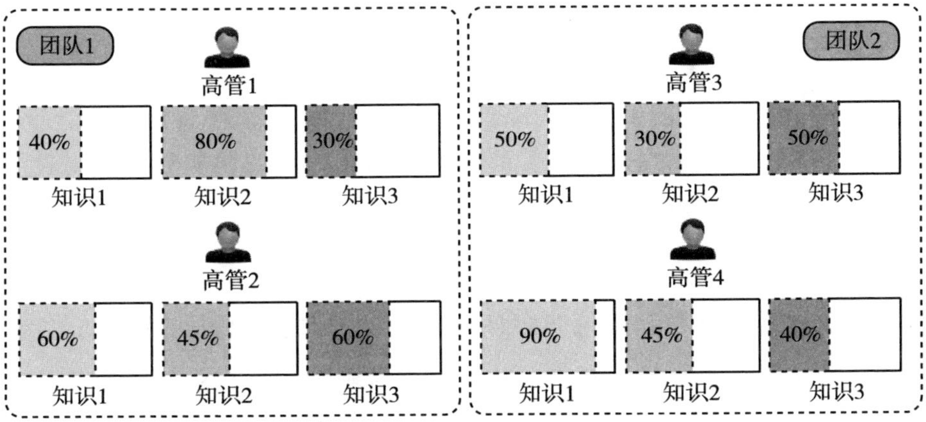

图1-2　高管团队知识程度

诚然，这种对知识同质性与异质性的计算是否合理可行，本身就是一个需要探讨的问题。目前学术界常见的知识异质性测度方法有Herfindahl指数、Entropy指数、网络知识异质度等。这些方法是否适用于知识覆盖的测度，以及如何计算高管个人的知识结构，均需要更加深入的探索。在自然语言处理（Natural Language Processing，NLP）技术不断走向成熟的背景下，正如我们对微软投资 OpenAI 这一案例的分析，利用上市企业高管披露的简历文本数据进行深度挖掘，或许可以为这一问题的解决提供新的思路与可能。

综上所述，我们对知识覆盖的研究还有很多需要探讨的问题：首先，我们需要明确这一概念，以便与知识异质性进行对应；其次，探索出衡量与测度知识覆盖的方法；最后，观察并考察企业高管团队知识覆盖与组织绩效、企业创新等变量之间的关系。通过这些问题的探讨，以期为大家勾画出更加全面的高管团队与企业发展之间的关系图。

1.5 本章小结

在本章中，我们深入探讨了高管团队知识构成的同质性与异质性对企业经营发展及其绩效表现的影响。根据高阶管理理论，我们了解到管理者的认知结构和价值观在战略选择中扮演着关键角色。信息决策理论和社会认同理论分别从不同角度解释了知识异质性对团队决策的影响，前者强调多样化视角和创新力的提升，后者则关注过高的知识异质性可能带来团队冲突和决策障碍。

以微软对 OpenAI 的投资为例，我们观察到高管团队成员知识异质性的重要性。微软高管团队的成功决策，展示了具有不同背景、专业知识和经验的团队成员如何从多个角度审视问题，提出多样化的解决方案，从而激发创新思维，增强团队的适应性。同时，我们也看到知识同质性在确保团队凝聚力和决策效率方面的优势。

此外，本章进一步讨论了创业者的知识同质性与异质性对创业成功的影响。团队成员的知识同质性可能促进沟通效率的提升，知识异质性则有助于创新和问题解决。因此，创业者在组建团队时，需要在知识同质性与异质性之间找到平衡点，以确保团队的稳定性和执行力，并使团队保持足够的灵活性和创新力。

综上所述，我们探讨了知识覆盖问题，这是一个融合了团队整体知识多样性、个体知识多样性以及知识在成员间分布特征的概念。适当的知识覆盖可以更好地发挥出团队知识多样性的效用，对企业的长久发展具有重要意义。然而，知识覆盖的概念尚未被正式定义，其与知识异质性、知识多样性的关系也需进一步探讨。对高管团队知识覆盖问题的深入分析，为我们理解企业高管团队决策有效性提供了新的视角，并为未来的研究和实践提供了新的方向。

参考文献

[1] 任峰，张朋朋．创业团队异质性与团队互动、决策绩效的关系路径：一项多案例研究［J］．中国人力资源开发，2017（4）：111－121.

[2] Liu H，Li J，Liu L，et al. Linking Knowledge Heterogeneity with Project Performance in Digital Project Teams：The Role of Digital Capability and Knowledge Conversion［J］. Journal of the Knowledge Economy，2024，15（1）：1771－1800.

[3] 王颖，彭灿．知识异质性与研发团队知识创新绩效——以共享心智模型为中介变量［J］．情报杂志，2011，30（1）：113－116，58.

[4] Zhao J，Huang Y，Xi X，et al. How knowledge heterogeneity influences business model design：mediating effects of strategic learning and bricolage. International Entrepreneurship and Management Journal，2021，17（8）：889－919.

[5] Allen C A，Rodney C S，George H T. Newness and novelty：Relating top management

team composition to new venture performance [J]. Journal of Business Venturing, 2006, 21 (1): 125 - 148.

[6] 段光，杨忠．知识异质性对团队创新的作用机制分析 [J]. 管理学报，2014，11 (1): 86 - 94.

[7] Bermiss Y S, Johann P M. Who matters more? The impact of functional background and top executive mobility on firm survival [J]. Strategic Management Journal, 2015, 36 (11): 1697 - 1716.

[8] Zhou Q, Ma P, Li D, et al. Double-edged sword? The influence of digital technology adoption diversity on knowledge sharing [J]. International Journal of Technology Management, 2023.

[9] 邢蕊，周建林，王国红．创业团队知识异质性与创业绩效关系的实证研究——基于认知复杂性和知识基础的调节作用 [J]. 预测，2017 (1): 1 - 7.

[10] 汤超颖，丁雪辰．创新型企业研发团队知识基础与知识创造的关系研究 [J]. 科学学与科学技术管理，2015 (9): 81 - 92.

[11] 王辉，苏新雯．企业内部创业团队知识异质性对创造力的影响机制：信息交流视角 [J]. 科技进步与对策，2020，37 (24): 99 - 107.

[12] 夏晗．创业团队异质性对科技型新创企业绩效的影响——一个双调节模型 [J]. 科技进步与对策，2018，35 (13): 145 - 152.

[13] 董欣，杨皎平，李庆满．异质性团队离心力、向心力与创新绩效：以共享领导为调节变量 [J]. 科技进步与对策，2015，32 (12): 144 - 150.

[14] 唐贵瑶，李鹏程，陈扬．授权型领导对企业创新的影响及作用机制研究 [J]. 管理工程学报，2016，30 (1): 52 - 60.

[15] 余呈先．团队异质性影响企业内部知识转移过程机制研究——以设计型知识工作团队为例 [J]. 科技管理研究，2016，36 (1): 141 - 146.

[16] 路琳，梁学玲．知识共享在人际互动与创新之间的中介作用研究 [J]. 南开管理评论，2009，12 (1): 118 - 123.

[17] Wong SS. Task knowledge overlap and knowledge variety: the role of advice network structures and impact on group effectiveness [J]. Journal of Organizational Behavior, 2008, 29 (5): 591 - 614.

[18] Bloodgood JM. Acquiring External Knowledge: How Much Overlap is Best? [J]. Knowledge & Process Management, 2015, 22 (3): 148 – 156.

[19] 张蕊，李阳煜. 80 后创业明星茅侃侃昨日在家中自杀 前合作伙伴：太遗憾，太年轻 [R/OL]. 法制晚报，(2018 – 01 – 25). http: //www.fawan.com/2018/01/25/893856t185.html? kuaixun.

[20] 李正豪. 中国创业公司 IPO 成功率仅 2% [R/OL]. 中国经营报，(2018 – 01 – 23). www.cb.com.cn/zjssb/2018_0123/1221516.html.

[21] 陈慧，阎焱：为什么中国创业成功率低于 1% [EB/OL]. (2017 – 08 – 20). www.yicai.com/news/5333195.html? _da0.5089403981582652.

[22] 冷洁. 创业公司存活率惨不忍睹，每完成一轮融资就要死一半 [EB/OL]. (2016 – 10 – 02). www.lieyunwang.com/archives/222455.

[23] 张梦琪. 创业者社会资本、创业机会开发与新创企业成长关系研究 [D]. 长春：吉林大学，2015.

[24] Xu Y. Entrepreneurial social capital, cognitive orientation and new venture innovation [J]. Management Research Review, 2016, 39 (5): 498 – 520.

[25] 黄文平，彭正龙，赵红丹. 创业团队成员心理契约履行对创业绩效的影响研究 [J]. 管理工程学报，2015，29 (3): 72 – 80.

[26] Tuan T L. Psychological contract and knowledge sharing: CSR as an antecedent and entrepreneurial orientation as a moderator [J]. Corporate Communications: An International Journal, 2016, 21 (1): 2 – 19.

[27] 赵春霞. 创业团队资源禀赋与企业吸引风险投资的关系研究 [D]. 北京：对外经济贸易大学，2017.

[28] Gorman M, Sahlman W A. What do venture capitalists do? [J]. Journal of Business Venturing, 1989, 4 (4): 231 – 248.

[29] 曹祎遐. 创业团队成员选择机制研究 [J]. 云南社会科学，2014 (4): 93 – 96.

[30] Beckman C M, Burton M D, O'Reilly C. Early teams: the impact of team demography on VC financing and going public [J]. Journal of Business Venturing, 2007, 22 (2): 147 – 173.

[31] Kakarika M. Staffing an entrepreneurial team: diversity breeds success [J]. Journal of Business Strategy, 2013, 34 (4): 31 – 38.

[32] Zhou W C, Hu H J, Zey M. Team composition of new venture founding teams: Does personality matter? [J]. International Journal of Entrepreneurial Behavior & Research, 2015, 21 (5): 673 - 689.

[33] Tsai F S. Knowing what we know differently: Knowledge heterogeneity and dynamically ambidextrous innovation [J]. Journal of Organizational Change Management, 2016, 29 (7): 1162 - 1188.

[34] Ireland D R, Covin J G, Kuratko D F. Conceptualizing corporate entrepreneurship strategy [J]. Entrepreneurship Theory and Practice, 2009, 33 (1): 19 - 46.

[35] Hoisl K, Gruber M, Conti A. Knowledge Diversity & Knowledge Overlap in Teams: Empirical Evidence from the Formula 1 Motorsport Industry [C]. Copenhagen, 2014.

[36] Yang Y B, Pan A C. Study on the relationship of strong tie network, overlapping knowledge, knowledge transfer [J]. Studies in Science of Science, 2009, 27 (1): 25 - 10.

[37] Mariotti F. Knowledge mediation and overlapping in interfirm networks [J]. Journal of Knowledge Management, 2011, 15 (6): 875 - 889.

[38] Hahn J, Lee G. Knowledge Overlap, Task Interdependence, and Trust in is Development [C]. International Conference on Information Systems, 2010: 199.

[39] Saraf N, Chandrasekaran D, Siddarth S. How Knowledge Overlap Drives (and Doesn't Drive) Developer Preferences for Joining Related Open Source Software Projects [J/OL]. SSRN Electronic Journal, 2011.

[40] Blickensderfer E L, Cannon - Bowers J A, Salas E. Does Overlap in Team Member Knowledge Predict Team Performance? [J]. Proceedings of the Human Factors and Ergonomics Society Annual Meeting, 1997, 41 (2): 1405.

[41] Gupta N. Team responses to noncontributing members: The effects of attribution and knowledge overlap [J]. Group Dynamics Theory Research & Practice, 2012, 16 (3): 172 - 188.

[42] Vargas - Vera M, Nagy M, De Pablos P O. A framework for detecting and removing knowledge overlaps in a collaborative environment: case of study a computer configuration problem [J]. Journal of Web Engineering, 2013, 12 (5): 422 - 438.

[43] 范玉斌，刘闯，王俊彪. 制造工艺领域知识覆盖度计算方法 [J]. 计算机集成制造系统，2017，23 (7): 1447 - 1456.

第2章　高管团队知识覆盖的测量

本章旨在探索评估高管团队知识多样性和深度的有效方法，核心目标是构建一套系统的测量方法，以捕捉高管团队在不同知识领域的覆盖程度，从而为理解团队如何整合和利用知识提供新的视角。

我们将从回顾现有的测量知识异质性的方法开始，进而引入更为先进的赫芬达尔指数和二模网络分析技术。这些方法不仅能够帮助我们识别团队内部的知识结构，还能够揭示知识在团队成员间的分布特征。通过构建高管团队成员与知识之间的二模网络，我们可以更直观地理解知识覆盖的概念，并量化其对组织绩效的潜在影响。

本章将详细介绍如何利用自然语言处理技术，特别是隐含狄利克雷分布（Latent Dirichlet Allocation，LDA）主题模型和Word2Vec词向量模型，从高管简历文本中提取并分类知识数据。这些技术的应用将帮助我们从大量的非结构化文本数据中挖掘出有价值的知识结构信息。最终，我们通过计算高管团队成员—知识二模网络的密度来衡量知识覆盖度，为企业管理实践和学术研究提供新的工具和见解。

2.1 测量的思路

以往的研究对知识异质性进行了大量讨论，并提出多种不同的测量方法，常用指标包括教育背景差异、职业领域区别、工作经验不同、从业年限差别等，如郭京京、郭斌（2013）的研究基于前期访谈资料，采用问卷调查的方法，设置了3个题项测度企业之间的知识异质性，包括“请就集群内企业间在产品上的差异性进行打分（1～7分，分值越高，差异越大）”“请就集群内企业间在生产设备上的差异性进行打分（1～7分，分值越高，差异越大）”“请就集群内企业间在生产流程和工艺上的差异性进行打分（1～7分，分值越高，差异越大）”[1]。张紫璇、陈怀超（2020）在参考郭京京、Rodan等的研究后，也设置了3个题项对知识的异质性进行测量，包括“本企业在产品方面与集群内其他企业的差异较大”“本企业在生产流程方面与集群内其他企业的差异较大”“本企业在工艺方面与集群内其他企业的差异较大”[2]。孙凯、柳艳婷（2016）则从教育、技能、职业、经验4个维度出发，设置了12个指标对团队知识异质性进行测度[3]，整合并拓展了前人的研究。

近年来，有学者开始在知识异质性的计算中引入赫芬达尔—赫希曼指数（Herfindahl－Hirschman Index，以下简称“赫芬达尔指数”）的概念，如杨隽萍、彭学兵（2015）将企业内的知识划分为技术、营销、管理、服务、市场、开发6类，并利用赫芬达尔指数直接计算知识网络异质性[4]。计算公式如下：

$$H = 1 - \sum_{1}^{n} P_i^2 \qquad (2-1)$$

其中，“P_i”为第i类个体在总体中所占的百分比。H的值介于0～1，值越大表示企业内部知识异质性程度越高。汤超颖、刘丽（2020）通过构建以企业内部研发人员和知识为节点的二模网络，并在二模网络中计算知识异质性，测量团队内部知识的整体差异程度[5][6]。这种采用二模网络的测量方法基于企业内部研发人员和知识的实际连接与互动，为我们提供了一种更为客观的测量知识异质性的方法。

根据第1章我们对知识覆盖问题的讨论，在团队具备不同类别知识的前提下，知识覆盖是在知识同质性与异质性基础上形成的更高阶概念，也就是通过测度团队拥有的知识类别，以及知识的同质性与异质性，进而可以得出知识覆盖度。汤超颖、刘丽（2020）使用的二模网络表示法，允许研究者深入分析知识的具体维度和层次，如个体知识、企业知识以及企业间的知识结构问题，而问卷测量可能只能提供较为表层或间接的数据[5][6]。

相较于知识异质性，现有研究鲜有涉及对高管团队知识覆盖度的测量，但部分学者在研究中提到的概念与知识覆盖有所接近，相关测量方法可以借鉴。例如，Guler（2012）在探究企业内部知识网凝聚性时指出，网络的凝聚性可以分为局部凝聚性和全局凝聚性，两者的不同在于局部凝聚性刻画的是各网络节点与其相连节点间的关联强度，全局凝聚性测度的则是网络中所有节点间的平均联系强度[7]。李健、余悦（2018）将局部凝聚性和全局凝聚性的概念应用到我国汽车行业企业内部知识网络对企业探索式创新绩效影响的实证研究中，进一步改进了 Guler 的方法，提出赋予不同权重，加权计算网络密度以实现对知识网络全局凝聚度的测度[8]。汤超颖、刘丽（2020）构建了不同类型知识在企业外部合作伙伴间的网络结构，并用网络密度表示每一种知识在合作伙伴间的广泛度，密度值越高，表示某一类知识以更广泛的形式分布于合作伙伴之间[5][6]。本书认为，李健、余悦（2018）提到的全局凝聚性的概念与知识覆盖的概念有所接近，都是关注知识网络整体的密集程度，其所提出的用网络密度测度全局凝聚性的方法可以为我们提供借鉴[8]。此外，汤超颖、刘丽（2020）提出的不同类型的知识在外部合作伙伴间分布的广泛程度与知识覆盖的概念也很接近，但本书并不单纯考虑同一知识分布的广泛性，而是多种知识的联合分布；二人提出的用二模网络表示知识分布特征的做法同样适用于本书的研究[5][6]。因此，结合李健、余悦（2018）和汤超颖、刘丽（2020）的研究，我们提出构建高管团队成员—知识二模网络，并用二模网络密度值作为测度高管团队知识覆盖度的方法[5][6][8]。

因此，本书将借鉴汤超颖、刘丽（2020）的做法，在高管团队成员—知识的二模网络中，结合赫芬达尔指数测量团队成员的知识结构[5][6]。但是采用赫芬达尔指数计算知识的异质性，需要建立在成员—知识类别数据的基础上，如何表示出成员的知识类别是核心问题之一。近年来，自然语言处理（NLP）技术发展得非常迅速，其中的LDA主题模型是当下文本挖掘领域比较流行和常用的技术之一，被广泛应用于数据挖掘、文本分类等技术领域，是自然语言处理领域的一个热门研究方向。因而，我们利用上市公司高管的简历文本，以LDA主题模型获取并表示高管的知识主题，使团队成员知识分类数据的获取成为可能。

具体来看，通过LDA主题模型对高管简历文本进行建模并获取知识主题，根据Word2Vec词向量模型合并语义相近的主题并完成知识分类，通过设置阈值过滤小概率主题以及一份简历对应多个主题的情况，最终获得成员—知识的对应数据，构建高管团队成员—知识二模网络，实现对知识覆盖的测量。大体的思路如图2－1所示。

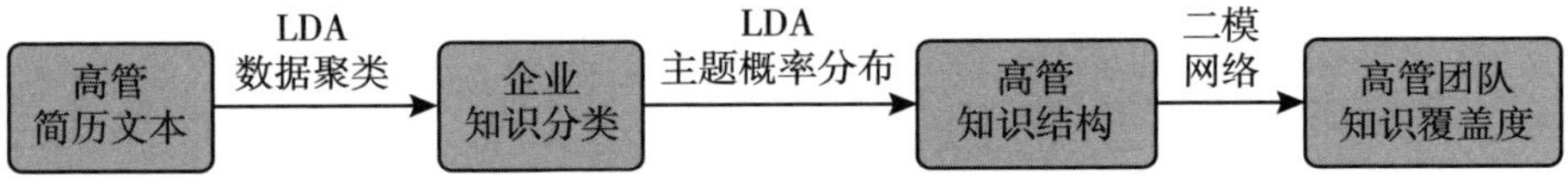

图2－1　知识覆盖的测量思路

2.2
技术路线

根据上述思路，我们以高管团队成员、知识类别为节点，构建高管团队成员—知识二模网络，用网络密度度量知识覆盖度，这需要建立在有完整且准确的高管团队成员—知识对应数据的基础上。国泰安数据库提供了报告期内企业高管团队成员的公开简历文本资料，如何从简历文本中挖掘出成员—知识的对应数据，成为本书的研究难点。为解决这一问题，首先对高管简历文本进行 LDA 主题建模，并根据 Word2Vec 词向量模型合并语义相近的主题，提炼知识类别；接着基于团队成员与知识的概率归属关系，以团队成员、知识类别为节点，建立高管团队成员—知识二模网络；最后用二模网络的密度度量高管团队内部知识覆盖度。知识覆盖测量的技术路线如图 2－2 所示。

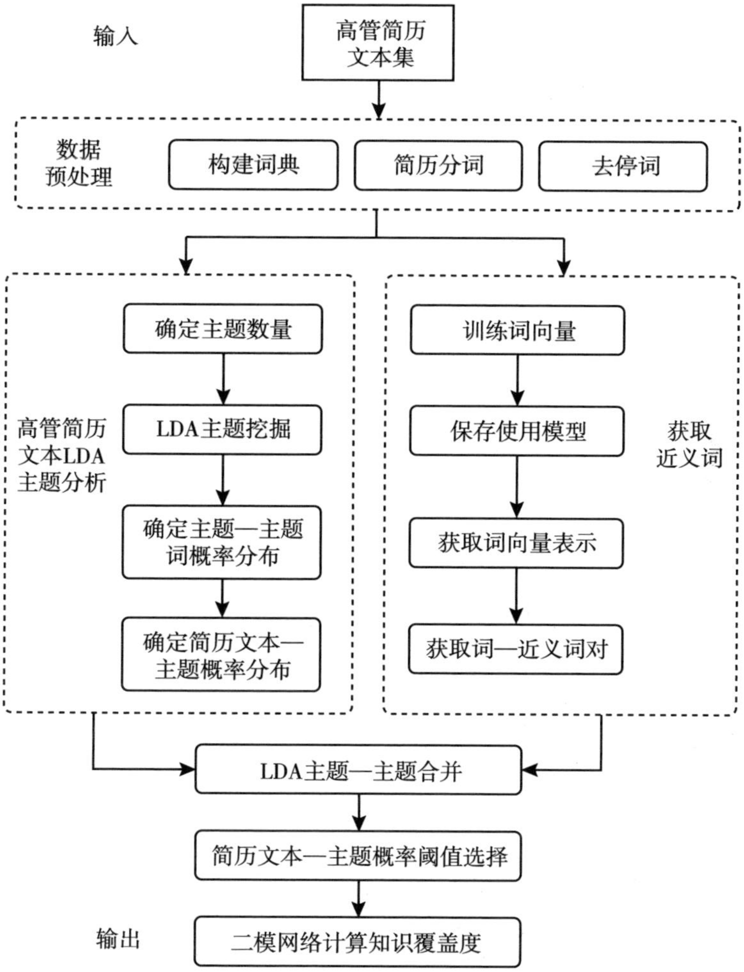

图 2－2　知识覆盖测量的技术路线

2.3 关键技术

在利用文本挖掘和自然语言处理技术分析高管简历文本数据方面，LDA 主题模型和 Word2Vec 词向量模型是两项关键技术。LDA 主题模型以其无监督学习的特性，在无须预设条件的情况下，能够挖掘出文档集中的潜在主题，有效降低多义词的困扰，并排除噪音的影响。这种模型不仅自动化程度高，而且与语言无关，适用于大样本非结构化文档集的分析。通过 Gibbs 采样算法，我们可以从文档在主题上的分布和主题在主题词上的分布中，提取出主题和主题词。Word2Vec 模型则通过神经网络训练，提供了一种将词转换为向量的方法，这些向量包含了与语料集一致的语义信息和表达方式。它能够挖掘词汇间的潜在关联，并通过计算词与词在向量空间中的距离来指标化单词间的语义相似度。在本章中，我们采用了这两种技术来挖掘高管简历文本中的潜在主题，并实现知识分类。通过 LDA 主题模型，我们能够揭示主题间的演化路径，Word2Vec 模型则帮助我们弥补了 LDA 在特征表达词汇时语义缺失的问题。通过这两种技术的结合，我们不仅能够识别出与主题词最接近的近义词对，还能构建主题词凝聚力指标，对语义接近的主题进行合并，从而更科学地揭示高管简历文本中的知识结构。

2.3.1 LDA 主题模型

主题模型是当下文本挖掘领域比较流行和常用的技术之一，是自然语言处理领域的一个热门研究方向[9]。LDA 主题模型以词共现为基础，探究词在主题上的分布、主题在文档集中的分布。选择用 LDA 模型进行主题挖掘的好处在于：①可以在无预设条件件的情况下挖掘出混合多个主题的文档集的潜在主题；②可有效降低多义词带来的困扰；③可在一定程度上排除噪音的影响；④无监督学习，完全自动化；⑤跟语言无关[10]。本章想要挖掘出高管简历文本中的潜在主题以实现知识分类，故采用 LDA 主题模型对高管简历文本进行主题建模。LDA 模型由词、主题、文档三层结构组成，为清晰表示 LDA 运作框架，本章利用拓扑结构进行演示，如图 2 - 3 所示，描述了词、文档和主题三者间的关系[11]。

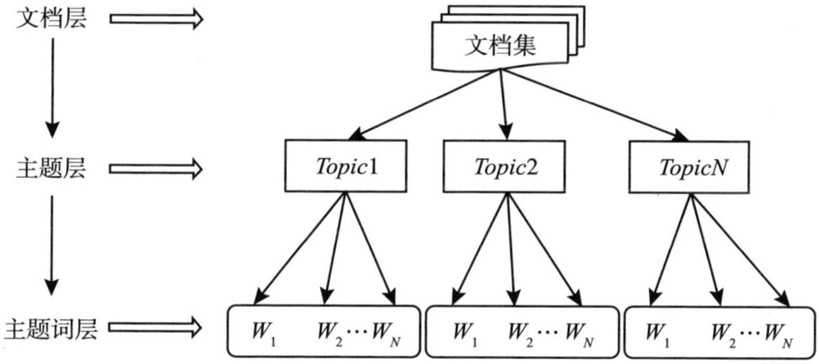

图 2 - 3　LDA 拓扑结构

作为一种非监督的机器学习方法，与传统的主题挖掘方法相比，LDA 主题模型在分析文本语义等方面具有良好的效果，适用于分析大样本非结构化文档集。同时，在事先未对初始文档进行人工标注的情况下即可挖掘出潜在主题，在一定程度上可以更好地保留文档内部的关系，更为科学地揭示主题间的演化路径[12]。LDA 流程如图 2 - 4 所示。

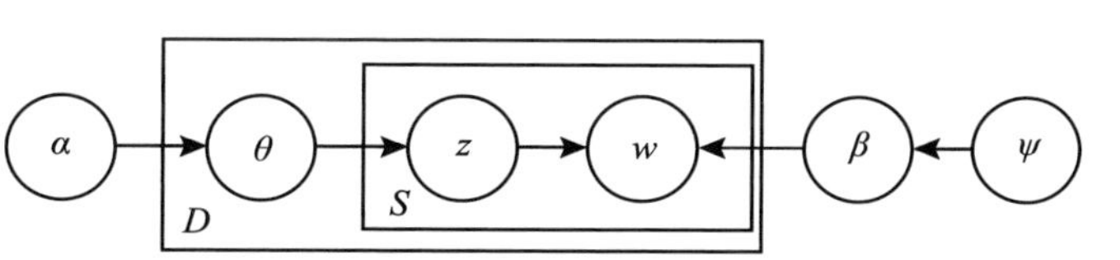

图 2 - 4　LDA 流程

其中，“α”和“β”分别是主题分布“θ”和主题词分布“Ψ”的先验分布参数，“z”和“w”分别表示模型输出的结果主题和最终主题词，“D”表示语料集中的文档数，“S”表示文档中的词语数。主题模型的生成过程主要如下：首先，从全局文档集中选取长度为 N 的文档，接着分别从参数为 α 的先验分布和参数为 β 的先验分布中取样，生成文档在主题上的分布 θ 和主题在主题词上的分布 Ψ，最后分别从参数为 θ 和参数为 Ψ 的多项式分布中采样主题 z 和主题词 w，模型的联合分布如式（2－2）所示。

$$p(w,z,\theta m,\Psi k \mid \alpha,\beta) = \prod_{n=1}^{N} p(\theta m \mid \alpha)p(zm,n \mid \theta m)p(\Psi k \mid \beta) \\ p(wm,n \mid \theta zm,n) \tag{2-2}$$

通常，LDA 模型的超参数 α、β 选取默认值，主题 z 和主题词 w 可以通过变分推断算法或 Gibbs 采样算法进行计算，本书采用 Gibbs 采样算法，α、β 直接选取默认值。

在 LDA 模型中，主题建模的主题个数需要预先设定，困惑度评价法是确定主题数的常用方法。困惑度表示的是文档所属某个主题的不确定性（信息熵），故而当困惑度最小时，主题数最优。一般情况下，以主题数为横坐标、困惑度为纵坐标绘制折线图，随着主题数不断增大，困惑度会呈现递减趋势，当困惑度的下降趋势不再明显或处于拐点处时，此时的主题数 k 为最优主题数。我们除了要考虑文档属于主题的不确定性问题，还需要考虑主题内在一致性及主题词具体语义表现等问题。因此，为了得到最为合适的主题数，要综合考虑困惑度、主题内在一致性及主题词语义表现，求得最优主题数 k。

2.3.2 Word2Vec 词向量模型

词向量作为词的分布式表达，是计算机在大规模语料集中学习训练而得的，其包含了与语料集一致的语义信息和表达方式，常用于挖掘词汇间的潜在关联。通过计算词与词在向量空间中的距离，可以指标化单词间的语义相似度，并能得到词在向量空间上的最近词义对，刻画出中心词的词义。Word2Vec 是一种基于神经网络训练词向量的工具，包含两种训练文本集的模型——CBOW 模型和 Skip-gram 模型。CBOW 模型通过训练词的上下文得到当前词出现的概率，Skip-gram 模型通过当前词训练其上下文词出现的概率，研究者可以根据不同语料背景选择不同模型。图 2－5 给出了 CBOW 模型和 Skip-gram 模型的架构示意。

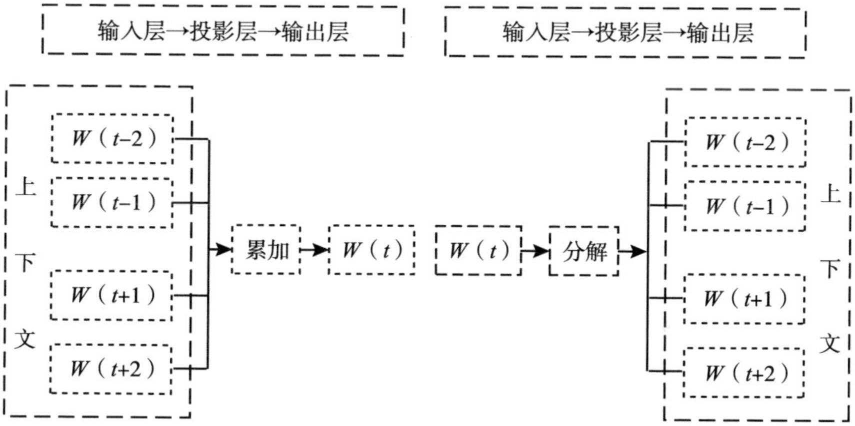

图 2－5　CBOW 模型和 Skip-gram 模型的架构示意

根据张群（2016）的实验检验，在选择模型时，当语料集规模大于 200MB，CBOW 模型的训练效果会比 Skip-gram 模型好；当语料集规模小于 100MB 时，Skip-gram 模型的准确性更高；当语料集规模在 100 ~ 200MB 时，两模型的差别不明显[13]。本次研究中用到的语料集规模远小于 100M，故选取 Skip-gram 模型对高管简历文本进行词向量训练。Gensim 是 Python 的第三方工具包，常被用于主题建模、文档相似性处理以及获取单词的词向量。Gensim 中有“Skip-gram + Hierarchical Softmax”算法，可以直接使用 Gensim 对高管简历文本进行 Word2Vec 词向量模型训练，本书设置的主要参数如表 2－1 所示。

表 2－1　Gensim Word2Vec 模型主要参数设定

主要参数	意义	取值	含义
size	词向量的维度	100	词向量的长度
window	词向量上下文最大距离	5	中心词的上下文窗口大小
min_count	词向量最小词频	50	词频少于 *min_count* 的单词不予考虑
sample	高频词汇阈值	默认值	范围是（0，1e－5）
hs	计算方法	*Hierarchical Softmax*	层次 *Softmax*

LDA 主题模型侧重于对文本集合的特征表达，主题模型的训练依赖于词频，但不考虑词与词的上下文关系，而 Word2Vec 模型生成的词向量包含了邻近词汇的语义关联，可弥补 LDA 主题模型特征表达词汇时语义缺失的问题。通过训练词向量，可以计算出词向量间在空间上的距离，找出与 LDA 主题模型的主题词最临近的近义词对，并构建主题词凝聚力指标，对语义接近的主题进行合并。例如，Word2Vec 模型训练部分中心词—近义词对如表 2－2 所示。

表 2－2　Word2Vec 模型训练部分中心词—近义词对

中心词	近义词	相似度	中心词	近义词	相似度
财务总监	财务经理	0.947666645	律师	事务所律师	0.965969503
	公司财务	0.930903912		专职	0.942518353
	财务主管	0.921866655		法学硕士	0.934330761
	出纳	0.891285241		法律顾问	0.91591537
	财务	0.879537463		法律	0.864067852
	财务部	0.865010262		仲裁员	0.855688334
	中级会计师	0.856064618		仲裁	0.850434065
	会计	0.814695001		法学	0.843460321
	审计部	0.805822909		执业	0.82218504
	总会计师	0.79587388		上市	0.808965504

续表

中心词	近义词	相似度	中心词	近义词	相似度
销售	大区	0. 923603892	技术	开发部	0. 809011996
	销售部	0. 910618365		研发工程师	0. 804125547
	办事处	0. 879447281		信息系统	0. 801089883
	营销中心	0. 865914762		检测	0. 792250931
	业务员	0. 857029021		研发部	0. 791962802
	区域	0. 835524023		研发	0. 780958712
	市场总监	0. 833205521		软件工程师	0. 775748551
	电脑	0. 83177036		网络	0. 775711
	营销部	0. 828960001		数字	0. 767851472
	营销	0. 812779486		仪表	0. 765883446
研究	课题	0. 847136259	生产	车间主任	0. 921858668
	重点	0. 815648675		品质	0. 91841805
	长期	0. 796123147		车间	0. 895521343
	药物	0. 794049382		质量部	0. 876874864
	工程技术	0. 793811083		副部	0. 876544178
	主持	0. 793626428		员	0. 865513802
	论文	0. 791364908		采购部	0. 861247182
	科研	0. 790419221		化工厂	0. 859852612
	教学	0. 786396801		高中	0. 847119153
	分析	0. 785091639		技术部	0. 844374537

2.4 测量计算过程

高管团队知识覆盖度的测量过程：首先对样本企业的各高管简历文本进行预处理，包括构建专有名词词典，进行简历文本分词和去停用词，形成语料库用于 LDA 主题建模，并依据 Word2Vec 词向量模型输出的主题词—近义词对合并语义相近的主题。考虑到一个高管成员小概率同时拥有多种知识，对成员—主题概率分布设置了阈值进行筛选，并得到高管团队成员—知识的对应数据。最终借助二模网络模型，计算出高管团队的知识覆盖度。

2.4.1 数据预处理

数据预处理，包括构建专有名词词典，进行简历文本分词和去停用词。国泰安数据库提供的高管简历文本具有一定的规范性，但成员丰富的职业经历导致部分简历内容繁杂，且存在大量专业术语（见表 2-3）。

表 2-3　　高管简历样例

序号	简历文本
1	×××先生，中国国籍，无境外永久居留权，1962 年出生，汉族，毕业于英国阿斯顿大学（Aston University），研究生学历；1991 年 10 月—2009 年 12 月在上海交通大学任教授、博士生导师，其间曾担任校长助理、网络中心主任；2000 年 1 月—2002 年 6 月任长城宽带内络服务有限公司总经理；2002 年 8 月—2004 年 1 月任中国网络通信有限公司副总裁；2004 年 1 月—2004 年 8 月任中国网通集团南方通信公司副总裁；2004 年 10 月—2006 年 10 月任中录国际文化传播有限公司总裁；2009 年 12 月—2012 年 3 月任航天数字传媒有限公司副总经理；2006 年 11 月—2013 年 2 月任中卫普信宽带通信有限公司董事兼总经理；2014 年 12 月 12 日起担任光环新网（上海）信息服务有限公司执行董事；2015 年 3 月 23 日起担任北京蓝沧科技有限公司副董事长；2015 年 6 月 12 日起担任北京华爱光环科技有限公司董事；2015 年 7 月 1 日—2018 年 1 月 8 日担任共青城云创投资管理合伙企业（有限合伙）执行事务合伙人；2015 年 11 月 19 日起担任北京德信致远科技有限公司执行董事兼总监；2015 年 11 月 19 日起担任北京科信盛彩云计算有限公司董事长；2016 年 2 月 3 日起担任北京中金云网科技有限公司董事；2016 年 3 月 9 日起担任北京无双科技有限公司董事长；2016 年 6 月 29 日起担任光环有云（北京）网络服务有限公司董事长；2016 年 8 月 8 日起担任光环新网（宁夏）云服务有限公司董事长兼总经理；2016 年 9 月 2 日起担任光环传媒股份有限公司董事；2016 年 9 月 20 日起担任北京亚逊新网科技有限公司执行董事兼总经理；2013 年 3 月起在北京光环新网科技股份有限公司任职，现任公司总裁兼董事，全面负责公司的经营管理工作

续表

序号	简历文本
2	×××先生，1967 年出生，澳门科技大学工商管理专业毕业，硕士学位，教授级高级工程师，中国国籍，无境外永久居留权；1989 年 8 月—1998 年 12 月，2005 年 9 月—2007 年 7 月，历任常州东风农机集团公司企管办主任、经营处长、集团销售公司总经理、集团国际贸易部总经理、集团公司副总经理等职务；1999 年 1 月—2002 年 12 月，任常州微特电机总厂（原常州宝马集团）副厂长；2003 年 1 月—2005 年 9 月，先后任北京明天控股集团下属企业包头华资实业股份有限公司副总经理、上海新延中企业发展有限公司副总经理；2007 年 8 月—2008 年 5 月，任北京联东投资（集团）公司模板钢构事业部 COO、北京联东模板有限公司总经理；2008 年 5 月—2011 年 7 月，任北京当升材料科技股份有限公司副总经理；2011 年 8 月—2012 年 2 月在北京矿冶研究总院工作；2012 年 3 月至今任北京当升材料科技股份有限公司总经理；2013 年 8 月至今任北京当升材料科技股份有限公司董事、总经理，全面主持公司工作，兼任北京中鼎高科自动化技术有限公司董事长、当升（香港）实业有限公司董事、中国有色金属协会钴业分会轮值会长、中国化学与物理电源协会常务理事、北京市动力电池创新中心技术专家委员会专家委员、安鹏·中国新能源汽车产业发展基金专家顾问委员会专家委员等职务
3	×××，男，1974 年出生，中共党员，1995 年毕业于湘潭大学，行政管理专业，专科学历，现于湖南大学工商管理硕士（MBA）在读；1994—2005 年任职于湖南友谊阿波罗股份有限公司，历任采购经理、总经理助理、超市店长、分店店长；2005 年 11 月起就职于快乐购，历任商品部部长、经营企划部部长、行销企划部部长、营销总监；2013 年 7 月任快乐购物股份有限公司高级总监；2014 年 6 月起任快乐购物股份有限公司副总经理
4	×××女士，中国国籍，1969 年 3 月出生，高级工程师，国家注册质量工程师，无境外永久居留权；1992 年毕业于中南工业大学冶金系冶金专业，2010 年在南京大学商学院获得高级管理人员工商管理硕士（EMBA）学位；1992—2006 年，就职于株洲硬质合金集团有限公司，先后任技术员、技术主管、首批技术专家；2006—2011 年，在南京寒锐钴业有限公司担任技术部部长、总工程师；现任南京寒锐钴业股份有限公司董事、副总经理
5	×××，女，中国国籍，1986 年出生，无境外永久居留权，复旦大学经济学硕士研究生学历；2011 年起历任国泰君安证券股份有限公司投资银行总部高级经理、并购融资部高级经理、助理董事及董事；2016 年 12 月至今，先后担任公司财务负责人、财务总监；2017 年 1 月至今，担任公司董事并兼任全资子公司上海赫金文化传播有限公司执行董事；2017 年 3 月至今，担任公司董事会秘书

上述 5 份简历文本中存在大量日期、国籍、任职信息，对于类似“2006—2011 年”“中国国籍”“无境外永久居留权”“汉族”等未直接蕴含知识要素的信息，统一进行了删除处理。使用 jieba 分词工具对简历文本进行分词处理，由于简历文本中存在大量学校、公司、职位、职称

等专有名词，但是 jieba 无法识别这些不常见的专有名词，为保留这些专有名词，构建了自定义词典，包含“上海交通大学”“高级工程师”“技术主管”“财务负责人”“文化传播有限公司”“博士生导师”“营销总监”“高级经理”“科技有限公司”等词，通过不断迭代自定义词典，直至分词结果不存在信息缺失、信息错误、信息冗余的情况。此外，对于部分常见无意义虚词、连接词进行去停用词处理，如“在”“于”“并”“及”“任”等。至此，简历文本的预处理工作完成。

2.4.2 确定主题数

简历文本分词完成后，对其形成的语料库进行 LDA 主题建模，并确定主题个数。LDA 主题建模需要提前设定主题数，常用确定主题数的方法是困惑度评价法，困惑度越小，意味着主题模型对新文本的预测作用越好，且随着预设主题数的增加，主题模型的整体困惑度呈现递减趋势。在更小的困惑度和恰当的主题数之间寻求一个平衡，一直是确定预设主题数的难点，研究者常采用找拐点的方法。在 LDA 中，困惑度的计算如式（2－3）所示。

$$perplexity(D) = \exp\left\{ - \frac{\sum_{d=1}^{M} log^{[p(w_d)]}}{\sum_{d=1}^{M} N_d} \right\} \tag{2-3}$$

其中，“D”指语料集，“M”是语料集所包含的文档数，“N_d”表示文档 d 包含的单词数，“w_d”是文档 d 中的单词，“$p(w_d)$”指单词 w_d 在文档中可能出现的概率。模型困惑度（*perplexity*）的值越小，表示主题模型的分类性能越好，但主题数也不宜过多，否则会出现主题重叠冗余的问题。图 2－6 为主题数在［3，30］范围内模型困惑度的分布，可以发现主题数为 5 时，*perplexity* 值明显下降，之后平稳波动。

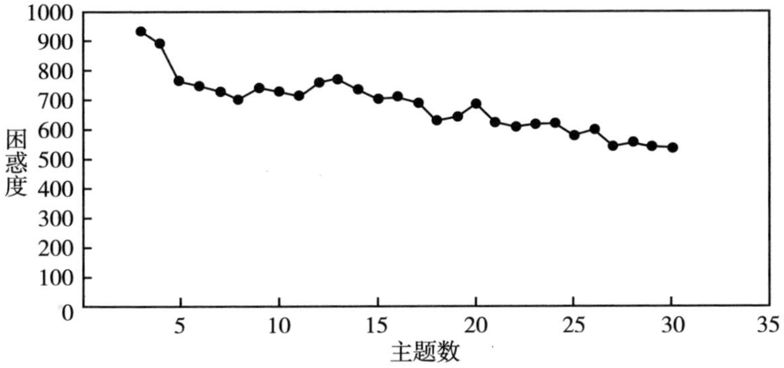

图 2－6　不同主题数对应的模型困惑度

主题一致性刻画的是各主题内部主题词语义一致性的程度，主题一致性得分越高，表示主题模型的分类效果越好 [14]。主题一致性得分会随着主题数目的增加而增加，当主题一致性增至某个数值而趋于平稳，在平稳前一致性得分最高时刻所对应的主题数就是最佳主题数 [15]。图 2－7 为主题数在［3，30］范围内模型主题一致性得分的分布，可以发现主题一致性得分（*coherence*）在主题数为 5 和 12 时明显上升，并波动至某个数值而趋于平稳。因此，主题数选择为 5 或 12 时，主题一致性表现较好。

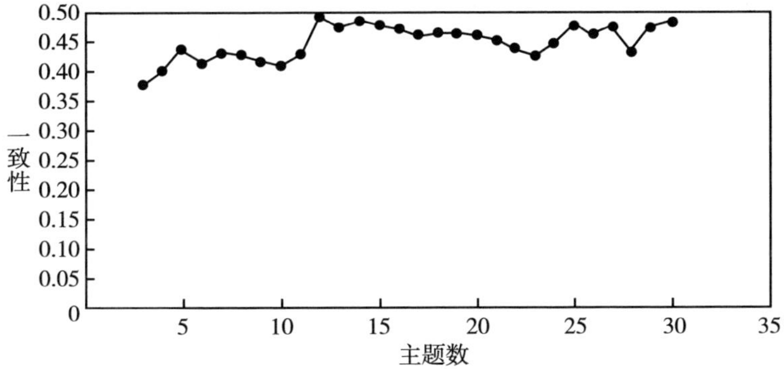

图 2－7　不同主题数对应的主题一致性得分

结合主题数在［3，30］范围内模型困惑度和主题一致性的分布情况，我们认为选取主题数为 5 或者 12 都能获得比较好的分类效果。为进一步确定，本书继续考察主题数为 5 和 12 时主题词的分布情况，参见表 2－4 和表 2－5、图 2－8 和图 2－9。

表 2－4　主题数为 5 的主题词分布情况

主题一	主题二	主题三	主题四	主题五
财务总监	技术	生产	销售	投资
会计师	工程师	高级工程师	事业部	证券
财务	总工程师	科技进步	市场部	协会
财务部	研发	技术	业务	副会长
会计	研究	技术员	销售部	事务
财务经理	设计	工程师	市场	委员
负责人	研究所	人才	投资	管理
注册会计师	高级工程师	优秀	管理	行业
高级会计师	工程	厂长	国际	专家
审计	研究院	环保	运营	发展

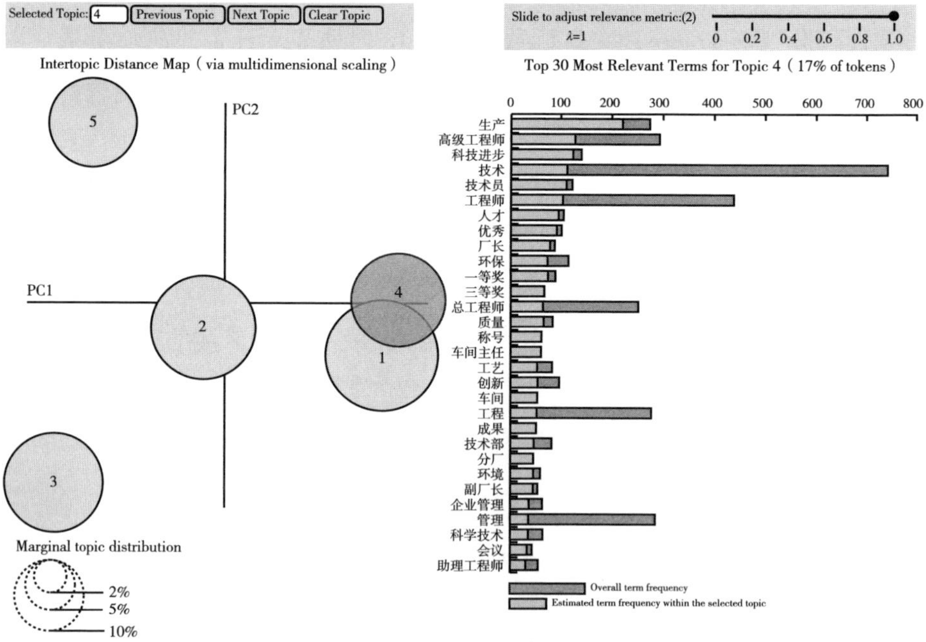

图 2－8　主题数为 5 时 pyLDAvis 主题可视化图

表 2-5　主题数为 12 的主题词分布情况

主题一	主题二	主题三	主题四	主题五	主题六
财务总监	工程师	生产	销售	协会	投资
会计师	技术	技术	工商管理	副会长	证券
财务部	研发	高级工程师	重庆	委员	事务
会计	总工程师	技术员	市场部	投资	管理
财务经理	研发中心	厂长	销售部	行业	销售
财务	研究员	工程师	投资	联合会	高级
注册会计师	工程	总工程师	办事处	创办	创业
高级会计师	研究院	技术部	EMBA	高级经济师	特殊津贴
审计	高级	质量	行政	副理事长	经济学
高级	研发部	称号	全资	人大代表	资格证书
主题七	主题八	主题九	主题十	主题十一	主题十二
设计	研究	专家	负责人	科技进步	技术
工程师	技术	优秀	财务	业务	信息技术
工艺	研发	产业	环保	一等奖	计算机
事业部	开发	管理	环境	国际	系
研究所	主持	委员	领军	三等奖	应用
管理	高级工程师	人才	第十二届	销售	发明专利
技术	计划	企业家	总公司	成果	网络
高级工程师	多项	创新	贸易	创新	工业
工程	总工程师	学会	国际	营销	工程师
总工程师	专利	分会	工程	主席	会议

由上述主题数分别为 5、12 时主题和主题词的分布情况可知，主题数设置为 12 时，主题细化程度更高，但主题间存在大量重复主题词，主题与主题间交叉严重，违背分类互斥的原则。主题数为 5 时，主题间区别度更高，主题内主题词的语义更趋向一致，但仍存在部分主题间语义

交叉的情况，需要进一步合并。因此，我们最终选择主题数为 5 的 LDA 主题建模方案，并在此基础上作进一步主题合并处理。

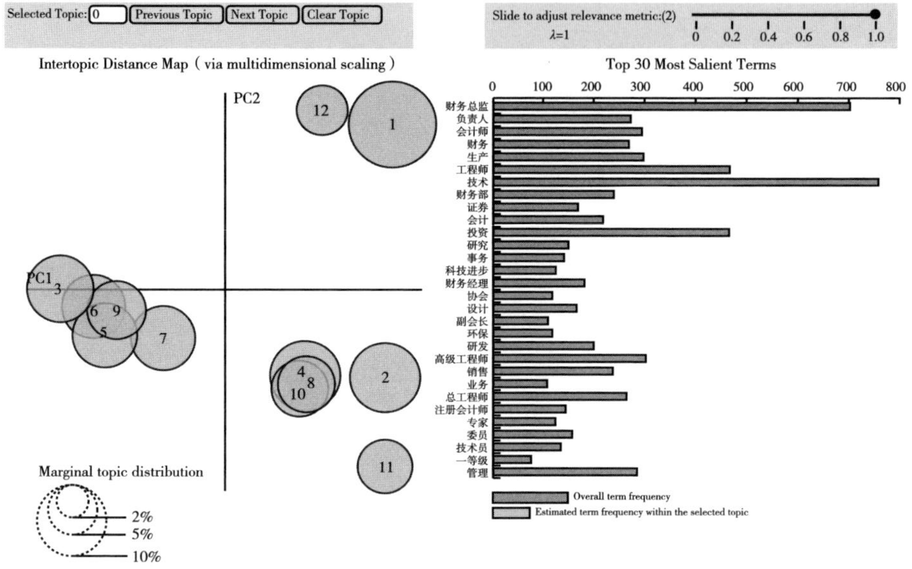

图 2-9　主题数为 12 时 pyLDAvis 主题可视化图

2.4.3　获取主题词—近义词对

在简历文本语料集上训练 Word2Vec 词向量模型，获取主题模型结果的主题词—近义词对。Word2Vec 模型可以很好地表示词语的语义信息[16]，不仅可以输出所有中心词的向量表示，还可以通过计算向量空间距离，给出近义词对。本章采用 Python Gensim 包中的 Word2Vec 模型，对经过分词和预处理的 2745 位高管的简历文本语料进行词向量训练，并输出主题数为 5 时 LDA 主题建模结果的主题词—近义词对集合。每个主题选取前 10 个主题词，每个主题词选取距离由近到远的前 10 个近义词，形成主题词—近义词对集合，部分结果如表 2-6 所示。

表 2－6　　　　LDA 主题模型部分主题词—近义词对

主题	主题词	主题词—近义词对
主题一	财务总监	{财务经理，公司财务，财务主管，出纳，财务，财务部，中级会计师，会计，审计部，总会计师}
	会计师	{审计师，审计员，注册资产评估师，注册税务师，分所，注册会计师，审计，总会计师，高级会计师，部门经理}
	财务	{财务主管，公司财务，财务经理，财务总监，负责人，中级会计师，财务管理，出纳会计，财务部}
	财务部	{出纳，财务主管，公司财务，会计，中级会计师，财务科，财务处，财务总监，副总财务}
	会计	{中级会计师，财务主管，财务会计，高级会计师，财务管理，会计专业，财务部，出纳，财务处，财务}
	财务经理	{财务总监，财务主管，公司财务，出纳，财务，中级会计师，财务部，审计部，会计，会计专业}
	负责人	{公司财务，财务，财务主管，财务经理，财务总监，审计部，出纳，专科，税源，副总}
	注册会计师	{注册税务师，注册资产评估师，高级会计师，审计员，会计师，审计师，会计学，会计专业，税务，财政}
	高级会计师	{会计专业，注册税务师，中级会计师，注册资产评估师，会计，注册会计师，财务处，财务会计，财务科，总会计师}
	审计	{内部，审计员，税务，注册资产评估师，注册税务师，审计师，会计师，分所，审计部，注册会计师}
主题二	技术	{开发部，研发工程师，信息系统，检测，研发部，研发，软件工程师，网络，数字，仪表}
	工程师	{研发工程师，仪表，工程部，研发部，技术部，技术员，机械制造，助理工程师，开发部}
	总工程师	{高级工程师，船舶，技术中心，开发部，仪表，组长，质量部，技术部，设计，设计师}
	研发	{产品，长期，电池，研发中心，研发工程师，发明专利，核心，分析，软件工程师，开发部}
	研究	{课题，重点，长期，药物，工程技术，主持，论文，科研，教学，分析}

续表

主题	主题词	主题词—近义词对
主题二	设计	{设计师，设计院，园林，高级工程师，总工程师，总工，教授级高级工程师，技术开发规划，研究院}
	研究所	{研究室，中国科学院，研究员，副研究员，物理，副所长，所长，工程师，无线电，光学}
	高级工程师	{无线电，教授级高级工程师，组长，仪表，总工程师，助理工程师，研究室，技术中心，工程师，技术员}
	工程	{动力，工业，技术开发，高级工程师，工学，工程系，工程技术，教授级高级工程师环保，中航}
	研究院	{院长，交通，研究室，规划，高级工程师，设计，设计师，城市，常务副，教授级高级工程师}

如表 2－6 所示，本书构建了类似“{财务总监：财务经理，公司财务，财务主管，出纳，财务，财务部，中级会计师，会计，审计部，总会计师}”的主题词—近义词对集合，近义词对可以在一定程度上表示主题词的语义，这弥补了 LDA 主题建模不重视词义的缺陷。由近义词对构成的集合可以用来衡量主题语义凝聚力，从而进一步实现主题合并。

2.4.4 合并主题

借助主题词—近义词对集合对主题语义凝聚力进行度量，构建主题凝聚力指标（*Cohesion*），具体计算如式（2－4）至式（2－6）所示。

$$TS_{(ij)} = \begin{bmatrix} w_{(1,1)} & \cdots & w_{(1,10)} \\ \vdots & w_{(i,j)} & \vdots \\ w_{(10,1)} & \cdots & w_{(10,10)} \end{bmatrix} \quad 1 \leqslant i \leqslant 10, 1 \leqslant j \leqslant 10 \qquad (2-4)$$

$$TM_{(ij)} = \begin{bmatrix} u_{(1,1)} & \cdots & u_{(1,10)} \\ \vdots & u_{(i,j)} & \vdots \\ u_{(10,1)} & \cdots & u_{(10,10)} \end{bmatrix} \quad 1 \leqslant i \leqslant 10, 1 \leqslant j \leqslant 10 \qquad (2-5)$$

$$Cohesion = \frac{\sum_{i=1,j=1}^{i=10,j=10} u_{(i,j)}}{N} \tag{2-6}$$

其中，“N”表示 TS 矩阵内的元素个数，TS 矩阵是近义词对集合。“$w_{(i,j)}$”指第 i 个主题词对应的第 j 个近义词，相应地，“$u_{(i,j)}$”表示第 i 个主题词对应的第 j 个近义词在 $TS_{(ij)}$ 矩阵中是否存在重复值，若存在，$u_{(i,j)}$ 取值为 1；若不存在，$u_{(i,j)}$ 取值为 0。例如，$w_{(1,1)}$ = “财务经理”，$w_{(3,3)}$ = “财务经理”，则 $u_{(1,1)}=1$，$u_{(3,3)}=1$；$w_{(2,7)}$ = “审计”，$TS_{(ij)}$ 矩阵中不存在其他值为“审计”，则 $u_{(2,7)}$ 取值为 0。“*Cohesion*”表示近义词对集合中所有重复值计数占全部元素数的比例。

LDA 主题建模的主题数为 5 时，各主题凝聚力水平如图 2－10 所示。可以发现，主题一、主题四、主题五的凝聚力水平均超过了 0.6，表明主题内主题词的语义一致性较高，凝聚力较强，可以很好地表示一类语义。主题二、主题三的凝聚力水平低于 0.6，且主题二和主题三在主题词上存在交叉，语义存在重叠，主题二的主题词（技术、工程师、总工程师、研发、研究、设计、研究所高级工程师、工程、研究院）和主题三的主题词（生产、高级工程师、科技进步、技术、技术员、工程师、人才、优秀、厂长、环保）都蕴含技术研发的意思，故尝试对主题二、

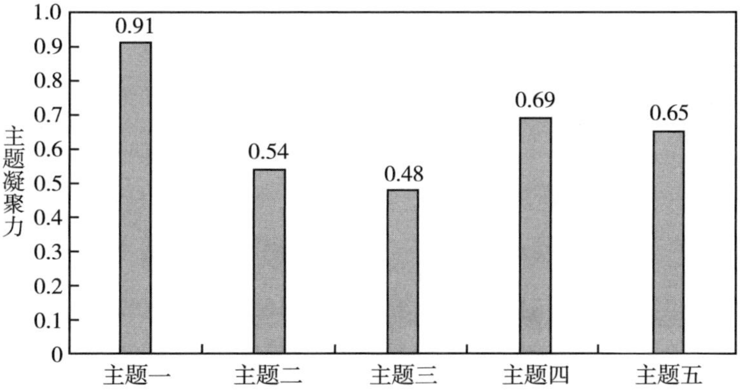

图 2－10　主题凝聚力水平

主题三进行合并，合并后发现主题凝聚力上升至0.65，明显得到改善，合并后的各主题凝聚力水平如图2－11所示，故本书最终确定对主题二和主题三进行合并。

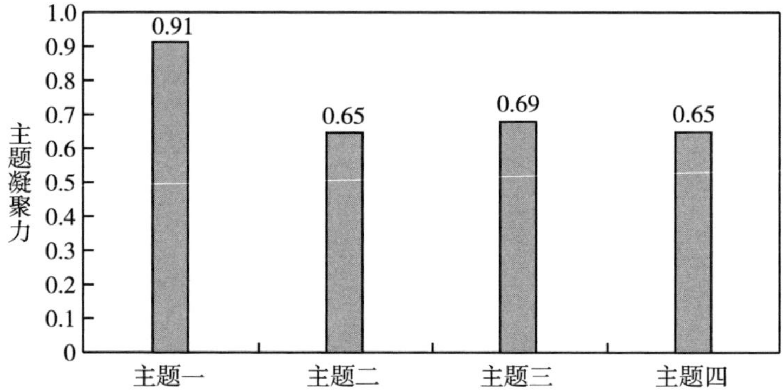

图2－11　合并后的主题凝聚力水平

合并主题后，为清晰表达各主题的含义，分别将各主题命名为财务会计、技术研发生产、市场销售、投资管理，具体如表2－7所示。

表2－7　主题命名

财务会计	技术研发生产		市场销售	投资管理
财务总监	技术	生产	销售	投资
会计师	工程师	高级工程师	事业部	证券
财务	总工程师	科技进步	市场部	协会
财务部	研发	技术	业务	副会长
会计	研究	技术员	销售部	事务
财务经理	设计	工程师	市场	委员
负责人	研究所	人才	投资	管理
注册会计师	高级工程师	优秀	管理	行业
高级会计师	工程	厂长	国际	专家
审计	研究院	环保	运营	发展

2.4.5　计算高管的知识分布概率

LDA 主题模型不仅可以输出主题—主题词层面的信息，还可以输出文本—主题概率值，如表 2－8 所示。

表 2－8　　部分高管简历及其主题概率分布

序号	内容	主题概率分布
1	×××先生，1973 年 11 月出生，中国国籍，无境外永久居留权，本科学历，2003 年毕业于湖南商学院；1994—1996 年任职于湖南省医疗器械药品公司；1996—1998 年任职于湖南省医药公司；1998—2000 年任益阳旭日精细化工厂销售经理；2000—2005 年任南宁新天医药科技有限公司副总经理；2005—2009 年任第一创业证券长沙营业部投资经理；2009—2010 年任长沙金玉投资咨询有限公司总经理；2010—2011 年任天津尚德药缘科技有限公司总经理；2012 年至今任职于湖南九典制药股份有限公司，现任湖南九典制药股份有限公司董事会秘书	技术研发生产：0.100894704 市场销售：0.10877797 投资管理：0.7853887
2	×××先生，公司副总经理，中国国籍，1968 年出生，大专学历；曾任沅江市物资局物资公司业务主管、财务负责人，湖南鑫海渔业用品有限公司生产厂长、常务副总经理，珠海太阳鸟游艇制造有限公司供应经理、生产经理、总经理助理、生产总监、副总经理；现任珠海太阳鸟游艇制造有限公司总经理、珠海宝达游艇制造有限公司执行董事	财务会计：0.31754974 技术研发生产：0.66781604
3	×××，女，1975 年 12 月生，中国国籍，无境外永久居留权，中共党员，研发中心部长，高级工程师，中国科学院研究生院生物化学与分子生物学硕士；1998 年 7 月—2001 年 2 月，任长春高斯达生化药业集团股份有限公司生产技术员；2001 年 3 月—2002 年 12 月，任公司质量部部长；2003 年 1 月至今任公司研发中心部长；从业期间，在国家医药类核心期刊共发表药物分析、药物制剂论文 7 篇，任职期间参与的技术研究获得授权发明专利 9 项，授权外观设计专利 1 项	技术研发生产：0.918237631 市场销售：0.07404232
4	×××先生，1967 年出生，毕业于四川大学，本科学历，中国国籍，无境外永久居留权；自 1990 年起先后就职于中国人民解放军第三五一三工厂、陕西康旺科技有限公司研发部，2001 年加入西安蓝晓科技新材料股份有限公司，历任销售经理、副总经理	技术研发生产：1，0.31645733 市场销售：0.66185415

续表

序号	内容	主题概率分布
5	×××，男，中国国籍，出生于1977年7月，太原重型机械学院机械设计及制造专业本科毕业，2008年3月至今历任公司市场部部长、销售总监，2012年2月至今任公司副总裁	市场销售：0.9619042

由上述5个案例可以发现，大部分文本—主题概率都较准确，但也存在一些概率值极低的情况，如简历3在市场销售主题下的概率值只有0.07。根据概率理论，小概率事件发生的可能性极小，基本可以忽略不计，所以在构建高管团队成员—知识二模网络的过程中，那些一份简历同时占据多个主题，或者在某个主题下概率极低的情况都应做适当处理。这就需要设置合理的主题概率阈值，以过滤掉小概率主题和多个主题的情况。

考虑到一个高管成员不可能同时掌握财务会计、技术研发生产、市场销售、投资管理这四类知识。因此，假设高管成员拥有的知识数量是有上限的，设上限为 u，u 的取值需要通过研究大量简历文本以及结合实际情况而定。通过构建优化目标函数确定阈值，该函数表示的是所有高管中拥有知识数为0以及拥有知识数大于 u 的成员占全部高管的比例，优化的目标是该函数取最小值。其中，“α”为需要确定的概率阈值，通过设置概率阈值，高管所拥有的知识集合可以表示为：

$$Topics_{\alpha u} = \{T_i \mid \text{if } p(T_i \mid \alpha, u) > \alpha\} \quad (2-7)$$

优化目标函数可以表示为：

$$S_{(\alpha)} = \frac{\sum_{\#\alpha u}\{1 \mid \text{if } \# Topics_{\alpha u} > u \text{ or } \# Topics_{\alpha u} = 0\}}{\#\alpha u}$$

$$\min_{\alpha} S_{(\alpha)} \quad (2-8)$$

其中，“αu”表示所有高管的数量，“$Topics_{\alpha u}$”表示高管成员 αu 拥有的知识数量，当目标函数取最小值时的概率值 α，即为最佳概率阈值。

目标函数 $S_{(\alpha)}$ 取最小值，意为所有高管中拥有知识数为 0 或超过 u 的成员比例值最小。

在研究大量简历文本以及结合实际后，确定 u 的取值为 3，并以 0.01 为步长计算 α 在［0，1］区间上的优化目标函数 $S_{(\alpha)}$ 的值，结果发现 α 取到 0.2 左右时，目标函数 $S_{(\alpha)}$ 取到最小值，如图 2－12 所示。因此，本书对文本—主题概率分布取 0.2 为阈值，概率值小于 0.2 的主题概率不予考虑。

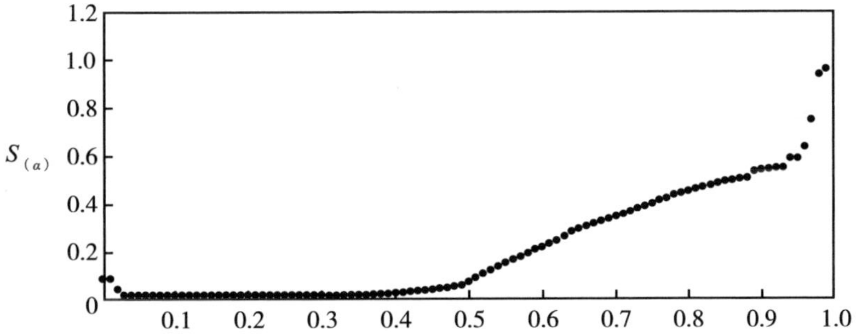

图 2－12　优化目标函数 $S_{(\alpha)}$ 的取值分布

至此，经过 LDA 主题建模、Word2Vec 词向量训练合并主题以及设置优化目标函数并确定概率阈值，高管简历文本最终得以转化为高管团队成员—知识对应数据，这为构建高管团队成员—知识二模网络提供了重要数据来源。

2.4.6　计算高管团队知识覆盖度

企业高管团队知识覆盖度的计算，借鉴汤超颖、刘丽（2020）关于知识二模网络的衡量方法。将知识覆盖度定义为高管团队内以成员—知识为节点构建的二模网络的密集程度，用高管团队成员—知识二模网络的密度值表示。知识覆盖从整体知识观的角度衡量高管团队知识结构，综合考虑整体知识多样性、个体知识多样性以及知识在成员间的分布特征，具体计算如式（2－9）所示。

$$Coverage = \frac{L}{k \cdot i} \tag{2-9}$$

其中，“L”代表网络中高管团队成员与知识联结的次数，“i”代表高管人数，“k”代表知识类别数。高管团队成员—知识二模网络如图2－13和图2－14所示。图2－13和图2－14中的三角形代表高管成员节点，圆形代表知识要素节点，高管团队成员节点与知识要素节点的连线表示高管团队成员A具备知识K。假设，企业只有3名高管A1、A2、A3，只有四种知识类别K1、K2、K3、K4。图2－13中的知识覆盖度 $Coverage1 = \frac{L1}{k \cdot i} = \frac{5}{4 \times 3} = 0.42$，图2－14中的知识覆盖度 $Coverage2 = \frac{L2}{k \cdot i} = \frac{4}{4 \times 3} = 0.33$，图2－13所显示的高管团队成员—知识二模网络的密度大于图2－14，说明图2－13中高管团队内部的知识覆盖度高于图2－14。图2－13与图2－14相比，成员数和知识种类数相同，但高管团队成员与知识的联结数更大，表明图2－13中知识以更复杂繁密的状态分布在成员间。因此，在高管团队成员—知识二模网络中，密度越高，代表高管团队内部知识覆盖的程度越高。

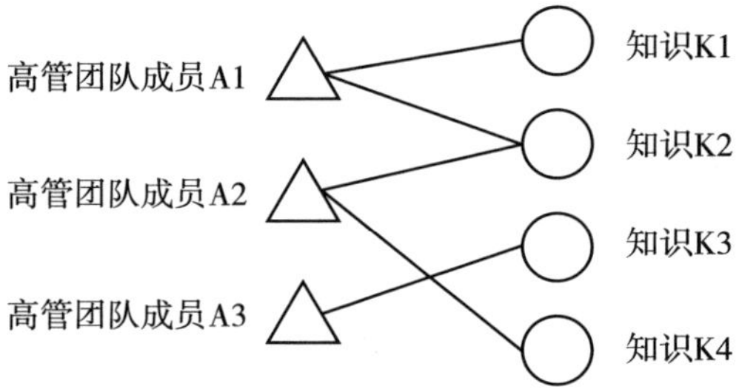

图2－13　高管团队成员—知识二模网络①

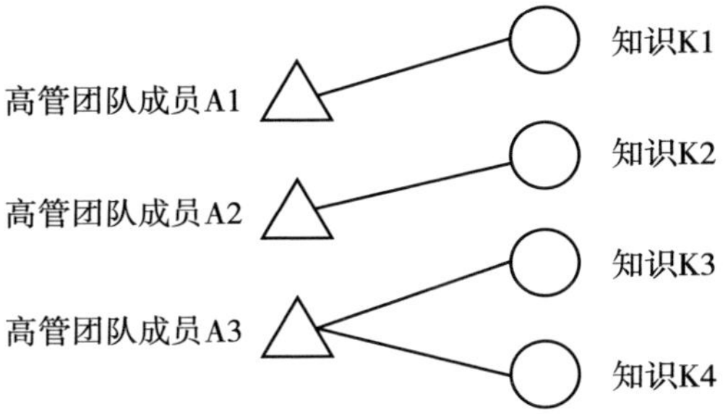

图 2－14　高管团队成员—知识二模网络②

2.5 本章小结

本章我们深入探讨了高管团队知识覆盖的测量方法，这是理解团队知识结构的关键一步。首先，我们梳理了测量知识异质性的多种方法，测量指标包括教育背景、职业领域、工作经验、从业年限等，并回顾了先前研究中使用的问卷调查和评分方法。其次，我们引入赫芬达尔指数（Herfindahl－Hirschman Index）来量化知识网络异质性，并探讨了二模网络分析在测量知识异质性中的应用。相对于知识异质性的测度方法，我们提出了知识覆盖度的概念，这一概念在知识同质性与异质性的基础上形成，通过测量团队拥有的知识类别以及同质性和异质性来得出。最后，我们借鉴了多项先前的研究，将全局凝聚性和网络密度的概念应用于知识覆盖度的测量，并构建高管团队成员—知识的二模网络。

从测量的技术路线来说，关键在于如何从高管简历文本中挖掘成员—知识对应数据，并通过 LDA 主题模型和 Word2Vec 词向量模型来实现知识分类。LDA 模型用于挖掘潜在主题，Word2Vec 词向量模型则用于捕捉词汇间的语义关联，两者结合使用以揭示高管简历文本中的知识结构。由此，对这两个关键技术进行详细说明。

整个测量与计算过程包括数据预处理、确定主题数、获取主题词—近义词对、合并主题、计算高管的知识分布概率以及计算高管团队的知识覆盖度。我们采用了预处理技术来构建专有名词词典，并进行了分词和去除停用词，以形成用于 LDA 主题建模的语料库。通过比较不同主题数下的模型困惑度和主题一致性得分，确定了最优的主题数，进一步合并了语义相近的主题。最终，通过设置概率阈值来筛选高管团队成员—知识对应数据，并构建了高管团队成员—知识二模网络，用网络密度来衡量知识覆盖度。

综上所述，本章为理解和测量高管团队的知识覆盖提供了一个全面的框架，包括理论基础、技术方法和计算过程。通过这一方法，我们可以更准确地评估和分析高管团队成员的知识结构，为后续的研究提供支持。

参考文献

[1] 郭京京，郭斌．知识属性对产业集群企业技术学习策略的影响机制研究［J］．科研管理，2013，34（12）：17－25.

[2] 张紫璇，陈怀超，艾迪欧．文化相似性对集群企业竞争偏执的影响——网络中心性的调节和知识整合能力的中介作用［J］．软科学，2020，34（10）：84－89.

[3] 孙凯，柳艳婷，刘晓婷．研发团队知识异质性对知识共享影响研究［J］．情报科学，2016，34（2）：59－64.

[4] 杨隽萍，彭学兵，廖亭亭．网络异质性、知识异质性与新创企业创新［J］．情报科学，2015，33（4）：40－45.

[5] 汤超颖，刘丽，李美智．企业内外部知识分布与二元学习平衡：基于中国创新型企

业的实证研究［J］. 管理评论，2020，32（6）：82－92.

［6］汤超颖，李美智，张桂阳．中国创新型企业内外部研发合作网络对组织二元学习平衡的影响［J］. 科学学与科学技术管理，2018，39（5）：76－88.

［7］Guler I，Nerkar A. The impact of global and local cohesion on innovation in the pharmaceutical industry［J］. Strategic Management Journal，2012，33（5）：535－549.

［8］李健，余悦．合作网络结构洞、知识网络凝聚性与探索式创新绩效：基于我国汽车产业的实证研究［J］. 南开管理评论，2018，21（6）：121－130.

［9］Lei R，Liu H. Environmental，Social，Governance Activities and Firm Performance：Evidence from China［J］. Sustainability，2021，13（2）：767－767.

［10］Rasool B M. Deep LDA：A new way to topic model［J］. Journal of Information and Optimization Sciences，2020，41（3）：823－834.

［11］Poushneh A，Rajabi R. Can reviews predict reviewers' numerical ratings? The underlying mechanisms of customers' decisions to rate products using Latent Dirichlet Allocation（LDA）［J］. Journal of Consumer Marketing，2022，39（2）：230－241.

［12］Zhang Y，Zhang L. Movie Recommendation Algorithm Based on Sentiment Analysis and LDA［J］. Procedia Computer Science，2022，199：871－878.

［13］Wu D，Yang R，Shen C. Sentiment word co-occurrence and knowledge pair feature extraction based LDA short text clustering algorithm［J］. Journal of Intelligent Information Systems，2020，56：1－23.

［14］安璐，胡俊阳，李纲．基于主题一致性和情感支持的评论意见领袖识别方法研究［J］. 管理科学，2019，32（1）：3－13.

［15］曹晨，张卫国，黄俊．职场辱虐管理如何影响第三方情绪和行为？——基于文本挖掘以及 LDA 主题模型的大数据分析［J］. 海南大学学报（人文社会科学版），2022，40（2）：137－147.

［16］Tosin A，Foteini L，Marcus L. Word2Vec：Optimal hyperparameters and their impact on natural language processing downstream tasks［J］. Open Computer Science，2022，12（1）：134－141.

第3章　创业型企业高管团队知识覆盖与企业绩效

本章考察创业型企业高管团队的知识结构特征，以实证研究探索高管团队知识覆盖对企业绩效的影响，具体介绍了样本数据获取、变量测量、实证检验以及稳健性检验的过程。首先，根据第2章介绍的基于NLP的知识覆盖测量方法，采用LDA主题模型和Word2Vec词向量模型挖掘高管简历文本中的知识分类，在高管团队内部构建成员—知识二模网络，计算知识覆盖和知识异质性。在此基础上分别采用混合回归模型、固定效应模型和随机效应模型对高管团队成员知识覆盖、知识异质性对企业绩效影响的主效应进行检验。随后，采用调节层次回归模型对股权激励、知识异质性在高管团队成员知识覆盖对企业绩效影响中的调节效应进行检验。结果发现：高管团队内部以财务会计、技术研发生产、市场销售、投资管理四类知识与成员构成的知识网络覆盖度与企业绩效之间存在正相关关系，而成员间在财务会计、技术研发生产、市场销售、投资管理四类知识上的知识异质性与企业绩效之间存在负相关关系，且知识异质性在一定程度上会损害知识覆盖对企业绩效的正向效益，起负向调节作用，但这种调节效应只存在于成立时间>10年的企业中，股权激励在高管团队知识覆盖度对企业绩效的影响中起正向调节作用。这些研究过程与结论为企业管理和发展的相关理论提供了一种解读组织行为的新视角。

3.1 背景与意义

知识在企业竞争中占据越来越重要的地位[1]。高管团队，包括企业高层经理[2]，担负着敏锐感知市场变化、协商部署战略决策、维护内部管理、保障企业健康发展的重要使命[3]，其所具备的知识结构对处于高速发展阶段的创业板企业具有重要影响[4]。我国创业板企业主要是专注高新技术研发和创新生产的中小企业，这些企业大多处于高速发展期，长期以来它们对我国的经济转型和产业升级产生了重要影响，并作出了不可磨灭的贡献[5]。因此，探究创业板上市企业高管团队知识结构对企业绩效的影响，能有效地促进创业板市场的稳健发展，这对加速推进我国经济转型和产业升级具有重要的现实意义。

3.1.1 理论的冲突

高阶管理理论指出，创业型企业高管团队知识分布的异质性程度对企业经营发展及其绩效表现具有重要影响，二者呈现出倒“U”形关系[6]。目前该理论分为了两大学派：信息决策理论和社会认同理论[7]。信息决策理论认为，团队成员间高知识异质性能为思考和解决问题提供多样化视角和途径[8]，有利于开阔团队视野，丰富团队知识，形成知识碰撞，激发创新力和创造力，提升决策的科学性和有效性[9][10]；社会认同理论则认为，过高的知识异质性会导致成员间观念难以调和、信息交流不畅，产生认知冲突，不利于团队决策与创造力的发挥[11][12]。基于以上两种观点的研究，至今仍未得到统一结论[13]。研究文献及其主要观点如表3－1所示。

表3－1　研究文献及其主要观点

文献	观点
夏晗（2018）[6]	（创业型企业）高管团队知识异质性→企业绩效（倒“U”形）
任峰，张朋朋（2017）[7]	存在“社会型异质性—团队沟通—决策质量”“社会型异质性—团队协作—决策满意度”“价值观类异质性—团队沟通—决策质量”三条高管团队知识异质性正向影响管理决策的路径
王颖，彭灿（2011）[8]	（研发团队）知识异质性→共享心智模型→创新绩效（倒“U”形）
Allen等（2006）[9]	高管特质与创新水平匹配程度→投资绩效（部分正向）
段光，杨忠（2014）[10]	团队知识异质性→创新绩效（正向），受团队认同调节，知识共享为中介
Bermiss，Johann（2015）[11]	具有异质性的高管团队成员离职→企业生存伤害（正向）
吕洁，张钢（2015）[12]	知识异质性→认知冲突→团队创造力（负向） 高水平任务知识协调能力→（知识异质性→团队创造力）（正向） 低水平任务知识协调能力→［知识异质性（倒“U”形）→团队创造力］
邢蕊等（2017）[13]	教育水平异质性→创业绩效（正向，不显著） 专业（不显著）与职能（显著）→创业绩效（负向） 知识复杂性与知识基础→（知识异质性→创业绩效）（正向）
Gan et al.（2023）[14]	知识异质性→创新绩效（正向） 关系与任务冲突部分中介此关系 知识共享调节了此中介关系
Louadi（2024）[15]	研究知识异质性的定义与测度问题
Liu等（2023）[16]	知识异质性→团队绩效（正向） 团队数字能力正向中介上述关系 内外部知识转化能力调节了上述关系
Zhang等（2020）[17]	研发团队默会知识异质性→交互记忆系统（负向） 创新氛围负向调节上述关系，即会改善这种不利影响

信息决策理论立足团队创造力，提出团队成员间的信息差异有利于多角度思考问题，整合多方信息，提出更高效和更具创新性的方案，精妙且爆发式的创新成果能帮助企业快速打开市场、抢占市场、立足市

场[18]，从而肯定了知识异质性对企业绩效的价值，但却忽略了对企业发展而言同样重要的要素——系统、有效的企业内部治理与外部经营。如果说创新与创造力是企业对外拼搏的武器，是“矛”，那么系统、有效的治理与经营则是维护企业内部稳固、强化中坚力量的“盾”，“矛”与“盾”对企业发展而言都不可或缺。信息决策理论过多关注了“矛”的攻击性，忽略了“盾”的防守性，这是该理论遭到社会决策理论质疑的一个关键点。

社会决策理论从“相似—吸引”规律出发，提出属性高度相似的个体间往往更容易产生相互认同感，因而个体在团队中会优先选择与自己相似的对象成为伙伴，并逐步发展成小团体[19]。虽然特征相似个体构成的群体其内部信息交流顺畅、凝聚力高、合作性强，但同时可能在团体内引发群体分层，团队内存在若干个自由组建的非正式小群体。这种缺乏强制约束的小群体往往会对团队整体的协作交流产生不利影响，甚至引起团队内部冲突和关系紧张，不利于团队整体发展，从而影响企业的经营与管理[6][20]。

但社会决策理论忽略了个体与知识之间不是单纯的一对一的关系，也存在一对多的情况，小群体之间不一定是完全割裂的。高管团队成员因其丰富的职场经验，不乏存在相当一部分人同时了解或掌握两种及两种以上类型的知识[21]，这些拥有多种知识的成员在团队中可以起到人际连接、知识桥梁的功能。一方面，各小群体间成员交叉，打破了人际圈完全割裂的局面，共有的关系纽带可以缓解团队内交流不畅、群体间关系紧张的困境[22]。另一方面，各小群体内部因知识属性相似，聚焦具体业务时视角集中，可以在充分考量与论证的情况下作出群体内的最优决策。具备多种知识的成员，可以承担起群体间知识传递和整合的功能，综合考察各群体的决策，给出整体最优解，这有利于降低知识异质性造成的成员间知识转移的难度，从而有利于企业的健康持久发展[23]。

综上所述，高管团队成员知识结构对企业绩效影响的复杂性，不仅体现在团队成员知识结构的异质性方面，也体现在团队知识的覆盖维度上（Wong，2008；Bloodgood，2015）。用“成员”和“知识”为节点形成的复杂关系网密度度量团队知识的覆盖特征，可以为探究高管团队知识结构对企业绩效的影响提供新的方向（Bloodgood，2015）。

基于此，正如前一章节所述，根据 Wong（2008）、Bloodgood（2015）等的研究，我们提出知识覆盖的概念，它融合了团队整体知识多样性、个体知识多样性以及知识在成员间的分布特征，是一种对知识结构更高维度的定义。简单来说，一个具有不同知识背景的专家团队，在知识上体现出多样性与低覆盖度的特征，但一个具有一定知识范围的通才团队，则兼具了多样性与高覆盖度的特性[24]。在一个团队中适当的知识覆盖可以更好地发挥出团队知识多样性的效用，这对企业的长久发展具有重要意义。

3.1.2 发展的阶段

根据企业发展理论，高管团队知识结构对企业产生的影响在企业的不同发展阶段可能不同。例如，范亚东、隋馨（2019）的研究发现，在企业的成长期，高管团队的平均任期、年龄差异以及职能异质性与企业绩效之间存在显著负相关关系，但成员间的性别差异却与企业绩效之间存在显著正相关关系；在企业的成熟期，高管团队的平均任期、年龄差异、性别差异与成长期存在同样的情形，但职能异质性与企业绩效之间不再存在相关关系；在企业的衰退期，除了高管团队成员之间的任期异质性与企业绩效之间显著负相关，平均任期、年龄差异和性别差异均与企业绩效之间存在正相关关系[25]。

可以发现，高管团队成员间的职业背景差异仅在企业成长期与企业绩效之间存在显著负相关关系，在成熟期和衰退期都不再对绩效表现产生负向影响，这是因为企业在发展阶段往往缺乏完善的沟通体系和协调制度，高管团队成员间的职能背景差异越大，越难以形成高效的沟通协作，不利于企业组织绩效和创新绩效的提升。创业板上市公司大多处于高速发展阶段，高管团队成员间高效的沟通协作对企业经营具有重要作用，这就需要团队内部知识结构分布合理，在保留各自差异、发挥不同作用的基础上寻求一种知识的整合与融合。如何在知识异质性和知识覆盖之间寻求一种平衡，现有的研究结果就如信息决策理论和社会认同理论对待知识异质性对企业发展影响的观点一样，没有形成统一的认识，甚至展开深入研究的工作都比较鲜见。

3.1.3　知识的网络

在知识结构问题的探索上，近年来有学者不再局限于知识异质性，开始从知识网络的视角关注企业内的知识结构特征。企业的知识元素并非孤立存在，而是存在各种连接，可以以不同的组合形式出现，并最终形成企业的知识网络。从一定意义上说，知识也是构成社会网络的重要元素，知识必须嵌入社会网络中才能更好地发挥其作用和价值，离开了社会关系网，知识的价值和功效将大打折扣[26]。将知识网络特征引入高管团队知识结构对企业绩效的影响，可以更深入地探讨高管团队内部成员间知识结构的相互影响及其与企业绩效间的关系[27]。郑小勇（2021）从技术和市场知识网络的视角出发，探究其对企业创新绩效的影响，研究发现技术、市场知识网密度越大的企业会具备更高的产品创新能力。特别是当集团企业成员地理分散性较大时，两者对集团渐进性产品创新能力的积极作用会更明显[28]。喻登科（2015）通过构建系统动力学模型，对团队知识网络、团队行为与企业绩效的关系进行仿真实验，结果发现团队知识网络和知识行为会对知识增长产生积极影响，且网络结构与知识行为间也存在相互作用关系[29]。这些研究从知识网络的视角为企业发展理论提供了新的方向，也为本书衡量高管团队知识结构提供了参考依据。

3.1.4 股权的激励

此外，股权激励对处于发展期的企业，尤其是对在创业板上市、具有发展潜力的创业企业而言，具有重要作用[30]。对处于高速发展期的企业来说，虽然其已明确了自己的定位，企业品牌也有了一定影响力，企业的生产能力和销售能力也较强，但仍需不断加大研发投入，保障企业发展的持久力，提升产品服务的综合竞争力。在企业迅猛发展、快速成长的阶段，企业所有者必须引导管理者与自己保持一致的目标，而不是趋向于自利行为，这样才能保障管理决策利于企业的长期发展[31]。经验和研究[32]都表明，在这一阶段，使用股权激励将高管团队的利益与企业利益进行捆绑，不仅有助于企业管理层的稳定及企业发展的持续，也有利于促进企业价值的提升。同时，股权激励作为一种调节高管团队行为决策对企业绩效积极影响的外在推力，与高管团队内部知识结构特征这种内在影响机制，将从不同方向共同对企业的经营管理和绩效表现产生作用。

3.1.5 研究的问题

据此，研究创业板企业高管团队知识结构对企业绩效的影响，不仅要从团队知识异质性的角度去分析，而且要从知识覆盖的角度去探究，还要从企业知识网络特征的角度展开研究，有助于从本质上厘清高管团队的知识结构对企业绩效的影响。然而现有研究大多探究企业知识网络对团队内部知识吸收和企业创新绩效的影响，鲜有研究对知识网络密度形成的高管团队知识覆盖度如何与知识异质性相互作用，进而对企业绩效产生影响进行探究，也少有研究引入股权激励这一因素，探究其在高管知识结构特征对企业绩效影响中扮演的角色，而这正是本书要探究的问题。根据上述背景的介绍，我们期望研究的问题可以总结如图 3－1 所示。

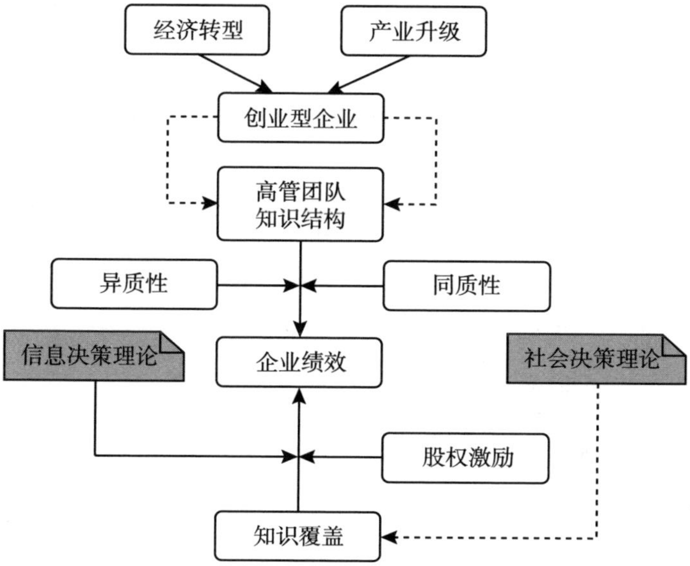

图 3－1　研究的问题

3.1.6　研究的意义

根据后续具体研究的结果来看，本书对这一问题研究的理论与现实意义如下。

（1）理论意义：①根据前述章节提出的知识覆盖的测量方法，对知识结构的抽象概念展开理论的量化研究。将个体知识多样性融入团队知识结构对企业绩效影响的考量中，用以“成员”和“知识”为节点形成的复杂关系网密度度量团队知识的覆盖特征，由此提供一种度量知识覆盖的指标，为今后开展相关研究提供了量化依据，丰富了知识结构特征的相关理论研究。②探究高管团队知识覆盖、知识异质性以及股权激励间的交互作用对企业绩效的影响，有利于丰富企业发展的相关理论。引入调节变量——知识异质性和股权激励，探究高管团队知识覆盖度对企业绩效的影响机制，结果发现高管团队内部以财务会计、技术研发生产、市场销售、投资管理四类知识元素与成员构成的知识网络覆盖与企业绩效间存在显著的正相关关系，而成员间在财务会计、技术研发生产、市场销售、投资管理四类知识上的异质性与企业绩效间存在负相关关系，且知识异质性在一定程度上会损害知识覆盖对企业绩效的正向效益，起负向调节作用，但这种调节效应只存在于成立时间超过 10 年的企业中。股权激励在高管团队知识覆盖度对企业绩效的影响中起到正向调节作用。这些结论为进一步探究高管团队知识结构对企业绩效的影响提供了新的方向，丰富了企业管理和发展的相关理论。

（2）现实意义：①为完善知识结构，促进企业高管团队发展提供了有效指导。研究发现，知识覆盖对企业绩效起到正向影响，这表明知识在成员间达到一定的覆盖程度，将有利于高管团队内部沟通协作，且在一个团队中适当的知识覆盖可以更好地发挥团队知识多样性的效用。因此，高管团队成员应相互学习，主动了解彼此的职业背景知识，以完善团队整体的知识结构。②为高管团队内部实现知识异质性和知识覆盖的平衡提供了有益指导。研究表明，高管团队内部以财务会计、技术研发生产、市场销售、投资管理四类知识与成员构成的知识网络异质性与企业绩效间存在负相关关系，且知识异质性在一定程度上会损害知识覆盖对企业绩效的正向效益，起负向调节作用，但这种调节效应只存在于成立时间 >10 年的企业中。这表明，对于具有潜力的创业企业，在其发展期，高管团队知识异质性并不会折损知识覆盖对企业绩效的正向效益，但随着企业成立时间的增长，这种折损效应会逐渐显现，所以高管团队应尽快平衡好团队知识异质性和知识覆盖的关系。

3.2 现有研究情况

3.2.1　企业生命周期与高管团队知识结构

生命周期理论是企业管理研究中具有特殊价值的理论，该理论将生命体的生长过程类推到企业发展中[33]，提出企业发展的生命周期概念，并对其生命周期进行阶段性划分，如企业的发展会依次经历孕育、成长、成熟、衰老、死亡等历程[34]。Greiner（1972）的五阶段划分法是比较典型的划分方式之一，他将企业生命周期细分为孕育、少年、壮年、衰老、终结五个阶段[35]。Adizes（1989）在 Greiner 的基础上继续将企业生命周期细分为孕育期、婴儿期、稳定期、贵族期、后贵族期、死亡等十个阶段[36]，这些都是国外学者对企业生命历程进行的比较成熟的研究。

放眼国内，陈佳贵是最早一批以我国企业为样本，对国内企业的生命周期进行划分的学者[37]，他以企业规模为依据，将企业的生命历程依次划分为孕育、求生、成长、成熟、衰老和重生六个阶段。之后，学者李业（2000）在陈佳贵的模型基础上对国内企业的生命周期划分作进一步修正，他认为以销售额作为阶段节点的划分依据比企业规模更科学，且他划分的企业生命周期只包含孕育、初生、发展、成熟和衰退五个阶段，删除了陈佳贵在模型中提出的重生阶段[38]。不同于陈佳贵、李业等的做法，孙建强、许秀梅与高洁（2003）认为企业发展是多种因素共同作用的结果，企业生命周期各阶段的划分依据也必须综合考虑各项因子，因此，他们首先选取五个对企业发展影响较大的指标，包括市场占有、科技成果转化、成本控制等，并赋予每个因素不同的权重，计算出综合指标作为划分企业生命历程的判断依据，进一步完善了陈佳贵和李业的模型[39]。李勇峰（2004）等继续拓展了孙建强的研究，综合考虑资产、成本、研发投入、经营成本等因素，并通过构造函数求导的方式，直接计算出划分企业生命周期各阶段的时刻点[40]。

Greiner（1972）、Adizes（1989）等采用主观、定性的方法对企业生命周期进行划分，不依赖具体指标和数值。因此，即使面对相同的企业，不同的研究人员也会给出不同的划分结果，且很难统一[41]。陈佳贵（1995）、李业（2000）等采用定量的方法对企业的生命周期进行划分，需要依赖特定的指标值，但由于只考虑某一种因素，划分结果极易引发争议。因此，后人的研究不断丰富依据指标，但目前仍未形成一种约定[19]。综上所述，如何构建合理的指标体系对企业生命周期进行科学准确的划分，既要保证简便有效，又要保证客观、准确，仍是一个值得不断研究的问题。

结合以往的研究，我们认为企业所处的生命周期不一定要依据企业内部发展历程来划分，换一种思路，直接以企业在资本市场中所处的位置来进行判断，也不失为一种方法。例如，在创业板上市的企业就可以归属到高速发展期，既不同于萌芽期，也尚未达到在主板上市的成熟期，企业虽然有了一定的基础，但仍在高速发展。在这一阶段，高管团队的领导和决策对企业的发展具有重要影响，并具体表现为高管团队知识结构会影响其管理决策能力，进而对企业绩效产生影响，这也正是本书想要进一步探究的。

3.2.2　高管团队知识结构与企业绩效

高管团队作为企业经营管理的核心力量，其所具备的知识及知识在团队中的分布特征对企业的绩效表现具有重要影响[42]。高阶管理理论认为，企业高管团队内部各方面差异造成的异质性会直接或间接影响企业的管理决策和绩效表现。关于知识异质性与企业绩效的研究一直以来备受关注，几十年来研究成果数量呈现大幅增长趋势，但不同学派和学者间仍未形成统一结论。例如，Jehn 等（1999）研究发现，团队内部成员间的知识差异会对团队产出产生正向影响，团队整体的知识异质性越高，团队产出越高[43]；Wiersema（1992）的研究表明，团队成员在专业背景上的差异程度会对战略决策变更产生正面影响，并最终体现在组织管理和绩效表现上[44]；谢凤华等（2008）研究发现，管理团队内部成员间教育及工作经历的差异化程度会对企业的经营管理和创新绩效产生积极影响[45]。然而，Lovelace（2001）的实证研究结果显示，管理团队内部过高的知识异质性会导致成员间对任务的认知产生不同程度的偏差，不利于团队协作[46]。综上可知，关于知识异质性对企业经营和发展的作用，现有研究结论可以归结为两类：①知识异质性有利于企业的经营发展，因为能促使管理者从多元视角分析问题并对其形成全面理解，促进认知发展和知识创新，提升战略决策水平和创新性，进而提高企业成长绩效[47]。②知识异质性对团队产出有负面影响，因为个体在团队中倾向于选择与其高度相似的个体成为伙伴，并进一步发展为小团体，团队内部过高的知识异质性极易引发群体分层，团队被分割为多个因认知方式存在差异而彼此认同度较低的小团体，这不利于团队整体共识的达成，并会对企业的成长产生负面影响[48]。比较有趣的是，两种观点所依赖的研究视角和理论基础大不相同：正面观点从信息过程考虑问题，并以信息决策理论等为依据；负面观点往往从人际关系视角出发，以社会认同理论等为依据，至今两种观点下的知识异质性对企业绩效的影响尚未得出一致结论[49]。

在探究团队知识异质性对企业绩效的直接作用无法得到统一结论的情况下，研究者们开始尝试加入中介变量和调节变量，多角度、多路径探究团队内部知识异质性对企业发展的具体影响机制。例如，段光、杨忠（2014）的研究发现，团队认同会在团队内部知识异质性程度对创新产出结果的影响中起到积极调节作用[10]；许强和郑德叶（2014）从母、子公司知识的关联度和差异度视角出发，引入协同创新作为中间变量，并进一步探究其在母、子公司知识异质性与创新绩效关系间的中介作用[50]；王辉和苏新雯（2020）的研究也发现，团队知识异质性通过影响团队内部的知识共享程度从而对团队整体的创新创造力产生显著影响[19]。

近年来，有学者不局限于从知识异质性视角探究高管团队知识结构对企业绩效的影响，开始从知识网络视角关注企业内部的知识结构特征[51][52]。知识元素有两个特征：知识元素并非孤立存在，而是存在各种连接或关系；知识可检索或可解释，即对于已知的知识元素，企业可以检索并获取与其相似的知识元素[53]。基于上述两个特征，企业的知识分布可以描绘为一张知识网，每个知识元素都用网络节点表示，网络中各知识间的紧密程度可以直接用网络密度刻画。因而，有不少国内学者开始从知识网络的视角探究高管团队知识结构对企业绩效的影响，并得出了一些结论。例如，徐露允、曾德明（2020）等学者以738家汽车行业企业的专利数据为样本，探究企业知识网络中心势对团队内部创新绩效的影响机制，并进一步验证了团队成员间知识的多元化在其中扮演的调节作用。汤超颖、刘丽（2020）等学者采用二模知识网络刻画企业的知识分布，实证探究了知识网络分布在企业二元学习平衡中发挥的作用，包括知识分布的普遍性和不匀称度对企业从外部吸收知识产生影响的具体作用机制[54]。陈旭、刘春红（2020）等学者基于知识网络理论和知识基础观，探讨了团队内部知识网络结构对企业整体创新创造的影响路径，以及知识网络密度在其中扮演的角色[55]。可见，将知识网络特征引入高管团队知识结构特征对企业绩效的影响中，可以为企业管理和团队发展相关研究提供新方向，但现有研究大多探索知识网络对团队成员内部知识吸收和企业创新能力的影响[56]，鲜有研究对知识网络密度与知识异质性相互作用对企业绩效产生的影响进行探究，也少有研究引入股权激励并探究其在高管知识结构特征对企业绩效影响中扮演的角色，而这正是本书所要研究的。

3.2.3　高管团队股权激励的调节作用

代理理论认为，由于高管与股东之间存在利益冲突，高管为了追求个人利益会做出损害公司利益的行为，如提高在职消费、过度投资等[57]。为了降低代理成本，股权激励政策常被股东用来激励和约束高管的行为[58]。股权激励授予管理层股权，使管理团队的利益、风险与公司利益、风险保持一致，弱化股东与管理层间的利益冲突，并激励高管以追求共同利益最大化为原则经营企业，作出益于公司发展的决策，帮助企业实现良性发展[59]。现代企业管理理论和国内外管理实践都证明，在企业内部实行有效的股权激励政策是优化内部治理结构、提高经营管理绩效、加强凝聚团结和保障强有力市场竞争的有效手段[60][61][62]。

国内学者做了大量实证研究，探究对高管团队实行股权激励政策对企业经营及发展的影响，如陈笑雪（2009）[63]以上市公司为样本，发现高管团队平均持股水平对其管理行为激励有显著积极影响，团队内部平均持股水平越高，管理决策受到激励达到科学高效的效果越强（王宛玥等，2019）[64]；苏坤（2015）以 1999—2012 年在市的非金融公司为样本，实证研究发现股权激励有利于降低管理层风险规避倾向，促使管理层的战略决策更注重公司长期利益，从而能有效缓解股东和管理层之间的代理问题[65]；何霞等（2012）的研究发现，是否对高管团队实行有效的股权激励制度，会影响到高管团队成员平均年龄与企业研发投入决策之间的关系，且股权激励的强度会在其中起到一定程度的积极调节作用[66]；朱晋伟等（2014）研究发现，股权激励能促进平均任期时间较长和成员间任期差异较大的高管团队在创新研发上加大投入，从而利于提高企业创新绩效[67]；李春玲、陈百莹（2020）的研究表明，股权激励政策能有效正向调节高管团队海外背景差异对企业创新绩效的积极影响[68]。综上可以发现，股权激励通过引导高管团队利益与企业利益一致，实现对其行为的规范，这种影响会深入高管团队管理、经营的方方面面。

此外，股权激励对处于发展期的企业，尤其是对在创业板上市、具有发展潜力的创业企业而言，具有重要作用[69]。对处于高速发展期的企业，虽然企业已明确了自己的定位，企业品牌具有了一定的影响力，产品的生产能力和销售能力也较强，但仍需不断加大研发投入，保障企业发展的持久力，提升产品服务的综合竞争力。在企业迅猛发展、快速成长的阶段，企业所有者必须引导管理者与自己保持一致的目标，而不是趋向于自利行为，这样才能保障管理决策利于企业的长期发展[70]。经验和研究[71][72]都表明，在这一阶段，使用股权激励将高管团队的利益与企业利益进行捆绑，不仅有助于企业管理层的稳定及企业发展的持续，也有利于企业价值的提升。同时，股权激励作为一种调节高管团队行为决策对企业绩效积极影响的外在推力，与高管团队内部知识结构特征这种内在影响机制，将从不同方向共同对企业的经营管理和绩效表现产生作用，但目前尚未有研究对其在知识覆盖对企业绩效影响中扮演的角色进行探究，而这正是本书所要研究的。

3.2.4 研究总评

本章分别从企业生命周期与高管团队知识结构的关系、高管团队知识结构与企业绩效的关系、高管团队股权激励的调节作用三个方面对高管团队知识覆盖与企业绩效之间的关系进行了相关研究，并发现在创业板上市的企业处于高速发展时期，虽然企业有了一定的基础，但仍处在加大研发投入、进行规模扩张的阶段。在这一时期，高管团队的领导和决策对企业的发展具有重要作用，具体体现在高管团队的知识结构会影响其管理决策。将知识网络引入高管团队知识结构对企业绩效的影响机制中，为探究企业发展影响因素提供了新的思路，但现有研究侧重于实证分析企业知识网络对成员间知识吸收、企业创新绩效的影响，鲜有研究着眼于知识网络密度与知识异质性相互作用对企业绩效产生的影响，也少有研究引入股权激励，探究其在高管知识结构对企业绩效影响中扮演的角色。之所以要引入股权激励，是因为股权激励政策通过整合高管团队利益与企业利益，实现对高管团队成员的行为约束，其影响深入高管团队管理、经营的方方面面。作为一种调节高管团队行为决策对企业绩效积极影响的外在推力，股权激励与高管团队内部知识结构特征这种内在影响机制，将从不同方向共同对企业的绩效表现起作用，但目前尚未有研究对其在知识覆盖对企业绩效影响中扮演的角色进行探究。

3.3　研究思路与方法

3.3.1　研究思路

本章将以 421 家在创业板上市的高新技术企业为样本，探究高管团队知识覆盖对企业绩效的具体影响机制，并引入调节变量——知识网络异质性与股权激励强度。根据前述章节，知识覆盖度被定义为在知识多样性基础上对知识结构合理性提出的更高要求，它从整体知识观的角度衡量高管团队的知识结构，综合考虑整体知识多样性、个体知识多样性以及知识在成员间的分布特征。我们依照第2章的测量方法刻画知识覆盖度，引入知识网络的概念，以团队成员、知识为节点构建二模网络，用二模网络密度度量知识覆盖度。根据国泰安数据库提供的报告期内企业高管团队成员公开简历文本资料，对421家在创业板上市的高新技术企业的2745位高管的简历文本进行预处理，包括构建专有名词词典，进行简历文本分词和去停用词，形成的语料库用于LDA主题建模和Word2Vec词向量训练，并依据Word2Vec词向量模型输出的主题词—近义词对，合并语义相近的主题。考虑到一个高管成员小概率同时拥有3种以上的知识，对成员—主题概率分布设置阈值并进行筛选，最终得到高管团队成员—知识对应数据。具体实验步骤如下：

（1）数据预处理，包括构建专有名词词典，进行简历文本分词和去停用词。

（2）根据模型困惑度、主题一致性得分、主题词具体分布预设LDA主题模型输出结果的主题数。本章最终选择主题数为5的LDA主题建模方案，但模型数据结果中仍存在部分主题间语义交叉的情况，需要进一步合并。

（3）训练Word2Vec词向量模型，获取主题词—近义词对集合，以构建主题凝聚力指标并合并语义相近主题。

（4）合并主题。本书借助主题词—近义词对集合对主题内在语义凝聚力进行度量，并构建出主题凝聚力指标，实现主题合并，合并后共保留4个主题，分别命名为财务会计、技术研发生产、市场销售、投资管理。至此，本书认为高管团队成员的知识可以分为财务会计、技术研发生产、市场销售、投资管理四类。

（5）简历文本—主题概率阈值选择。考虑到一个高管成员小概率掌握财务会计、技术研发生产、市场销售、投资管理全部四类知识，虽然 LDA 主题模型的数据结果中包含了各简历文本对应不同主题的概率，但小概率主题和一个简历对应多个主题的情况需要设置概率阈值进行过滤。本章通过构建文本—主题概率优化目标函数，最终确定主题概率阈值为 0.2，对各简历文本中概率值小于 0.2 的主题不予考虑。

在获得高管团队知识覆盖的测量数据后，根据创业型企业高管团队知识覆盖对企业绩效影响的理论模型，通过实证方法检验主效应，并考察知识异质性与股权激励的调节作用。

3.3.2　研究方法

为实现上述思路，本书主要采取了以下研究方法。

（1）文献分析法。通过国内外研究文献，分析高管知识结构、企业管理、知识网络、文本挖掘等领域中关于企业高管团队知识结构对企业绩效作用机制的研究现状，奠定社会认同理论、高阶管理理论、委托代理理论在实证检验中的理论基础，寻找当下高管团队知识结构与企业绩效研究中的不足，提出本章的研究问题：创业型企业高管团队知识覆盖对企业绩效的影响机制是怎样的。

（2）二模网络模型。研究过程在两个方面运用了社会网络分析法中的二模网络模型：其一，在度量高管团队知识覆盖度时，用以成员和知识为节点形成的复杂关系网密度度量团队内部知识分布的覆盖特征，将知识覆盖度定义为高管团队内以成员—知识为节点构建的二模网络的密集程度，用高管团队成员—知识二模网络的密度值表示。其二，在度量高管团队知识异质性时，用高管团队成员—知识二模网络的知识异质性表示，它是 AK 矩阵的列的赫芬达尔指数。

（3）文本挖掘。对国泰安数据库提供的报告期内企业高管团队成员公开简历文本资料进行了文本挖掘。以高管团队成员、知识类别为节点构建高管团队成员—知识二模网络，首先需要对高管团队成员的知识进行分类，并整理出成员—知识对应数据。国泰安数据库提供了报告期内企业高管团队成员公开简历文本资料，但如何从简历文本中挖掘出成员—知识对应数据，成为本书的研究难点。为解决这一问题，对高管简历文本进行 LDA 主题建模，并根据 Word2Vec 词向量模型合并语义相近的主题，提炼知识类别；接着基于团队成员与知识的概率归属关系，以团队成员、知识类别为节点，建立高管团队成员—知识二模网络；最后用二模网络的密度度量高管团队知识覆盖度。

（4）实证检验。对高管团队知识覆盖对企业绩效的影响机制理论模型的四个假设进行实证检验，以 421 家在创业板上市的企业为样本，采用混合回归模型、固定效应模型和随机效应模型分别对团队知识覆盖、知识异质性对企业绩效影响的主效应进行检验，采用调节层次回归模型对股权激励、知识异质性在团队知识覆盖对企业绩效影响中的调节效应进行检验，以得出结论。

3.4 创业型企业高管团队知识覆盖影响绩效的理论模型

3.4.1 相关理论基础

3.4.1.1 社会认同理论

社会认同理论诞生于 20 世纪 70 年代，最早由 Tajfel 等开始进行探究，随后 Turner 在早期社会认同理论的基础上发展出自我归类理论，进一步完善和补充了这一理论，并被广泛应用于群体行为的研究中[73]。社会认同理论的研究对象是群体中的个体，主要探究成员在群体中的自我身份感知。社会认同理论认为个体总是倾向于在所属群体和其他群体间建立比较机制以获得积极的社会认同，一旦个体无法通过比较获得积极的社会认同，就会想办法脱离所属群体或试图构建其他比较机制，以重新获得积极区分。

社会认同的形成需要经过社会分类、社会比较和积极区分三步。社会分类是个体为更好地认识和区分群体及个人，通过对他们进行归类以达到更快适应环境的手段。一旦个体将自己通过社会分类归入某一团体，就会倾向于内团体和外团体的比较，以获得积极的自我认同。社会比较在社会分类之后进行，是个体为了提高自尊，在群体比较时故意夸大内群体擅长面的差异，以获得更积极评价的方式[74]。由于社会比较的重要价值体现在评价性上，所以区别对待群体间的差异很重要，在比较时赋予内群体优异维度更高的权重，更容易使个体获得积极的自我评价和群体认同[75]。积极区分指个体为达到保护和提高自尊的目的，在各方面都期望表现得比外群体优异的行为。在进行积极区分时，有三个因素会起到重要作用：首先，个体必须将自己化为团队中的一部分；其次，个体所处的社会情境允许团体间进行比较，并有比较的意义和标准；最后，个体无法和所有外群体进行比较，只有部分团体可以进行比较。

社会认同的结果是，当个体发现自己所归属群体更优越时，会获得积极的认同和价值感；当社会认同不尽如人意时，他们就会采取各种措施重获自尊，如贬低和攻击其他群体，这就极易引发群体偏见和团队冲突。因此，社会认同理论被广泛用于集体行为的相关研究中，尤其在群体偏见和群体矛盾上。

传统的理论，如相对剥夺理论和挫折—攻击理论认为，抗议、暴力斗争等团体行为是个体遭受挫折或产生不满导致的，而社会认同理论从另一个角度重新诠释其背后的机理，提出个体的不满和愤懑其实是受社会认同的影响，在个体不满与群体暴力行为间，社会认同是一个重要的中介因素[76]。

在企业高管团队中，以知识为壁垒进行划分的若干小群体，也可以看成是个体经过社会分类的结果，群体内个体对自己所属的群体会产生高度认可，并通过与其他群体的积极比较来感知群体间的差异，进一步加强内群体偏好和外群体偏见。高管团队内部按照知识类别切分出的小群体，不利于团队整体的沟通交流和信息决策，且小群体间极易产生冲突和偏见，这对企业发展和绩效表现无疑是不利的。因此，以社会认同理论为基础，本书提出高管团队内过高的知识异质性不利于提高企业绩效，而团队内部知识覆盖的程度会对企业绩效产生积极影响两个假设。

3.4.1.2 高阶管理理论

高阶管理理论是 Hambrick 和 Mason 在 20 世纪 80 年代提出的批判主流企业战略的理论[77]。主流的企业战略决策认为，公司应根据自身的经营结构、价格谋定、竞争比较、统筹行为等纯粹的经济因素进行战略定位；高阶管理理论认为，企业高管团队成员的人口统计学特征也和企业的组织绩效、管理效果等存在紧密关系[78]，企业内大部分的决策会受到高管的有限理性、行为偏好等因素制约[79]。与高管个人特质相关的因素，如年龄、性别、工作年限、职业背景、学历学识、社会地位、价值观念、个性性格、经济条件等，尽管无法非常全面和准确地预判高管的决策行为，但仍可以作为其认知模式的表达手段。

高管的个人特质会影响他们在企业经营管理上的分析偏好和方法论，同时也会对企业战略的抉择产生一定程度的影响，潜移默化地影响企业管理。因此，企业高管团队成员的个人特质在一定程度上会对公司经营管理绩效起到影响，公司的经营管理绩效也在一定程度上会折射出高管团队成员的领导力特质[80]。当今时代，企业若想在激烈的市场竞争中获得一席之地，只凭借某一位高管的知识和个人特质是很艰难的。企业的发展需要团队集体的知识和智慧，因此，企业管理研究的重点应是整个高管团队，而不是高管个人。我们非常有必要系统、全面地掌握高管团队整体的背景、经验、价值观等特征，并以此为依据构建研究模型，探究其对企业发展的影响。高阶管理模型常用人口统计特征度量个体的背景信息，这主要是因为高管的价值取向、认知范围、商业嗅觉等都难以准确测量且具有较大的变动性，而人口统计特征的数据更加客观和易收集，所以得到广泛使用。

虽然采用人口统计特征数据能有效解决个体背景难以度量的问题，但也存在一定的不足：具有较大噪音。例如，教育背景会对经济背景、认知模式、风险偏好等其他个人因素产生影响。因此，有必要改进单纯使用人口统计特征进行测量的方法，以降低噪音。

本书认为，高管简历文本是对高管个人信息、职业经历的高度概括，通过挖掘高管简历文本中蕴含的知识信息，可以更好地整合高管的个人特质，分析高管团队的知识特征，降低割裂人口统计特征带来的信息噪音。同时，高阶管理理论也为从高管团队知识覆盖视角探究高管团队知识结构对企业绩效的影响提供了有力的理论支撑。

3.4.1.3　委托代理理论

委托代理理论是 Jensen 等在 20 世纪 70 年代提出的公司治理领域的理论[81]，它在信息经济学的基础上重新解释了公司治理，把具有委托代理关系的双方抽象为委托方和代理方，用数学工具对其委托代理行为和激励机制进行建模和细化研究[82]，以实现对公司的高效治理。委托代理理论基于以下两个假设：第一，委托人不负责产出，不对经营管理结果负责；第二，代理人的行为难以全面细致地被委托人感知，委托人与代理人之间存在利益冲突[83]。经营权和所有权分离是当今企业常用的管理方法，企业的所有者聘请职业经理人经营打理企业，但潜藏的信息不对称和市场环境不确定的危机，极易导致代理人出现损害委托人利益或消极怠工、偷懒投机的现象[84]。为了使代理人与委托人的利益保持一致，并最大化委托人的利益，委托人应设置一些惩罚项和激励规约制度来奖惩代理人，股权激励制度就是其中较为常用的方法。

本书在探究高管团队知识覆盖对企业绩效影响的过程中，引入股权激励作为调节因素。高管团队作为代理人与董事会之间存在委托代理关系，股权激励是代理人和委托人之间促进合作共赢的一种手段，这种激励手段在创业型企业高管团队知识覆盖对企业绩效的影响中是否仍然扮演着积极的角色，是对委托代理理论在实践应用中提出的新思考。

3.4.2 知识覆盖与异质性对企业绩效的影响

高管团队作为企业的经营管理者和战略决策者，其所具备的知识结构对企业的发展和绩效表现具有重要影响[85]。知识覆盖综合考虑团队整体知识多样性、个体知识多样性以及知识在成员间的分布特征，是在差异性基础上对团队知识结构提出的更高要求。作为网络结构的重要特征，网络密度从全局视角审视网络中各元素的关联程度，可以更有效地描述高管团队内部各种知识元素间的组合关系[86]。已有研究表明，网络密度越高，知识和信息在网络中的传播速度就会越快[87]。低知识网络密度的组织，知识提供者会担心知识无法得到合理的保护，知识接收者则可能担心知识提供者存在机会主义[88]，因此双方都缺乏知识转移的意愿，出现团队内部协作交流低下、知识利用效率不高的现象，对企业的绩效和发展都产生负面影响[89]。高知识网络密度有利于组织内人员基于交流合作培养起信任默契和社会认同，一方面，知识拥有者更愿意分享知识；另一方面，知识接收者也更愿意信任网络伙伴分享的知识[90][91]。这种信任和默契非常有利于高质量信息传递与隐性技术知识交流，能大幅提高各类知识的利用效率。同时，知识网络越密集，越有利于高管对已有知识元素进行整合并挖掘其中的组合机会，实现利用式创新，最大化发挥知识价值，从而对企业的经营、发展产生正面影响[92]。因此，高管团队内部知识网络越密集，团队整体知识覆盖度越高，信息和知识的交流、利用效益越高，对企业绩效的积极影响越显著。本书提出以下假设：

H1：高管团队内部知识覆盖度对企业绩效有正向影响。

知识异质性从个体视角出发，通过比较成员间知识的差异，整合出团队整体的知识差异系数。信息决策理论认为，团队成员较高的知识异质性有助于创新实践，而社会认同理论认为过高的知识异质性不利于合作交流，基于这两个理论的观点始终无法得到统一。

按照第 2 章的方法，从高管团队简历本文中挖掘出的知识特征可以分为技术研发生产、市场营销、财务会计、投资管理四类，这些知识特征主要体现在团队成员职业经历及职能背景差异上。高阶管理理论认为，高管的职能背景会影响其决策偏好，并进一步体现在企业的经营管理和绩效表现上，产生连带效应[93]，因为高管总是倾向于依据其之前工作经历中积攒的知识经验分析和处理当下问题[94]。例如，姜付秀等（2013）定位到具有财务背景的高管，探究其在企业经营管理中起到的作用，及其相较于缺乏财务经历的高管具有的优势，结果发现有财务背景的经理人可以有效降低企业资本结构偏离预定目标的程度[95]，这表明企业管理团队的职能背景差异会对管理决策产生重要影响。

因此，基于职业经历差异和职能背景差异形成的高管团队高知识异质性，会导致团队内部决策偏好出现分歧，这种不统一、不协调的内部决策环境不利于企业经营和长期发展。虽然基于相似职业经历或职能背景的高管成员间信息交流顺畅、凝聚力高、合作性强，但却可能在团队内部造成群体分层，形成若干个非正式的小群体，从而影响团队整体的信息交换质量、合作协调水平[96]。小群体间的知识壁垒越高，越难以在团队内部构建信息共享平台，进行高质量的信息与知识交换。小群体间的知识差异越大，越容易引起群体间情感冲突，损害内部凝聚力，难以在心智模式上实现融合，妨碍团队学习，影响团队决策中的观点整合[97]。一旦团队成员将有限的注意力集中于团队内部的关系冲突、权力博弈等，就会侵蚀共同经营管理的协作能力，导致决策难以达成一致[98]。

综上所述，高管团队的知识异质性越强，高管团队内部信息交换的数量与质量、团队协作水平及集体决策效率都越低，相应地，高管团队的行为整合水平也越低，对企业的经营与管理越不利。因此，本书提出以下假设：

H2：高管团队内部知识异质性对企业绩效有负向影响。

3.4.3 知识异质性在知识覆盖与企业绩效之间的调节作用

知识异质性度量了高管团队内部成员间知识的差异性，知识异质性越高，成员间的知识分布差异越大。基于职业经历和职能背景差异形成的高管团队内部高知识异质性，会导致团队内部决策偏好出现分歧，这种不统一、不协调的内部决策环境不利于企业发展和企业绩效提升[99]。知识覆盖从整体知识观的角度对高管团队知识网络密度作出要求，但不具体考虑个体间的差异。高管团队内部知识网络密度越大，团队整体知识覆盖越密集，信息和知识的交流、利用效益越高[100]，对企业绩效的正向影响越显著。

一个高知识覆盖和低异质性的团队，不仅在整体上实现了知识网络的密集，而且在成员间实现了弱差异。知识网络密度大，有利于组织内人员基于交流合作培养起信任默契和社会认同，提高各类知识的利用效率[101]；低知识异质性有助于团队内部形成统一协调的决策环境，且有助于团队整体形成良好的沟通交流机制，两者相互成就。一个同时具备高知识覆盖和高知识异质性的团队，是一个整体知识网络密集，但个体间知识差异较大的团队。如果团队内存在部分群体知识覆盖高，但群体间知识差异大的若干小群体，就会出现团队整体知识覆盖高、知识异质性也高的情况。成员间知识的巨大差异不利于团队合作，群体内存在若干个知识差异巨大的小群体，会影响团队整体的交流与沟通，甚至造成团队成员间的冲突和关系紧张，此时知识异质性在一定程度上就会折损知识覆盖对企业绩效的正向影响[102]，起到负向调节的作用。因此，提出以下假设：

H3：高管团队知识异质性对高管团队知识覆盖与企业绩效的关系起负向调节作用。

3.4.4　股权激励在知识覆盖与企业绩效之间的调节作用

股权激励作为一种重要的企业激励机制，通过授予管理层股份，使管理层利益与公司利益紧密相连，从而有效规范管理层行为，促进企业长期稳定发展。

研究表明，股权激励对高管团队的管理行为具有重要影响。首先，高管团队平均持股水平决定了管理决策的科学性与高效性（陈笑雪，2009）[63]。这是因为，当高管持有公司股份后，他们更加关注公司的整体利益和长期发展，从而作出有利于公司发展的决策。股权激励不仅影响高管团队的决策方向，还会影响决策过程中的各种因素，如高管团队成员平均年龄与企业研发投入决策的关系（何霞等，2012）[66]。其次，股权激励可以有效缓解股东与管理层之间存在的代理问题（苏坤，2015；甄红线等，2021）[65][69]，即股权激励能够降低管理层的风险规避倾向，促使管理层的战略决策更加注重公司的长期利益。此外，股权激励还影响了企业的数字化转型[103]、风险决策、盈余管理[104][105]等多个方面。由于受到管理者短视行为的影响，CEO 股权激励与数字化转型呈现的是倒“U”形关系，打破了人们以往形成的正向线性关系的刻板共识（王雪冬等，2024）[103]。通过股权激励的行权业绩条件难度与风险承担水平之间呈现的是正“U”形关系，并且随着盈余管理行为实施可能性的降低而强化这种非线性的关系（张新一等，2024；刘宝华等，2016）[104][105]。

从创新与企业绩效来看，股权激励政策的影响也是相对正向且明确的（张瑞等，2021）[106]。一般来说，公司绩效与高管年薪正相关，并且当高管持股比例较高时，公司的绩效会更好。高管持有公司股票时，他们的身份会发生变化，他们既是经营者又是所有者，对公司剩余资产有要求权。因此，高管会将自己的利益与股东利益保持一致，并致力于公司价值最大化，甚至股东价值最大化，这正是公司股权激励计划的目标（Ding et al.，2012）[107]。同时，股权激励有利于企业对研发进行投入，从而影响企业的创新行为（胡振华等，2015）[108]。具体而言，股权激励能促进平均任期较长，但成员间任期差异较大的高管团队在创新研发上加大投入力度，提高企业创新绩效（朱晋伟等，2014）[67]。股权激励政策能有效正向调节高管团队海外背景差异对企业创新绩效的积极影响（李春玲等，2020）。相对而言，股权激励政策中的股票增值激励对创新数量更为敏感，股票期权和限制性股权权利对创新质量有显著影响（Shahzad，2021）[109]。

进一步，从行业生命周期角度来看，只有成长期、成熟期的股权激励会对创新投资产生显著的影响（Mei et al.，2023）[110]。王君彩、张娟（2016）对创业板企业的股权激励政策进行研究，发现对于具有发展潜力的创业企业，股权激励的作用是明显的[111]。这一阶段，高管的股权激励政策能够促使企业创新绩效的提升（刘冠辰等，2022）[112]。但胡永平（2022）的研究发现，企业在 IPO 后的创新绩效会随着风险投资的加大而下降，说明企业高管存在短期盈利压力下的短视行为，应该让企业保持发展阶段的持久力[113]。对此，股权激励政策应该发挥其有效作用。

上述研究表明，股权激励通过引导高管团队利益与企业利益一致，深入影响高管团队的管理、经营决策，促进企业创新发展。

Rong 和 Liu（2021）的研究说明，高管知识隐藏行为降低团队知识分享，从而导致在较低的知识覆盖程度下难以提高企业的创新绩效，进而影响企业的整体绩效[114]。朱晋伟等（2014）[67]对股权激励、高管特征与创新绩效三者的关系进行了详细探讨，发现股权激励能够促使高管任期较长且任期差异较大的团队增加创新投入，这表明长期任职的高管具有更多的企业运营经验，更能长远考虑企业创新带来的绩效增益。在一个任职时间差异较大的团队中，股权激励能够调和当前企业运营经验和知识覆盖不足的情况下，降低创新投入而产生长远绩效下降的矛盾。由此，我们提出以下假设：

H4：股权激励对高管团队知识覆盖与企业绩效的关系起正向调节作用，股权激励强度越大，高管团队知识覆盖度对企业绩效的正向影响越强。

3.4.5　理论模型总览

根据上述理论分析，本书确定了创业型企业高管团队知识覆盖对企业绩效影响的理论模型，如图 3－2 所示。

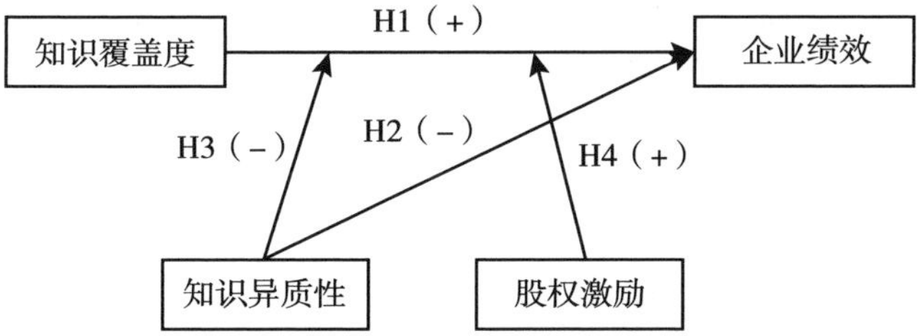

图 3－2　创业型企业高管团队知识覆盖对企业绩效影响的理论模型

3.5 创业型企业高管团队知识覆盖影响企业绩效的实证检验

3.5.1 样本数据的选取

选取 2009—2017 年在深圳证券交易所创业板上市的 421 家企业为研究对象，旨在聚焦这一类特殊企业。创业板是国家为支持高成长和高科技的中小企业融资而设立的，在创业板上市的公司大多处于企业发展的高速期，长期以来它们对我国的经济转型和产业升级产生了巨大影响，作出了不可磨灭的贡献[115]。因此，探究创业板上市企业高管团队知识结构特征对企业绩效的影响，能有效促进创业板市场的稳健发展，这对加速推进我国经济转型和产业升级具有重要现实意义。

样本的具体筛选标准：①所属领域都是高新科技领域，即都以信息技术为基础，从事知识和信息型产品的生产经营活动；②管理团队成员个人信息完整，管理团队成员定义为企业在报告期内所披露的能直接参与公司重大问题决策并获得企业经济性收益的高层管理人员；③具有完整财务报表数据；④数据观察期间，团队成员无重大变动。数据来源为国泰安数据库，主要包括数据库所提供的报告期内企业高管团队成员公开文本资料，以及报告期的财务报表。

3.5.2 变量的测量

3.5.2.1 知识覆盖度

本章的自变量是企业高管团队知识覆盖度，此处借鉴汤超颖、刘丽

(2020) 关于知识二模网络的衡量方式，将知识覆盖度定义为高管团队内以成员—知识为节点构建的二模网络的密集程度，用高管团队成员—知识二模网络的密度值表示。知识覆盖从整体知识观的角度衡量高管团队知识结构，综合考虑整体知识多样性、个体知识多样性以及知识在成员间的分布特征。

研究的数据来源于 2017 年 12 月 31 日各企业对外公布的高层管理人员相关信息，以此为基础，对各企业的高层管理团队知识广度进行了计算。需要注意的是，这些样本数据仅反映了 2017 年的企业高层管理结构，因此，所得的知识广度数据也仅代表了该年的高管团队知识状况。

具体的测量方法与测量过程参见第 2 章的内容。

3.5.2.2　企业绩效

企业绩效是本章的因变量。托宾 Q 值（Tobin's Q）是国内外研究中常用来衡量公司业绩的指标[116]，也可用来衡量企业价值[117]，计算方式为股权和净债务市值之和除以年末总资产。以 2017 年 12 月 31 日各企业公开发表的年度财务报表中的托宾 Q 值为企业绩效的测度值，由于新冠疫情的影响，没有选取 2020—2021 年的数据；考虑到企业扶持力度数据的缺失，没有选取 2018 年、2019 年的数据，因此只选取了最近年份 2017 年的数据。

3.5.2.3　知识异质性

根据构建的理论模型，高管团队知识异质性起到了调节高管团队知识覆盖对企业绩效的影响作用。

知识在高管团队成员间分布的异质性用高管团队成员—知识二模网络的异质性（*diversity*）表示，它是 AK 矩阵的列的赫芬达尔指数。计算公式如下：

$$AK = \begin{bmatrix} w_{(1,1)} & \cdots & w_{(1,k)} \\ \vdots & w_{(m,n)} & \vdots \\ w_{(i,1)} & \cdots & w_{(i,k)} \end{bmatrix} \quad 1 \leqslant m \leqslant i, 1 \leqslant n \leqslant k \qquad (3-1)$$

$$w_n = \sum_{m=1}^{i} w(m,n), 1 \leqslant n \leqslant k \tag{3-2}$$

$$W = \sum_{n=1}^{k} w_n \tag{3-3}$$

$$diversity = 1 - \sum_{n=1}^{k} \left(\frac{w_n}{W}\right)^2 \tag{3-4}$$

其中，“*diversity*”指知识异质性，“i”表示高管团队成员数，“k”表示知识种类数，“$w_{(m,n)}$”取值（0，1），表示高管团队成员 m 是否具备知识 n，其中 $1 \leqslant m \leqslant i$，$1 \leqslant n \leqslant k$。“$w_n$”表示拥有知识 n 的高管团队成员数量，“W”表示高管团队成员—知识二模网总的联结次数。企业高管团队成员—知识二模网络知识异质性的具体计算如图 3－3 和图 3－4 所示。图中的三角形代表高管团队成员，圆形代表知识要素。假设高管团队有 3 个成员 A1、A2、A3，4 个知识要素 K1、K2、K3、K4。图 3－3 中的高管团队成员—知识二模网络知识异质性 $diversity\ 1 = 1 - \left[\left(\frac{1}{4}\right)^2 + \left(\frac{1}{4}\right)^2 + \left(\frac{1}{4}\right)^2 + \left(\frac{1}{4}\right)^2\right] = 0.75$，图 3－4 中的高管团队成员—知识二模网络知识异质性 $diversity\ 2 = 1 - \left[\left(\frac{1}{5}\right)^2 + \left(\frac{2}{5}\right)^2 + \left(\frac{1}{5}\right)^2 + \left(\frac{1}{5}\right)^2\right] = 0.72$。图 3－3 中知识 K1、K2、K3、K4 与成员 A1、A2、A3 的联结关系交叉较少，成员间差异较大；图 3－4 中知识和成员的联结交叉关系相对复杂，成员间的差异性相对较小，图 3－3 中知识在企业高管团队成员之间分布的异质性高于图 3－4。因此，企业内部二模网络的知识异质性越高，代表高管团队成员间知识的差异越大，高管团队知识异质性更强。

以 2017 年 12 月 31 日各创业板企业公开发表的高管个人数据为样本，计算各高管团队的知识异质性，样本数据仅代表 2017 年的高管组成结构，相应的知识异质性也仅代表 2017 年的高管团队知识差异程度。

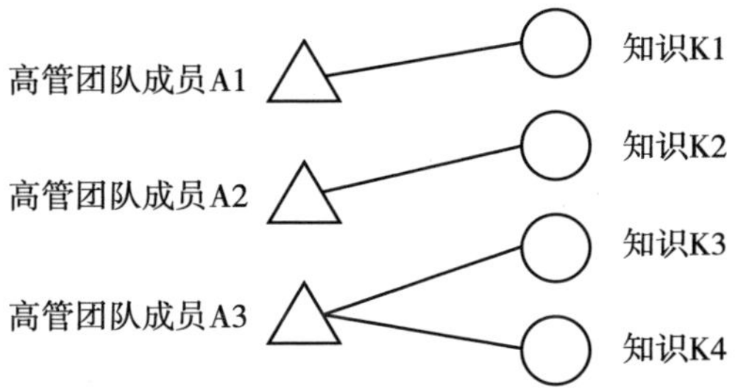

图 3－3　高管团队成员—知识二模网络①

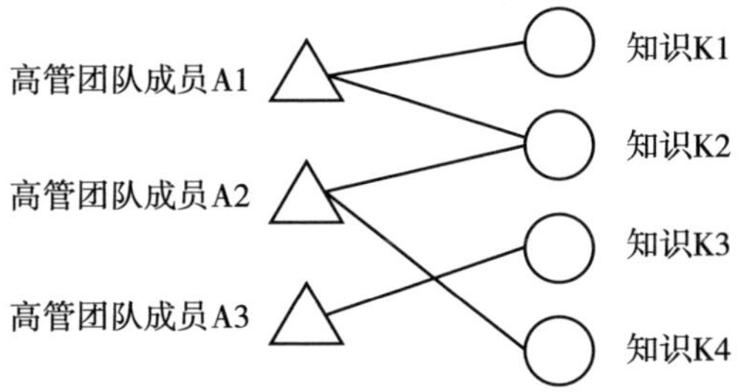

图 3－4　高管团队成员—知识二模网络②

3.5.2.4　股权激励

对股权激励的测量参照孙健、卢闯（2012）的研究，用授予高管团队成员的期权和授予时占企业总股份的比例代表股权激励的强度，比例越大，意味着股权激励的强度越大[118]。同样，股权激励的观察时间也选取 2017 年一整年。

3.5.2.5　控制变量

为了减少其他因素对模型结果的影响，参考以往的研究，从高管内部、企业层面两个方面对回归模型进行控制[119]。在高管团队内部，控制了团队人数、高管平均年龄、硕士以上成员比例[120]3 个变量的影响。在企业层面，控制了上市年数、企业规模[121]、所在行业、研发投入强度、政府扶持力度以及是否含有国有股份[122]6 个变量的影响（见表 3－2）。

研究的企业主要涉及三类产业：第一类为制造类产业，行业代码是 C；第二类为软件和信息技术服务业，行业代码是 I；第三类为其他教育、文娱、服务类产业。引入了 2 个行业哑变量，哑变量的默认值是其他教育、文娱、服务类产业。其上控制变量的数据均以 2017 年为报告期。

表 3－2　　　　变量名称及计算方法

变量类型	衡量指标	指标符号	变量含义及说明
自变量	知识覆盖度	*coverage*	高管团队内以成员—知识为节点构建的二模网密度
调节变量	知识异质性	*diversity*	高管团队内以成员—知识为节点构建的二模知识网异质性
	股权激励	*incentive*	高管团队报告期持股数总和 ÷ 总股数
控制变量	高管团队人数	*size*	报告期高管团队人数
	高管平均年龄	*avage*	报告期团队成员平均年龄
	企业规模	*TA*	报告期总资产的对数
	上市年数	*year*	报告期距离上市日期年份差
	硕士以上学历比例	*edu*	团队内拥有硕士以上学历人数的比例（%）
	研发投入强度	*R&D*	报告期研发投入金额占营业收入的比例（%）
控制变量	政府扶持力度	*subsidy*	报告期政府补助金额的对数
	是否含有国有股份	gov	含有国有股份设置为 1，不含有设置为 0
	所属行业	*Indus*	依据证监会行业分类 2012 年版合并行业设置虚拟变量
因变量	企业绩效	*Tobin's Q*	报告期内（股权 + 净债务市值）÷ 总资产

3.5.3　描述统计与相关性分析

根据 2009—2017 年在我国创业板上市的 421 家企业样本数据，以及行业分类指引，421 家企业中包含 297 家器材设备、化学医药类制造业企业，占比为 70.55%；77 家信息传输、软件和信息技术服务业以及电子设备制造业，占比为 18.29%；其他如教育、文娱、农林渔牧业企业共 46 家，占比为 10.93%。其中，含有国有股份的企业共 50 家，占比为 11.87%；不含有国有股份的企业共 371 家，占比为 88.12%。变量的描述性统计及皮尔逊相关系数矩阵，如表 3－3 所示。

表 3－3　　变量的描述性统计及皮尔逊相关系数矩阵

变量	*coverage*	*diversity*	*incentive*	*size*	*avage*	*TA*	*year*	*R&D*	*subsidy*	*Tobin's Q*
coverage										
diversity	0.243***									
incentive	0.007	−0.048								
size	−0.060	−0.034	−0.013							
avage	0.033	−0.097**	0.061	0.103**						
TA	0.004	0.012	−0.227***	0.234***	0.036					
year	0.042	0.106**	−0.263***	0.076	0.021	0.479***				
edu	0.064	0.011	−0.069	0.523***	0.075	0.255***	0.259***			
R&D	0.000	−0.023	0.090	−0.004	−0.062	−0.219***	−0.015	0.081		
subsidy	−0.079	−0.098**	0.000	0.188***	−0.046	0.477***	0.227***	0.291***	0.200	
Tobin's Q	0.062	−0.127***	0.238***	−0.077	−0.083	−0.534***	−0.464***	0.231***	−0.086	
均值	0.31	0.62	0.17	5.83	46.23	19.98	3.31	7.00	16.84	3.49
标准差	0.05	0.09	0.18	2.04	3.55	1.28	2.78	5.22	1.18	1.62

注：$N=421$，“***”“**”“*”分别表示 0.01、0.05、0.1 的显著性水平，双尾检验，后同。

从表 3－3 中可以发现，高管团队知识分布的异质性均值为 0.62，表明高管团队成员间的知识差异较大，这是因为采用 LDA 主题模型以高管简历文本为语料集建模，并依据主题模型结果对高管团队知识类别进行划分，导致划分出的高管知识类别全部是显性知识，且与职业经历、职能类型有很大关联。同时，在创业板上市的企业虽然有了一定的经营规模，但仍处于高速发展时期，企业面临的竞争和市场环境仍很严峻，高管团队为了指导经营、管理事务，需要保持职能背景的多样化，所以成员间在财务会计、技术研发生产、市场销售、投资管理四类知识的分布上会存在较大差异，并最终体现在高管团队整体较高的知识异质性上。

在 421 家企业中，高管团队成员在报告期被授予股份激励的有 365 家，占比为 86.70%；未授予股权激励的企业有 56 家，占比为 13.30%。高管团队平均股权激励强度为 17%，这表明样本企业对高管实行股权激励的程度较低，尚有发挥空间，与李端生、王晓燕（2019）的研究结论吻合。高管团队平均年龄为 46 周岁，最大值为 56 岁，最小值为 36 岁，表明样本企业高管团队整体呈现中年化特征。截至 2017 年，421 家被统计企业的平均上市年数为 3.31 年，上市最久的为 8 年。企业平均研发投入强度（研发投入占营业收入的比例）为 7%，与陈闯、刘天宇（2012）[123] 在研究中发现 2004—2010 年上市企业平均研发投入强度为 4.31% 相比有很大提升，表明随着时代发展和经济转型，企业越来越重视研发，研发投入强度也越来越大。政府会给予在创业板上市的高新技术企业一定的扶持资金，不同报告期、不同企业的扶持力度不一样，由此认为政府扶持力度也是对企业绩效产生重要影响的因素，因而将报告期内政府扶持资金的对数作为政府扶持力度的测度进行控制，统计显示政府扶持金额的对数均值为 16.84，标准差为 1.18。

知识覆盖度和知识异质性的相关系数为 0.243，相关度不高，但也足以表明两者存在一定联系，这是因为知识覆盖度和知识异质性都是在二模网络中计算的，如果说知识异质性度量的是成员间知识的差异程度，那么知识覆盖则是在差异性基础上综合考虑团队整体知识多样性、个体知识多样性以及知识在成员间的分布特征，对团队知识结构提出的更高要求。一个具有不同知识背景的专家团队，在知识上体现出多样性与低覆盖度的特征，但在具有一定知识范围的通才团队中，则兼具了多样性与高覆盖度的特征。知识覆盖从整体知识观的角度衡量高管团队的知识结构，综合考虑整体知识多样性、个体知识多样性以及知识在成员间的分布特征，并不对成员—知识分布均衡性作要求；知识异质性不关注整体知识网密度，只关注知识在成员间分布的不均衡性，两者有联系但是侧重点不同。

高管团队内部知识异质性与企业绩效的相关系数为 -0.127（$P<0.01$），表明在创业板上市的企业高管团队内部，知识异质性与企业绩效之间存在显著负相关关系，这印证了社会认同理论提出的知识异质性对团队产出有负面影响的结论。因为个体倾向于在团队中选择与其观点相似的成员进行交流，过高的知识异质性会导致群体分层，使团队内形成若干个自由组建的非正式小群体，这种缺乏强制约束的小群体往往会对团队整体的协作交流产生不利影响[124]，甚至引起团队内部冲突和关系紧张，不利于团队整体发展，也不利于企业的经营与管理[125]。在创业板上市的企业虽然有了一定的经营规模，但仍处于高速发展时期，企业面临的竞争和市场环境较为严峻，高管团队为了指导经营、管理事务，需要保持职能背景的多样化，所以成员间在财务会计、技术研发生产、市场销售、投资管理四类知识的分布上会存在较大差异，且不同类型的知识差异较大，更容易在团队内部引发群体分层，出现小群体抱团的现象，从而不利于团队内部的交流协作，对企业的经营管理产生不利影响。

企业的研发投入强度和企业绩效的皮尔逊相关系数为 0.231（$P<0.01$），这表明研发投入强度与企业绩效之间有较强的正向线性相关性，这与以往的研究结论相一致。例如，梁莱歆和张焕凤[126]以我国高科技上市公司为样本，实证研究发现企业的研发投入强度会对企业获利能力及发展前景产生积极影响。梁莱歆和严绍东[127]的研究也发现，企业研发投入力度会对公司技术资产、盈利能力产生显著正向影响。王任飞[128]的研究结果表明，企业研发投入支出与企业盈利能力存在显著正向关系。综上所述，企业研发投入强度是对企业的绩效表现和发展

起到重要作用的影响因素，将研发投入强度作为控制变量加入回归模型十分必要。

3.5.4 知识覆盖与异质性对企业绩效影响的检验

本章分别使用混合回归模型、固定效应模型和随机效应模型对团队内部知识覆盖、知识异质性对企业绩效影响的主效应进行检验。由表3-4可知，在混合回归模型、固定效应模型和随机效应模型中，高管团队知识分布的覆盖度对企业绩效的影响都为正，且都在95%的置信水平上显著。为验证回归结果的稳健性，分别对三个模型进行了最小二乘虚拟变量（Least Squares Dummy Variables, LSDV）检验和豪斯曼检验。LSDV的检验结果显示，部分行业虚拟变量具有显著特征，因此拒绝高管团队内部知识覆盖对企业绩效影响在各行业间无差别的假设，即与混合回归模型相比，样本更适宜使用固定效应模型。另外，豪斯曼检验结果输出 *P* 值为0.0136，表示本章的样本数据不符合使用随机效应模型进行检验的前提假设。综上所述，选取固定效应模型作为探究高管团队知识覆盖度对企业绩效影响的最终模型。

表3-4　　知识覆盖度、异质性对企业绩效的影响

因变量：*Tobin's Q*

解释变量	混合回归模型		固定效应模型		随机效应模型	
常量	12.094***	14.321***	12.353***	14.599***	12.094***	14.321***
size	-0.012	-0.024	-0.013	-0.024	-0.012	-0.023
avage	-0.027	-0.029	-0.028	-0.031**	-0.027	-0.029
TA	-0.597***	-0.589***	-0.619***	-0.614***	-0.597***	-0.589***
year	-0.170**	-0.166**	-0.173***	-0.169***	-0.170***	-0.166***
edu	1.346*	1.596**	1.452**	1.690**	1.346**	1.596**
R&D	0.025	0.025	0.036**	0.037***	0.025*	0.025*
subsidy	0.232**	0.201**	0.245***	0.216***	0.232***	0.201***

续表

解释变量	混合回归模型		固定效应模型		随机效应模型	
gov	0. 239	0. 151	0. 166	0. 073	0. 239	0. 151
coverage	2. 978 **		2. 284 **		2. 978 **	
diversity		-1. 340 **		-1. 389 **		-1. 340 **
R^2	0. 404	0. 402	0. 415	0. 414	0. 404	0. 402

注：$N=421$，“ *** ”“ ** ”“ * ”分别表示 0. 01、0. 05、0. 1 的显著性水平，双尾检验，后同。

同样，由表 3 -4 可知，高管团队知识分布的异质性对企业绩效的影响在混合回归模型、固定效应模型和随机效应模型中均为负，且都在 95% 的置信水平上显著。为验证回归结果的稳健性，也分别对三个模型在探究高管团队知识异质性对企业绩效影响的适用性上进行了 LSDV 检验和豪斯曼检验。其中，LSDV 检验结果表明，部分行业虚拟变量具有显著特征，因此拒绝高管团队知识异质性对企业绩效影响在行业间无差别的条件假设，即同样不适宜使用混合回归模型探究高管团队知识异质性对企业绩效的影响。另外，豪斯曼检验结果输出 P 值为 0. 0009，表明样本数据不符合使用随机效应模型进行检验的前提。综上所述，选取固定效应模型作为进一步探究高管团队知识异质性对企业绩效影响的最终模型。

由固定效应回归结果可知，企业规模、上市年数、硕士以上学历比例、研发投入强度、政府扶持力度都与企业绩效显著相关。其中，企业在研发上的投入力度与企业绩效之间存在正相关关系，研发投入强度越大，企业的绩效表现越好，与以往的研究结论保持一致。此外，政府扶持力度也对创业板企业的经营绩效具有显著正向影响，即政府对企业扶持的力度越大、赞助的资金越多，企业的绩效表现也越好。

知识覆盖度对企业绩效的回归系数为 2. 284（$P<0.05$），表明高管团队知识覆盖度会显著正向影响企业绩效，当其他变量保持不变时，高管团队知识覆盖越高，企业绩效越好。这是因为知识覆盖综合考虑团队

整体知识多样性、个体知识多样性以及知识在成员间的分布特征，是在差异性基础上对团队知识结构提出的更高要求。高管团队整体的知识覆盖越高，知识在成员间的分布越紧密，个体越倾向于同时具备多种知识，越有利于高管团队在合作中实现高效沟通。在一个团队中，适当的知识覆盖可以更好地发挥团队知识多样性的效用，这对企业的长久发展来说具有重要意义，假设 1 得到验证。

知识异质性对企业绩效的回归系数为 -1.389（$P<0.05$），表明高管团队成员知识分布的异质性会对企业绩效产生显著负影响，当其他变量保持不变时，高管团队知识分布的异质性越高，企业的绩效表现越不好。这是因为知识异质性从个体视角出发，通过比较个体间的差异，得到团队整体的知识差异性。对高管简历文本进行挖掘得到的知识分类是显性知识，且与成员的职业经历有很大关联，高管团队内部巨大的职业经历差异必然是不利于交流协作的。同时，社会认同理论也提出，过高的知识异质性会导致团队分层，团队被分割为多个因认知方式存在差异而彼此认同度较低的小团体，不利于团队共识的达成，从而对企业绩效产生负面影响，假设 2 得到验证。

3.5.5 调节效应的计量模型

为探究高管团队知识分布的覆盖度与异质性对企业绩效的影响，在构建高管团队成员—知识二模网络，刻画和计算团队知识覆盖度和异质性的基础上，分别采用混合回归模型、固定效应模型和随机效应模型对团队知识覆盖、知识异质性对企业绩效影响的主效应进行检验，采用调节层次回归模型对股权激励、知识异质性在团队知识覆盖对企业绩效影响中的调节效应进行检验。

我们采用如下步骤检验调节效应：①把自变量（知识覆盖度）和调

节变量（知识异质性和股权激励）分别进行中心化处理，即对各变量的测量值都做减去均值的处理，这是因为如果同时将自变量、调节变量和两者的乘积项放入回归模型，会出现高度自相关的情况，预先对各变量进行中心化处理可以有效解决全部变量放入回归模型引发的多重共线性问题。②构造乘积项，把经过中心化处理的自变量（知识覆盖度）和调节变量（知识异质性和股权激励）分别相乘，形成相应的乘积项。③构造方程，把控制变量、自变量、调节变量、因变量和乘积项依次分层放入回归方程，检验调节效应是否存在，主要关注自变量和调节变量的乘积项系数是否显著，若其显著，则证明调节效应存在。

为检验高管团队知识异质性在团队内部知识覆盖对企业绩效的影响中是否存在调节作用，具体给出以下回归模型，以验证假设 H3。

$$
\begin{aligned}
Tobin's\ Q = {} & \beta_0 + \beta_1 size + \beta_2 avage + \beta_3 TA + \beta_4 year + \beta_5 edu + \beta_6 R\&D + \\
& \beta_7 gov + \beta_8 subsidy + \beta_9 indus + \beta_{10} coverage + \beta_{11} diversity + \\
& \beta_{12} coverage \times diversity
\end{aligned} \tag{3-5}
$$

为检验股权激励在高管团队知识覆盖对企业绩效影响中的调节效应，提出以下回归模型，以验证假设 H4。

$$
\begin{aligned}
Tobin's\ Q = {} & \beta_0 + \beta_1 size + \beta_2 avage + \beta_3 TA + \beta_4 year + \beta_5 edu + \beta_6 R\&D + \\
& \beta_7 gov + \beta_8 subsidy + \beta_9 indus + \beta_{10} incentive + \beta_{11} coverage + \\
& \beta_{12} incentive \times coverage
\end{aligned} \tag{3-6}
$$

3.5.6　知识异质性的调节效应检验

为对高管团队知识异质性在知识覆盖对企业绩效影响中的调节效应进行探究，共设置 3 个模型。其中，模型 1 是以 421 家企业为样本，模型 2 和模型 3 分别以成立时间≤10 年的企业和成立时间 >10 年的企业为样本，进一步探究高管团队知识异质性在知识覆盖对企业绩效影响中的调节效应是否具有门槛。企业成立时间指企业成立年份距离报告期的年份差，421 家创业板上市企业中有 56 家企业的成立时间≤10 年，占比为 13.30%，365 家企业的成立时间 >10 年，占比为 86.70%。模型 1 至模型 3 的 VIF 值均远小于 10，表明回归模型中各变量间不存在多重共线性问题，德宾—沃森（Durbin - Watson）检验结果也显示，模型的残差项之间不存在自相关关系，因此，各模型均具备较好的解释能力（见表 3 - 5）。

表 3 - 5　　高管团队知识分布特征对企业绩效的交互影响

因变量：*Tobin's Q*

解释变量	被解释变量		
	模型 1	模型 2 企业成立时间≤10 年 $N=56$	模型 3 企业成立时间 >10 年 $N=365$
常量	14.290***	17.260***	13.722***
size	-0.008	-0.122	0.010
avage	-0.028	-0.125**	-0.020
TA	-0.623***	-0.800***	-0.608***
year	-0.167***	-0.144	-0.152***
edu	1.260*	3.665*	0.712
R&D	0.023	0.007	0.024
subsidy	0.224***	0.570**	0.203***
*Indus*01	-0.495**	-1.684**	-0.237
*Indus*02	-0.672***	-1.009*	-0.495**
gov	0.149	1.251*	-0.009
coverage	0.181***	-0.015	0.188***
diversity	-0.224***	-0.103	-0.266***
coverage × *diversity*	-0.092	0.338	-0.170**
R^2	0.428	0.616	0.420

续表

<table>
<tr><td rowspan="3">解释变量</td><td colspan="3">被解释变量</td></tr>
<tr><td rowspan="2">模型 1</td><td>模型 2</td><td>模型 3</td></tr>
<tr><td>企业成立时间≤10 年
$N=56$</td><td>企业成立时间 >10 年
$N=365$</td></tr>
<tr><td>调整后 R^2</td><td>0.409</td><td>0.500</td><td>0.398</td></tr>
<tr><td>F 值</td><td>23.343</td><td>5.309</td><td>19.434</td></tr>
<tr><td>D - W 检验</td><td>1.907</td><td>2.119</td><td>1.945</td></tr>
</table>

模型 1 的结果显示，以 421 家企业为样本时，知识覆盖度与知识异质性的交互项对企业绩效的影响不显著（$\beta=-0.092$，$P>0.1$），高管团队知识异质性在知识覆盖对企业绩效影响中的调节效应不存在，假设 3 不成立。考虑到知识异质性度量的是高管团队内部成员间知识的差异化程度，团队内部知识异质性越高，成员间知识分布的差异化程度越高。知识覆盖度是在知识多样化基础上对知识结构合理性提出的更高要求，它从整体知识观的角度衡量高管团队的知识结构，综合考虑整体知识多样性、个体知识多样性以及知识在成员间的分布特征，但并不对成员—知识分布均衡性作要求。一个高知识覆盖和低异质性的团队，不仅在整体上实现了知识网络的密集，而且在成员间实现了弱差异。知识网络密度大，有利于组织内成员基于交流合作培养起信任默契和社会认同，大幅提高各类知识的利用效率[129]；低知识异质性有助于团队内部形成统一协调的决策环境，且有助于团队整体形成良好的沟通交流环境，两者相互成就。一个同时具备高知识覆盖和高知识异质性的团队，是一个整体知识网络密集，但个体间知识差异较大的团队。如果团队内存在部分群体内部知识覆盖高，但群体间知识差异大的若干小群体，那么就会出现团队整体知识覆盖高、知识异质性也高的情况。成员间较大的知识差异不利于团队合作，群体内存在若干个知识差异巨大的小群体，会影响团队整体的交流与沟通，甚至造成团队成员间的冲突和关系紧张，此时知

识异质性在一定程度上就会折损知识覆盖对企业绩效的正向影响[130]，起到负向调节的作用。

本章以421家企业为样本，发现高管团队知识异质性在知识覆盖对企业绩效影响中不存在调节效应，这是因为成立时间不同的企业具有不同的表现，企业成立时间一方面可以体现企业发展的稳定性，另一方面也可以反映管理层共事的时长，以421份全量样本做检验，忽略了企业成立时间的影响。因此，需要进一步探究调节效应是否存在门槛值，企业成立时间在其中会扮演怎样的角色。

模型2以56家成立时间≤10年的企业为样本，结果显示知识覆盖度与知识异质性的交互项对企业绩效的影响不显著（$\beta = 0.338$，$P > 0.1$），表明成立时间≤10年的上市企业高管团队知识覆盖度和知识异质性的交互项对企业绩效的影响不显著，调节效应不存在（见图3－5）。

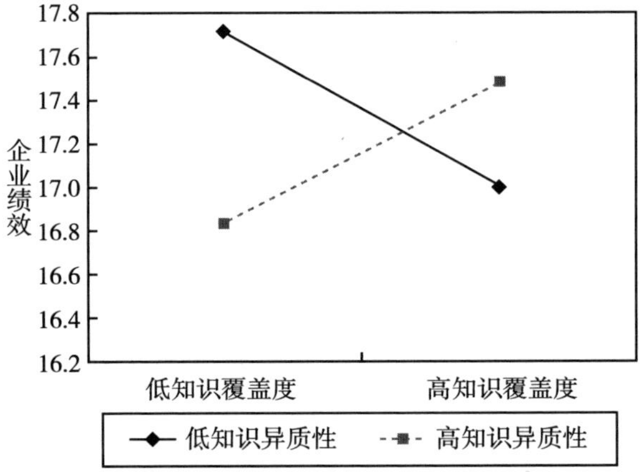

图3－5　企业成立时间≤10年的调节效应

模型3以365家成立时间>10年的企业为样本，结果显示知识覆盖度与知识异质性的交互项对企业绩效的影响显著（$\beta = -0.170$，$P < 0.05$），调节效应如图3－6所示。高管团队知识异质性在一定程度上会折损知识覆盖对企业绩效的正向影响，起到负向调节作用，这种调节作

用只存在成立时间 >10 年的样本中。这是因为相较于成立时间较短的企业，成立时间越长的企业，其发展越趋向于稳定，高管成员间的合作时间也越长，因知识异质性产生的各小团体内部的认同度会越高，凝聚力越强，团体间的认同度越低，这不利于高管团队整体共识的达成，对企业的决策、经营都会产生不利影响。对于成立时间较长的企业，即使高管成员整体知识分布的覆盖度很高，知识网络稠密，个体倾向于同时具备多种知识，但如果整体知识异质性也很高，小团体内部强有力的抱团行为会使知识异质性在一定程度上折损知识覆盖对企业绩效的正向影响，起到负向的调节作用。

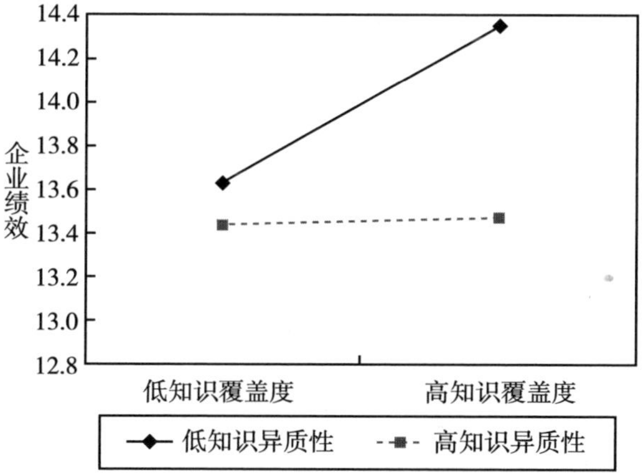

图 3－6　企业成立时间 >10 年的调节效应

3.5.7　股权激励的调节效应检验

为了对股权激励在高管团队知识覆盖度对企业绩效影响中的调节效应进行探究，共设置 3 个模型。模型 4 仅包含股权激励和控制变量，模型 5 包含知识覆盖度、股权激励和控制变量，模型 6 包含知识覆盖度和股权激励的交互项以及控制变量。模型 4 至模型 6 的 VIF 值均远小于 10，所以模型不存在多重共线性问题。同时，德宾—沃森检验显示各模型的残差项自相关性均不显著，表明模型具备较好的解释力（见表 3－6）。

表 3－6　　　　股权激励调节效应检验

因变量：*Tobin's Q*

解释变量	被解释变量		
	模型 4	模型 5	模型 6
常量	13.800***	12.865***	13.647
size	-0.016	-0.009	-0.011
avage	-0.025	-0.026	-0.027
TA	-0.602***	-0.605***	-0.597***
year	-0.164***	-0.164***	-0.167***
edu	1.377**	1.219*	1.334**
R&D	0.024*	0.023	0.024*
subsidy	0.213***	0.226***	0.223***
*Indus*01	-0.503**	-0.433*	-0.387
*Indus*02	-0.685***	-0.624***	-0.588***
gov	0.210	0.240	0.181
coverage		2.484*	0.123*
incentive	0.583	0.572	0.076
coverage × *incentive*			0.170***
R^2	0.414	0.419	0.430
调整后 R^2	0.398	0.402	0.412
F 值	26.218	24.483	23.581
D－W 检验	2.065	2.066	2.063

结果显示，股权激励本身不会对企业绩效产生显著影响，但引入股权激励后，知识覆盖度和股权激励的交互项与企业绩效之间存在显著正相关关系（$\beta = 0.170$，$P < 0.01$），这表明股权激励在高管团队知识覆盖度对企业绩效的影响中会起到正向调节作用，调节效应如图 3－7 所示。

这是因为股权激励通过授予管理层股权的方式使被激励者与公司利润共享、利益一致，进而促使被激励者按照公司利益最大化的原则进行经营管理，降低企业所有者和管理者间的利益冲突，作出利于公司发展的决策。虽然它本身不会对企业绩效产生显著影响，但通过引导高管团队利益与企业利益一致，实现对其行为的规范，股权激励的影响会深入高管团队管理、经营的方方面面。

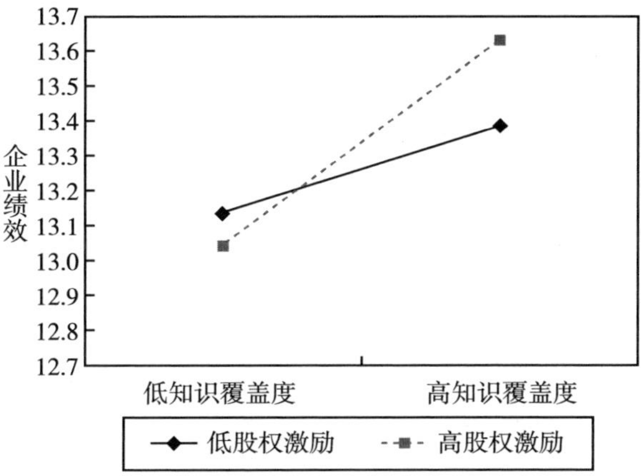

图 3－7　股权激励调节效应

此外，股权激励对处于发展期的企业，尤其是对在创业板上市、具有发展潜力的创业企业而言，具有重要作用[131]。对处于高速发展期的企业而言，虽然其已明确了自己的定位，企业品牌也有了一定影响力，企业的生产能力和销售能力也较强，但仍需不断加大研发投入、补充企业设备、丰富人员配备，保障企业发展的持久力，实现企业规模的迅速扩张。在企业急速发展、快速成长的阶段，企业所有者必须引导管理者与自己保持一致的目标，而不是趋向于自利行为，这样才能保障管理决策利于企业的长期发展[132]。

经验和理论研究[7][107]都表明，在这一阶段，使用股权激励将高管团队的利益与企业利益进行捆绑，不仅有助于企业管理层的稳定及企业发展的持续，也有利于企业价值的提升。同时，股权激励作为一种调节高管团队行为决策对企业绩效积极影响的外在推力，与高管团队知识结构这种内在影响机制，将从不同方向共同对企业的经营管理和绩效表现产生作用。因此，在企业管理中引入股权激励，将高管团队自身利益与企业发展利益紧密结合，可以加强知识覆盖对团队内部高效交流合作的积极影响，强化知识覆盖对企业绩效的正向影响。假设 H4 得到验证。

3.5.8 稳健性检验

为了保证研究结论的可靠性，设置了如下两个稳健性检验：①将因变量取对数，采用 Tobit 模型对所有假设进行重新检验，以验证结论的稳健性。②针对假设 H3 得出的成立时间 >10 年的上市企业高管团队成员知识分布的覆盖度和异质性交互项与企业绩效之间存在显著相关关系，知识异质性在一定程度上会折损知识覆盖对企业绩效的正向影响，起到负向调节的结论，分别选取成立时间 >11 年和成立时间 >12 年的样本进行稳健性检验，调节效应如图 3 - 8 和图 3 - 9 所示。

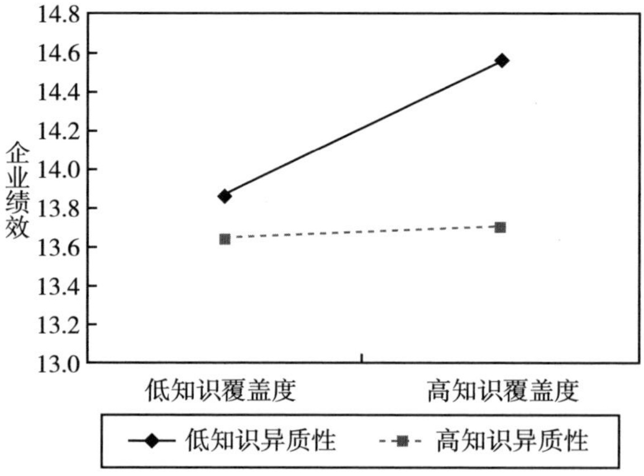

图 3 - 8 企业成立时间 >11 年的调节效应

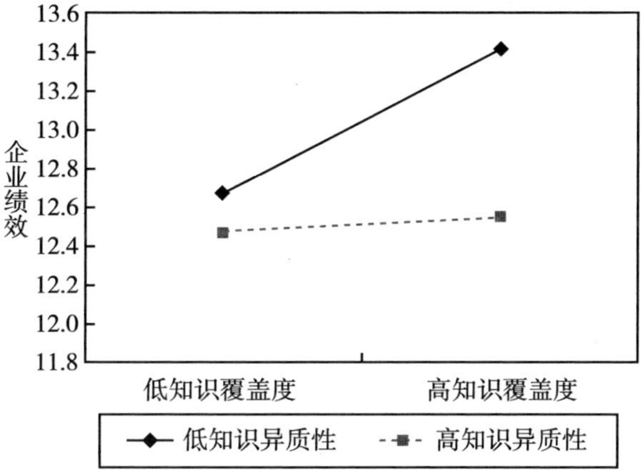

图 3－9　企业成立时间 >12 年的调节效应

稳健性检验 1 的实证结果如表 3－7 所示，高管团队知识覆盖度仍对企业绩效产生显著正向影响，高管团队内部知识异质性仍对企业绩效产生显著负向影响，知识异质性会在一定程度上折损知识覆盖对企业绩效的正向影响，起到负向调节作用，但这种调节效应只存在于成立时间 >10 年的样本中。股权激励在高管团队知识覆盖度对企业绩效的影响中具有积极调节作用，与之前的结论一致。

表 3－7　　　　　　Tobit 模型稳健性检验

因变量：*Tobin's Q* 的对数

解释变量	被解释变量								
	模型 1	模型 2	模型 3	模型 4	模型 5	模型 6	模型 7	模型 8	模型 9
常量	4.241***	3.971***	4.552***	4.315***	4.746***	4.210***	4.207***	3.942***	4.165***
size	-0.002	0.000	-0.002	0.000	-0.038	0.006	-0.002	0.000	-0.001
avage	-0.006	-0.006	-0.007	-0.007	-0.026*	-0.006	-0.006	-0.007	-0.007
TA	-0.177***	-0.178***	-0.177***	-0.178***	-0.197***	-0.177***	-0.173***	-0.174***	-0.172***
year	-0.052***	-0.052***	-0.051***	-0.051***	-0.042**	-0.048***	-0.050***	-0.050***	-0.051***
edu	0.379**	0.334*	0.393**	0.349**	1.217***	0.159	0.384**	0.339*	0.367**
R&D	0.005	0.005	0.005	0.005	0.001	0.006	0.005	0.005	0.005

续表

解释变量	被解释变量								
	模型 1	模型 2	模型 3	模型 4	模型 5	模型 6	模型 7	模型 8	模型 9
subsidy	0.055 ***	0.059 ***	0.051 ***	0.055 ***	0.114 *	0.053 ***	0.052 ***	0.056 ***	0.055 ***
*Indus*01	-0.098	-0.078	-0.106	-0.086	-0.329 **	-0.039	-0.091	-0.072	-0.063
*Indus*02	-0.163 ***	-0.145 **	-0.170 ***	-0.154 **	-0.198	-0.123 *	-0.160 ***	-0.142 **	-0.135 **
gov	0.015	0.023	0.000	0.008	0.244	-0.022	0.021	0.029	0.017
coverage		0.713		0.049 ***	-0.006	0.054 ***		0.705 **	0.035 **
diversity			-0.333 **	-0.054 ***	-0.042	-0.061 ***			
coverage × *diversity*				-0.024	0.084	-0.042 *			
incentive							0.141	0.138	0.019
coverage × *incentive*									0.036 **
R^2	0.456	0.452	0.461	0.471	0.619	0.470	0.459	0.464	0.471
调整后 R^2	0.443	0.447	0.446	0.454	0.504	0.450	0.444	0.4490	0.454
F 值	34.302	31.814	31.705	27.785	5.385	23.764	31.460	29.406	27.784
D-W 检验	1.830	1.814	1.820	2.048	2.157	1.960	1.942	1.992	1.987

注：*N* = 421，“ *** ”“ ** ”“ * ”分别表示 0.01、0.05、0.1 的显著性水平，双尾检验，后同。

稳健性检验 2 的实证结果如表 3-8 所示，高管团队知识异质性会在一定程度上折损知识覆盖对企业绩效的正向影响，起到负向调节的作用，这种调节效应在成立时间 > 11 年和成立时间 > 12 年的样本中均存在。

表 3-8　高管团队知识分布特征对企业绩效的交互影响门槛效应稳健性检验

因变量：*Tobin's Q*

解释变量	被解释变量	
	模型 1 企业成立时间 > 11 年 *N* = 343	模型 2 企业成立时间 > 12 年 *N* = 316
常量	14.205 ***	12.996 ***
size	0.008	0.010
avage	-0.020	-0.010

续表

解释变量	被解释变量	
	模型 1 企业成立时间 >11 年 $N=343$	模型 2 企业成立时间 >12 年 $N=316$
TA	-0.617***	-0.599***
year	-0.147***	-0.154***
edu	0.709	0.905
R&D	0.022	0.018
subsidy	0.183***	0.207***
*Indus*01	-0.258	-0.225
*Indus*02	-0.502**	-0.436
gov	0.035	-0.053
coverage	0.190***	0.207***
diversity	-0.271***	-0.269***
coverage × *diversity*	-0.160*	-0.165*
R^2	0.426	0.423
调整后 R^2	0.403	0.398
F 值	18.836	17.089
D-W 检验	1.953	1.945

综上所述，稳健性检验的结果与前文的研究结论无实质性差异，前文的实证研究结论均是可靠的。

3.6 研究结论

在创业板上市的企业大多是受国家扶持的高成长、高科技的中小企业，长期以来它们对我国的经济转型和产业升级产生了巨大影响，作出了不可磨灭的贡献[5]。探究创业板上市的中小企业高管团队知识结构对企业绩效的影响机制，能有效促进创业板市场的稳健发展，对加速推进我国经济转型和产业升级具有重要现实意义。以往研究主要关注高管团队的异质性，忽略了知识多样化与知识同质性带来的结构性影响。知识覆盖是在知识多样化基础上对知识结构合理性提出的更高要求，它从整体知识观的角度衡量高管团队的知识结构，综合考虑整体知识多样性、个体知识多样性以及知识在成员间的分布特征。为此，我们以421家在创业板上市的高新技术企业为样本，旨在为这一类处在发展期的中小企业高管团队提供优化知识结构、提升企业绩效的策略。具体研究过程：首先，对2745份高管简历文本进行LDA主题建模，并根据Word2Vec词向量模型合并语义相近的主题，提炼知识类别；接着，基于团队成员与知识的概率归属关系，以团队成员、知识类别为节点，构建二模网络，计算高管团队知识覆盖度和知识异质性；随后，分别探究高管团队知识覆盖度、知识异质性对企业绩效影响的主效应，以及知识异质性、股权激励在高管团队知识覆盖对企业绩效影响中的调节效应，据此得出以下结论。

第一，创业板企业高管团队以职业背景、工作经历等表达的显性知识覆盖度相较于异质性程度低，有利于企业创新。高管团队平均由6人组成，一般每个高管成员会拥有财务会计、技术研发生产、市场销售、投资管理四类知识中的1～2种知识，且存在相当一部分人同时具备3类知识，这表明个体与知识之间不是单纯的一对一的关系，也存在一对多的情况。因此，将个体知识多样化引入对高管团队知识结构的考量中，综合考虑团队整体知识多样性、个体知识多样性以及知识在成员间的分布特征，并由此构建高管团队成员知识分布的覆盖度指标，以综合衡量高管团队知识结构特征。经过测算得出，高管团队知识分布的异质性均值为0.62，覆盖度均值是0.31，表明高管团队成员间的知识差异化程度较高。本章采用LDA主题模型，以高管简历文本为语料库建模，并依据主题模型输出结果对高管团队的知识类别进行划分，这种方式划分出的知识类别主要表达的是成员显性知识，且与职业经历有很大关联。在创业板上市的企业虽然有了一定的经营规模，但仍处于高速发展时期，企业面临的竞争和市场环境较为严峻，高管团队为了指导经营、管理事务，需要保持职能背景的多样化，因此成员间在财务会计、技术研发生产、市场销售、投资管理四类知识的分布上会存在较大差异，并最终体现在高管团队整体较高水平的知识异质性上，这有利于企业实施创新行为。数据表明，这些企业的平均研发投入强度（研发投入占营业收入的比例）为 7%，与陈闯、刘天宇（2012）[124] 以 2004—2010 年上市的企业为样本统计得出的平均研发投入强度为 4. 31% 相比有很大提升，表明随着时代发展和经济转型号召，处于发展期的中小企业越来越重视研发与创新。

第二，高管团队成员知识覆盖会显著正向影响企业绩效。这是因为知识覆盖综合考虑团队整体知识多样性、个体知识多样性以及知识在成员间的分布特征，是在差异性基础上对团队知识结构提出的更高要求。高管团队整体的知识覆盖越高，知识在成员间的分布越密集，个体越倾向于同时具备多种知识，这有利于高管团队成员在合作中实现高效沟通。在一个团队中，适当的知识覆盖度可以更好地发挥出团队知识多样性的效用，这对企业发展和提升组织绩效具有重要意义。高管团队成员知识分布的异质性与企业绩效显著负相关，表明高管团队知识分布的异质性水平越高，企业绩效越不好。这是因为知识异质性从个体视角出发，通过比较个体间的差异，得到团队整体的知识差异性。对高管简历文本进行挖掘得到的知识分类是显性的，且与成员的职业经历有很大关联，团队内巨大的职业经历差异不利于信息交流和沟通协作。同时，社会认同理论也提出过高的知识异质性会导致团队分层，团队被分割为多个因认知方式存在差异而彼此认同度较低的小团体，这不利于团队共识的达成，且会影响到团队内部信息交换的数量与质量、团队的协作水平及集体决策的效率与结果，从而对企业绩效产生负面影响。

第三，企业高管团队知识分布的异质性在一定程度上会折损知识覆盖对企业绩效的正向影响，起到负向调节的作用，但这种调节效果只存在于成立时间 >10 年的企业中。以 421 家企业为样本时，知识覆盖度与知识异质性的交互项对企业绩效的影响不显著，知识异质性在知识覆盖对企业绩效的影响中不存在负向调节作用。但是以 365 家企业（成立时间 >10 年的企业）为样本时，数据结果却显示知识覆盖度与知识异质性的交互项对企业绩效的影响显著。这表明成立时间 >10 年的上市企业高管团队知识异质性在一定程度上会折损知识覆盖对企业绩效的正向影响，起到负向调节作用。这是因为知识异质性度量了高管团队成员间知识的差异性，知识异质性越高，成员间的知识分布差异越大。知识覆盖从整体知识观的角度度量团队整体的知识网络密度，不具体考虑个体间的差异。一个高知识覆盖、低异质性的团队，不仅在整体上实现了知识网络的密集，而且在成员间实现了弱差异，有助于合作交流。一个同时具备高知识覆盖和高知识异质性的团队，则是一个整体知识网络密集，但个体间差异巨大的团队，成员间知识的高异质性不利于团队内的交流合作。相较于成立时间较短的企业，成立时间越长的企业，其发展越趋向于稳定，高管成员间的合作时间也越长，因知识异质性导致的各小团体内部认同度越高，凝聚力越强，而团体间的认同度越低，这不利于高管团队整体共识的达成，对企业的决策和经营都会产生不利影响。对于成立时间较长的企业，即使高管团队整体知识分布的覆盖度很高，知识网络密集，个体倾向于同时具备多种知识，彼此间沟通交流顺畅，但如果整体知识异质性也很高，小团体内部强有力的抱团行为会使知识异质性在一定程度上折损知识覆盖对企业绩效的正向影响，起到负向的调节作用。

第四，股权激励本身不会对企业绩效产生显著影响，但会在高管团队知识覆盖对企业绩效的影响中起到正向调节作用。这是因为股权激励通过授予管理层股权的方式使被激励者与公司利润共享、利益一致，进而促使被激励者按照公司利益最大化的原则进行经营管理，降低企业所有者和管理者间的利益冲突，作出利于公司发展的决策。虽然它本身不会对企业绩效产生显著影响，但通过将高管团队自身利益与企业发展利益紧密结合，其影响会深入高管团队管理、经营的方方面面。此外，股权激励对处于发展期的企业，尤其是对在创业板上市、具有发展潜力的创业企业而言，具有重要作用[30]。股权激励作为一种调节高管团队行为决策对企业绩效积极影响的外在推力，与高管团队知识结构这种内在影响机制，将从不同方向共同对企业的经营管理和绩效表现产生作用。因此，在企业管理中引入股权激励，将高管团队自身利益与企业发展利益紧密结合，可以加强知识覆盖对团队内部高效交流合作的积极影响，强化知识覆盖对企业绩效的正向影响。

3.7
本章小结

本章深入探讨了创业型企业高管团队知识结构对企业绩效的影响，特别是高管团队知识覆盖与知识异质性的作用。通过实证研究发现，高管团队内部的知识网络覆盖度与企业绩效之间存在正相关关系，意味着团队成员间知识分布的广度和深度对企业绩效有积极影响。然而，知识异质性与企业绩效间存在负相关关系，表明成员间知识差异过大可能会阻碍有效的团队协作，从而对企业绩效产生负面影响。此外，研究还发现知识异质性在一定程度上会削弱知识覆盖对企业绩效的正向效益，尤其是在企业成立时间超过10年的情况下，这种负向调节作用更为明显。股权激励在高管团队知识覆盖度与企业绩效的关系中起到正向调节作用，说明将高管利益与企业利益绑定，可以促进企业绩效的提升。这些发现为理解高管团队知识结构如何影响企业绩效提供了新的视角，并为创业型企业在构建高管团队和管理团队成员知识结构时提供了实践指导。

参考文献

[1] 曾德明，周涛．企业知识基础结构与技术创新绩效关系研究——知识元素间关系维度新视角［J］．科学学与科学技术管理，2015，36（10）：80－88.

[2] Bachrach D G. CEO narcissism, top management team transactive memory systems, and firm performance: an upper echelons perspective on CEO admiration and rivalry narcissism [J]. European Journal of Work and Organizational Psychology, 2022, 31 (1): 61－76.

[3] Sutarti S, Syakhroza A, Diyanty V. Top management team (TMT) age diversity and firm performance: the moderating role of the effectiveness of TMT meetings [J]. Team Performance Management: An International Journal, 2021, 27 (5/6): 486－503.

[4] 黄昕，李常洪，薛艳梅．高管团队知识结构特征与企业成长性关系——基于中小企业板块上市公司的实证研究［J］．经济问题，2010（2）：89－94.

[5] 童元珂，魏云捷．创业板上市公司财务绩效、经营多元化与股票流动性的相关性研究［J］．管理评论，2021，33（4）：283－294.

[6] 夏晗．创业团队异质性对科技型新创企业绩效的影响——一个双调节模型［J］．科技进步与对策，2018，35（13）：145－152.

[7] 任峰，张朋朋．创业团队异质性与团队互动、决策绩效的关系路径：一项多案例研究［J］．中国人力资源开发，2017（4）：111－121.

[8] 王颖，彭灿．知识异质性与研发团队知识创新绩效——以共享心智模型为中介变量［J］．情报杂志，2011，30（1）：113－116，58.

[9] Allen C A, Rodney C S, George H T. Newness and novelty: Relating top management

team composition to new venture performance [J]. Journal of Business Venturing, 2006, 21 (1): 125 - 148.

[10] 段光，杨忠．知识异质性对团队创新的作用机制分析 [J]. 管理学报，2014，11 (1): 86 - 94.

[11] Bermiss Y S, Johann P M. Who matters more? The impact of functional background and top executive mobility on firm survival [J]. Strategic Management Journal, 2015, 36 (11): 1697 - 1716.

[12] 吕洁，张钢. 知识异质性对知识型团队创造力的影响机制：基于互动认知的视角. 心理学报，2015，47 (4)，533 - 544.

[13] 邢蕊，周建林，王国红．创业团队知识异质性与创业绩效关系的实证研究——基于认知复杂性和知识基础的调节作用 [J]. 预测，2017 (1): 1 - 7.

[14] Gan R, Chen X H, Wang Z Y, et al. Knowledge heterogeneity and corporate innovation performance: The mediating influence of task conflict and relationship conflict [J]. PLoS ONE, 2023, 18 (10): e0292283.

[15] Louadi M E. Organizational knowledge heterogeneity: Between conceptual nuances and the quest for a measure [J]. Knowledge and Process Management, 2024, 31 (1): 17 - 32.

[16] Liu H, Li J, Liu L. Linking Knowledge Heterogeneity with Project Performance in Digital Project Teams: The Role of Digital Capability and Knowledge Conversion [J]. Journal of Knowledge Economy, 2023, 15 (3): 1771 - 1800.

[17] Zhang R, Wang J, Hao J X. How does knowledge heterogeneity affect transactive memory system in innovation? Evidence from a field study [J]. Journal of Knowledge Management, 2020, 24 (8): 1965 - 1985.

[18] 汤超颖，丁雪辰．创新型企业研发团队知识基础与知识创造的关系研究 [J]. 科学学与科学技术管理，2015 (9): 81 - 92.

[19] 王辉，苏新雯．企业内部创业团队知识异质性对创造力的影响机制：信息交流视角 [J]. 科技进步与对策，2020，37 (24): 99 - 107.

[20] 董欣，杨皎平，李庆满．异质性团队离心力、向心力与创新绩效：以共享领导为调节变量 [J]. 科技进步与对策，2015，32 (12): 144 - 150.

[21] 唐贵瑶，李鹏程，陈扬．授权型领导对企业创新的影响及作用机制研究［J］．管理工程学报，2016，30（1）：52-60.

[22] 余呈先．团队异质性影响企业内部知识转移过程机制研究——以设计型知识工作团队为例［J］．科技管理研究，2016，36（1）：141-146.

[23] 路琳，梁学玲．知识共享在人际互动与创新之间的中介作用研究［J］．南开管理评论，2009，12（1）：118-123.

[24] Han J, Jo G S, Kang J. Is high-quality knowledge always beneficial? Knowledge overlap and innovation performance in technological mergers and acquisitions [J]. Journal of Management & Organization, 2016, 24 (2): 258-278.

[25] 范亚东，隋馨．高管团队特征与企业绩效的相关性研究：基于企业生命周期视角［J］．中国社会科学院研究生院学报，2019（3）：53-64.

[26] 赵艺璇，成琼文．知识网络嵌入、知识重组与企业中心型创新生态系统价值共创［J］．经济与管理研究，2021，42（10）：88-107.

[27] 潘清泉，唐刘钊，韦慧民．高管团队断裂带、创新能力与国际化战略——基于上市公司数据的实证研究［J］．科学学与科学技术管理，2015，36（10）：111-122.

[28] 郑小勇．知识网络密度、地理分散性与产品创新能力——基于商业集团内部整体知识网络的实证研究［J］．科研管理，2021，42（12）：175-184.

[29] 喻登科，周荣．团队知识网络的结构、行为与绩效间的关系——系统动力学仿真分析［J］．技术经济，2015，34（11）：21-33.

[30] 马庆魁，樊梦晨．管理层激励、机构投资者持股与企业异质研发［J］．科研管理，2021，42（9）：140-149.

[31] 谷丰，张林，张凤元．生命周期、高管薪酬激励与企业创新投资——来自创业板上市公司的经验证据［J］．中南财经政法大学学报，2018（1）：146-156.

[32] 王斌，黄娜，张晨宇．中国上市公司股权激励：现状与讨论［J］．财务研究，2022（1）：23-37.

[33] 孙阁斐．多元化经营、融资约束与流通企业投资效率——基于企业生命周期视角的实证分析［J］．商业经济研究，2022（5）：183-185.

[34] 郝生宾，卢衡．企业生命周期视角下知识搜索驱动高技术企业成长研究［J］．工业技术经济，2022，41（2）：33-40.

[35] Kyriy V V, Liubicheva O I, Moskavtsova K O. Researching the Competitiveness Factors of High – Tech Enterprises in the Dynamics of Life Cycle Stages [J]. Bìznes Inform, 2017, 6 (473): 171 – 175.

[36] Xin L, Wang J. A Review of the Classification of Enterprise Life Cycle [J]. Modern Economy, 2018, 9 (7): 1169 – 1178.

[37] 贺德方，祝侣，周华东，等．基于生命周期视角的企业科技创新政策体系研究[J]. 中国科技论坛，2022 (1): 1 – 6.

[38] 常曦，郑佳纯，李凤娇．地方产业政策、企业生命周期与技术创新——异质性特征、机制检验与政府激励结构差异 [J]. 产经评论，2020, 11 (6): 21 – 38.

[39] 周建庆，梁彤缨，彭玉莲，等．CEO 异质权力对研发投资的影响——基于企业生命周期的调节作用 [J]. 软科学，2020, 34 (3): 111 – 116, 122.

[40] 徐凤敏，景奎，孙娟．基于综合指标的 Logistic 中小企业生命周期研究 [J]. 管理学刊，2018, 31 (6): 41 – 51.

[41] 郭慧峰．企业集团生命周期各阶段税务筹划方案设计 [J]. 财会通讯，2016 (35): 111 – 113.

[42] 熊凌云，邓文柔，刘菡．高管知识结构、技术团队非稳定性与企业研发创新 [J]. 会计之友，2019 (10): 53 – 60.

[43] Rupert J, Homan A C, Jehn K A. Diversity Composition and Team Learning: The Moderating Role of Error Culture [J]. Group Decision and Negotiation, 2019, 28 (4): 695 – 722.

[44] Gianni M, Gotzamani K, Tsiotras G. Multiple perspectives on integrated management systems and corporate sustainability performance [J]. Journal of Cleaner Production, 2017 (168): 1297 – 1311.

[45] 谢凤华，姚先国，古家军．高层管理团队异质性与企业技术创新绩效关系的实证研究 [J]. 科研管理，2008 (6): 65 – 73.

[46] 马跃如，蒋珊珊．团队认知多样性、知识共享与团队创新绩效——基于包容性领导的调节效应检验 [J]. 湖南大学学报（社会科学版），2020, 34 (5): 45 – 51.

[47] 吴岩．创业团队的知识异质性对创业绩效的影响研究 [J]. 科研管理，2014, 35 (7): 84 – 90.

[48] 王济干，樊传浩．工作价值观异质性作用与高科技创业团队效能内部关系研究——基于社会认同视角［J］．科学学与科学技术管理，2012，33（9）：151-159.

[49] 胡望斌，张玉利，杨俊．同质性还是异质性：创业导向对技术创业团队与新企业绩效关系的调节作用研究［J］．管理世界，2014（6）：92-109，187-188.

[50] 许强，郑德叶．母子公司知识异质性与创新绩效研究［J］．科技进步与对策，2014，31（4）：104-109.

[51] 刘岩，蔡虹．企业知识基础网络结构与技术创新绩效的关系——基于中国电子信息行业的实证分析［J］．系统管理学报，2012，21（5）：655-661.

[52] 魏江，徐蕾．知识网络双重嵌入、知识整合与集群企业创新能力［J］．管理科学学报，2014，17（2）：34-47.

[53] 付雅宁，刘凤朝，马荣康．发明人合作网络影响企业探索式创新的机制研究——知识网络的调节作用［J］．研究与发展管理，2018，30（2）：21-32.

[54] 汤超颖，刘丽，李美智．企业内外部知识分布与二元学习平衡：基于中国创新型企业的实证研究［J］．管理评论，2020，32（6）：82-92.

[55] 陈旭，刘春红，高长春，等．知识多样性、知识网络密度与企业创新绩效［J］．华东经济管理，2020，34（4）：38-45.

[56] 张振刚，杨玉玲．知识资源与创新绩效——网络知识异质性的调节作用［J］．科技管理研究，2021，41（21）：142-147.

[57] 董屹宇，郭泽光．管理层股权激励、两职合一与企业过度负债——基于两种代理理论的分析［J］．当代财经，2019（1）：119-130.

[58] Wei C Y. Determinants of equity incentive plans in Chinese companies listed on the growth enterprise market [J]. China Journal of Accounting Studies, 2017, 5 (3): 379-394.

[59] 支晓强，孙健，王永妍，等．高管权力、行业竞争对股权激励方案模仿行为的影响［J］．中国软科学，2014（4）：111-125.

[60] Li J. Research on the Application and Problems of Equity Incentives in China's NEEQ Companies [J]. International Journal of Economics, Finance and Management Sciences, 2019, 7 (1): 16-16.

[61] 黄新建，尤珊珊．股权激励契约、技术创新与创新效率［J］．科研管理，2020，41（3）：217-226.

[62] 刘张发．技术类员工股权激励、创新与公司业绩 [J]. 经济体制改革，2023 (6)：117－123.

[63] 陈笑雪．管理层股权激励对公司绩效影响的实证研究 [J]. 经济管理，2009，31 (2)：63－69.

[64] 王宛玥，高小红．中小企业总经理持股、并购类型与并购绩效 [J]. 统计与决策，2019，35 (24)：185－188.

[65] 苏坤．管理层股权激励、风险承担与资本配置效率 [J]. 管理科学，2015，28 (3)：14－25.

[66] 何霞，苏晓华．高管团队背景特征、高管激励与企业 R&D 投入——来自 A 股上市高新技术企业的数据分析 [J]. 科技管理研究，2012，32 (6)：100－108.

[67] 朱晋伟，彭瑾瑾，刘靖．高层管理团队特征对企业技术创新投入影响的研究——激励的调节效应 [J]. 科学决策，2014 (8)：17－33.

[68] 李春玲，陈百莹，王晶．高管团队来源异质性对企业创新绩效影响研究——基于股权激励的调节作用 [J]. 财会通讯，2020 (22)：31－35.

[69] 甄红线，王玺，史永东．公司业绩聚集现象研究——基于中国 A 股上市公司股权激励计划的断点回归分析 [J]. 管理世界，2021，37 (6)：159－172.

[70] 查慧园，蒋冰清，潘先栋．企业生命周期、股权激励与盈余管理研究 [J]. 金融教育研究，2016，29 (1)：75－81.

[71] 龚永洪，何凡．高管层权力、股权薪酬差距与企业绩效研究——基于《上市公司股权激励管理办法》实施后的面板数据 [J]. 南京农业大学学报（社会科学版），2013，13 (1)：113－120.

[72] 潘星宇，沈艺峰．股权激励、企业并购与利润管理 [J]. 经济管理，2021，43 (10)：99－118.

[73] Brown R. Social identity theory：Past achievements，current problems and future challenges [J]. Eurpean Journal Social Psychology，2000 (30)：745－778.

[74] 吕峰，刘志，张笑腾．冲突处理视角下服务型领导对员工工作沉浸的影响机制：服务型领导差异化的调节作用 [J]. 南开管理评论，2021，24 (6)：72－83.

[75] Steffens N K，Munt K A，Knippenberg D V. Advancing the social identity theory of leadership：A meta－analytic review of leader group prototypicality [J]. Organizational Psy-

chology Review, 2021, 11 (1): 35 –72.

[76] Eller A, Abrams D, Wright S C. Effects of intergroup contact and relative gratification vs. deprivation on prejudice on both sides of the U. S. /Mexico status divide [J]. Journal of Applied Social Psychology, 2020, 50 (7): 406 –417.

[77] Ali R, Rehman R U, Suleman S. CEO attributes, investment decisions, and firm performance: New insights from upper echelons theory [J]. Managerial and Decision Economics, 2021, 43 (2): 398 –417.

[78] Chen W H, Kang M P, Bella B. How does top management team composition matter for continual growth? Reinvestigating Penrose's growth theory through the lens of upper echelons theory [J]. Management Decision, 2019, 57 (1): 41 –70.

[79] Martin R W. Upper echelons theory in management accounting and control research [J]. Journal of Management Control, 2014, 24 (3): 223 –240.

[80] 谢永珍，袁菲菲．董事会社会资本对上市公司创新的作用效应——基于区域冒险精神的调节 [J]. 南开学报（哲学社会科学版），2021 (5): 67 –81.

[81] 吴小节，曾华，汪秀琼．多层次情境嵌入视角下的委托代理理论研究现状及发展 [J]. 管理学报，2017, 14 (6): 936 –946.

[82] Hong S. Corporate governance and agency problems [J]. International Journal of Economics and Business Research, 2019, 17 (1): 70 –86.

[83] Rooly M. Impact of Board Diversity on Agency Costs in the Context of Agency Theory Approach: Evidence From Listed Companies in Sri Lanka [J]. Indian Journal of Corporate Governance, 2021, 14 (2): 133 –153.

[84] 蒋艳辉，黄滢，侯大山．管家理论研究评述与展望 [J]. 工业技术经济，2021, 40 (5): 115 –121.

[85] 周泽炯，史本山，虞鲲．高管团队薪酬不公平程度及其对公司绩效的影响——基于安徽上市公司的经验分析 [J]. 华东经济管理，2014, 28 (12): 109 –116, 172.

[86] 宋耘，王婕．网络特征和知识属性对企业创新绩效的影响 [J]. 管理科学，2020, 33 (3): 63 –77.

[87] 何郁冰，张迎春．网络类型与产学研协同创新模式的耦合研究 [J]. 科学学与科

学技术管理，2015，36（2）：62－69.

[88] Yong L, Wen Y, Liu T. General Heterogeneous Transfer Distance Metric Learning via Knowledge Fragments Transfer [C] // Twenty－Sixth International Joint Conference on Artificial Intelligence. 2017.

[89] 王玮，李随成，禹文钢，等．产品创新导向与供应商网络形态适配对产品创新绩效的影响［J］．管理评论，2016，28（6）：86－99.

[90] 李丹，杨建君．联结强度、企业间信任和技术创新模式与合作创新绩效［J］．软科学，2018，32（6）：74－77.

[91] 易加斌，俞澜天，王宇婷，等．制造业企业网络联结强度、协同创新能力与数字化转型［J］．科研管理，2024，45（8）：154－163.

[92] 熊捷，孙道银．企业社会资本、技术知识获取与产品创新绩效关系研究［J］．管理评论，2017，29（5）：23－39.

[93] 黄福广，贾西猛，田莉．风险投资机构高管团队知识背景与高科技投资偏好［J］．管理科学，2016，29（5）：31－44.

[94] Chen S, Xu K, Nguyen L T. TMT's Attention towards Financial Goals and Innovation Investment: Evidence from China [J]. Sustainability, 2018, 10 (11): 4236－4236.

[95] 姜付秀，黄继承．CEO 财务经历与资本结构决策［J］．会计研究，2013（5）：27－34，95.

[96] Simsek Z, Veiga J F, Dino L. Modeling the Multilevel Determinants of Top Management Team Behavioral Integration [J]. Academy of Management Journal, 2005, 48 (1): 69－84.

[97] Carton A M, Cummings J N. A Theory of Subgroups in Work Teams [J]. Academy of Management Review, 2012, 37 (3): 441－470.

[98] Jin N C, Thomas S Y. Group－level organizational citizenship behavior: Effects of demographic faultlines and conflict in small work groups [J]. Journal of Organizational Behavior, 2010, 31 (7): 1032－1054.

[99] 倪旭东，薛宪方．基于知识异质性团队的异质性知识网络运行机制［J］．心理科学进展，2013，21（3）：389－397.

[100] 魏江，徐蕾．知识网络双重嵌入、知识整合与集群企业创新能力［J］．管理科学

学报，2014，17（2）：34－47.

［101］王莉，游竹君．基于知识流动的创新生态系统价值演化仿真研究［J］．中国科技论坛，2019（6）：48－55.

［102］Liu J. Trust trigger and knowledge elicitor：The role of epistemic objects in coordinating the fragmentation and diversity of knowledge in digital innovation networks［J］. Knowledge and Process Management，2019，26（4）：332－345.

［103］王雪冬，杨嘉璐，孟佳佳．CEO股权激励对企业数字化转型意愿的影响研究［J］．科研管理，2024，45（12）：169－176.

［104］张新一，谢德仁，崔宸瑜．企业风险承担的微观机制设计——基于股权激励行权业绩条件达标难度的分析［J］．经济学（季刊），2024，24（1）：220－236.

［105］刘宝华，罗宏，周微．股权激励行权限制与盈余管理优序选择［J］．管理世界，2016（11）：141－155.

［106］张瑞，闫妍．上市公司股权结构对技术创新效率的影响研究——基于沪深A股新能源上市公司数据的分析［J］．价格理论与实践，2021（5）：122－125，195.

［107］Ding H G，Cai J，Niu Y X. Correlations between Executive Pay，Equity Incentive and Corporate Performance：Empirical Analysis Based on Panel Data of China's Listed Companies. International Journal of Financial Research，2012，3（3）：24－31.

［108］胡振华，熊昱，申婷．企业行为与管理层股权激励对研发投入影响的实证研究——以制造业上市公司为例［J］．系统工程，2015，33（7）：1－11.

［109］Shahzad U. Managerial equity incentives portfolio and the moral hazard of technology investment［J］. Technology Analysis & Strategic Management，2021，33（12）：1435－1449.

［110］Mei L L，Hu T Y，Mao Z H，et al. Equity incentive characteristics，industry life cycle and corporate innovation［J］. Finance Research Letters，2023，58（C）：104556.

［111］王君彩，张娟．股权激励、市场反应与公司治理效果——基于创业板上市公司的研究［J］．中央财经大学学报，2016（5）：53－59.

［112］刘冠辰，李元祯，李萌．私募股权投资、高管激励与企业创新绩效——基于专利异质性视角的考察［J］．经济管理，2022，44（8）：116－134.

［113］胡永平．融资依赖、IPO与创业板上市公司创新投资［J］．科研管理，2022，43

(3): 117－124.

[114] Rong P, Liu S. Top Management Team Knowledge Hiding and Enterprise Innovation Performance: A Moderated Mediation Model [J]. Frontiers in Psychology, 2021 (12): 783147－783147.

[115] 童元珂，魏云捷．创业板上市公司财务绩效、经营多元化与股票流动性的相关性研究 [J]. 管理评论，2021，33 (4): 283－294.

[116] Alabede J O, Muff T. Board Structures and Financial Performance of UK Top Firms: An Investigation of the Moderating Role of the Directors' Compensation [J]. Issues in Social and Environmental Accounting, 2015, 9 (3): 219－234.

[117] 张斌，兰菊萍，庞红学．PE 对中小板、创业板上市公司价值影响的实证研究——基于托宾 Q 值的考察 [J]. 宏观经济研究，2013 (3): 15－23.

[118] 孙健，卢闯．高管权力、股权激励强度与市场反应 [J]. 中国软科学，2012 (4): 135－142.

[119] 周启微，邵剑兵．上市公司高管团队包容性：企业发展的助力还是阻力？[J]. 上海财经大学学报，2021，23 (2): 121－135，152.

[120] Laszlo T. Composition of the top management team and firm international diversification [J]. Journal of Management, 2000, 26 (6): 1157－1177.

[121] Cornaggia J, Mao Y, Xuan T. Does banking competition affect innovation? [J]. Journal of Financial Economics, 2015, 115 (1): 189－209.

[122] 仇云杰，魏炜．研发投入对企业绩效的影响——基于倾向得分匹配法的研究 [J]. 当代财经，2016 (3): 96－106.

[123] 陈闯，刘天宇．创始经理人、管理层股权分散度与研发决策 [J]. 金融研究，2012 (7): 196－206.

[124] 赵炎，杨笑然，阎瑞雪，等．研发团队知识共享、知识重用与新产品开发绩效——吸收能力的倒 U 形调节作用 [J]. 科技进步与对策，2022 (5): 1－10.

[125] 龙静，郑松，王乐．创业团队异质性与创新：战略共识和凝聚力的调节 [J]. 科研管理，2020，41 (12): 238－245.

[126] 梁莱歆，张焕凤．高科技上市公司 R&D 投入绩效的实证研究 [J]. 中南大学学报（社会科学版），2005，11 (2): 232－236.

[127] 梁莱歆，严绍东．中国上市公司 R&D 支出及其经济效果的实证研究 [J]. 科学学与科学技术管理，2006 (7)：34 - 38.

[128] Yao H, Huang W. Effect of R&D Subsidies on External Collaborative Networks and the Sustainable Innovation Performance of Strategic Emerging Enterprises: Evidence from China [J]. Sustainability, 2022, 14 (8): 4722 - 4722.

[129] 王萍萍，王毅．知识单元特征对发明者知识组合行为的影响——知识网络的视角 [J]. 经济管理，2018，40 (5)：92 - 107.

[130] 王兴元，姬志恒．跨学科创新团队知识异质性与绩效关系研究 [J]. 科研管理，2013，34 (3)：14 - 22.

[131] 王新红，石欣欣．高管激励、研发投入与企业绩效——基于创业板高新技术上市公司的经验数据 [J]. 财会通讯，2016 (27)：58 - 61.

[132] 陈佳怡，葛玉辉．生命周期视角下高管持股对企业研发投资影响的实证研究——以制造业上市企业为例 [J]. 经济研究导刊，2020 (1)：71 - 73.

第4章　高管团队知识覆盖与企业的双元创新

通过第3章的研究，我们发现创业型高管团队成员的知识结构会对企业创新与绩效产生一定程度的影响，这种影响是否也存在于其他企业？知识异质性已经被证明对企业创新具有正向影响，这是否意味着知识覆盖度对企业创新没有作用？本章将聚焦于高管团队知识覆盖度与企业双元创新之间的关系，旨在进一步探索企业创新的本源动力所在。

双元创新，即利用式创新和探索式创新，是企业在动态环境中平衡短期效率和长期适应性的重要策略。利用式创新侧重于改进现有产品和技术，探索式创新则致力于开发全新的产品和技术。两者的平衡对于企业来说至关重要，但实现这种平衡并非易事。高管团队作为企业战略决策的核心，其知识结构和覆盖范围对企业创新方向和发展效率具有深远影响。

然而，现有研究对高管团队知识覆盖与企业双元创新关系的理解尚不充分。尽管一些研究开始关注高管团队的人口统计特征和职能背景，但对高管团队知识水平和知识结构的探索相对较少。此外，知识覆盖作为团队知识结构的一个重要维度，其在创新决策中的作用也未得到足够的重视。本章通过探讨高管团队知识覆盖对企业双元创新的影响，同时考虑企业知识吸收能力的中介作用，为企业发展提供理论指导和实践建议。

4.1 背景与意义

2019 年底，新冠疫情突然来袭，导致我国经济遭受重创。面对百年未有之大变局，科技创新是应对危机的重要举措，深入推进创新发展战略亦是我国未来发展的重点方向[1]。创新是国家经济持续发展的核心动力，也是增强国际竞争力的重要源泉[2]。我国提出了一系列创新相关政策，以实现高质量发展。党的十九大报告就已经提出，创新是我国现代化经济体系建设的重要战略支撑，是推动国家发展的第一动力。“十三五”规划提出了以创新为首的五大发展理念。当下，创新已经成为促进国家经济发展的关键动力[3]。“十四五”规划强调，在知识经济时代，企业作为创新的主体，已经成为我国创新驱动发展战略实施的重要支撑，企业创新事关“创新型国家”建设。《2020 年全国科技经费投入统计公报》显示，2020 年我国投入的 R&D 经费高达 24393. 1 亿元，相比 2019 年增加了 2249. 5 亿元。其中，由企业主导的创新投入在我国所有创新投入中的占比高达 76. 6%。由此可见，企业创新在我国创新体系中占据了重要位置。对于企业自身而言，在瞬息万变的市场环境中，创新可以帮助其赢得市场的主动权，有利于企业建立竞争优势，提升自身的创新绩效，从而推动市场经济的发展[4]。

4.1.1 双元创新

近些年来，我国企业的创新水平不断提升，但创新力度和创新效率与世界顶尖水平相比仍处于弱势。互联网的高速发展与新兴技术的产生加剧了市场竞争，要想在竞争日益激烈的市场环境中立足，单一的创新形式已经无法让企业长久地维持竞争优势，双元创新有利于构建企业核心竞争力，逐渐成为提升企业创新效率，帮助企业抢占市场的必然选择[5]。双元创新理论指出，双元创新可以划分为利用式创新和探索式创新。目前，双元创新也是创新管理领域学者们关注的热点话题，学者们认为，在日益动荡的市场环境下，既要进行以企业现有资源为基础，旨在改进现状的利用式创新，也要开展脱离企业现有知识基础，旨在开拓新知识的探索式创新[6][7][8]。若仅依靠利用式创新，对现有知识的过度依赖将阻碍企业长期发展；如果只开展探索式创新，企业需要承担的风险极大，容易落入“失败陷阱”。因此，为了企业持续性的发展，应当同时兼顾两种创新，通过双元创新提高企业的整体创新水平[9][10]。面对竞争多元化的市场环境，企业的关注点不应停留在是否需要实现双元创新的问题上，而要关注如何提高双元创新能力，如果无法实现有效的双元创新，企业将在市场竞争中失去竞争优势而被淘汰，诺基亚就是典型的例子[11]。因此，探究企业双元创新的影响因素以及提升企业双元创新能力的方法，将为企业带来长期发展的优势，对促进我国经济发展具有重要意义。

4.1.2　高管与创新

迄今为止，有关企业双元创新的影响因素引发了学者的广泛探讨，其中，Hambrick 和 Mason[12]从企业高管团队的角度切入，于 1984 年提出了高层梯队理论。他们认为，高层管理团队作为企业战略决策的主体，影响着创新决策与战略方针的制定与执行，是对企业双元创新最具影响力的团队。因此，高管团队对企业双元创新的发展至关重要[8]。企业如何有效实现双元创新，在很大程度上取决于高管团队[13]。由于利用式创新与探索式创新的特点不同，高管团队对两种创新活动的影响也可能不同。早期有关高管团队与双元创新的研究主要集中在高管团队成员的人口统计特征、职能背景等方面[14][15]。近些年来，又有研究指出，高管团队的知识水平与结构对企业创新水平也有一定的影响[16][17][18]。随着市场竞争的日益激烈与信息技术的快速更迭，知识已经成为企业创新最有价值的无形资产和最有优势的核心竞争力[19][20]。有关团队知识结构的研究，现有学者主要是从高管团队知识异质性的角度展开[20][21][22]，忽视了团队知识覆盖在创新决策中的作用。知识覆盖作为知识要素的另一个维度，相较于知识异质性，其相关研究十分鲜见，但却是不可忽视的[23]。高管团队作为企业最高的决策主体，在制定与实施创新战略的过程中起着决定性作用，团队成员间的知识覆盖能够促进彼此之间的交流与沟通，有利于组织间的信息交流与共同决策，对企业的生存与发展都具有重要影响[24]。因此，有必要探讨高管团队知识覆盖对企业双元创新的作用机制，从而更加明晰高管团队知识覆盖与企业双元创新之间的关系。

在信息快速更迭的知识经济时代，市场环境的不确定因素会导致企业面临各种突发性问题，如果单纯依靠企业自身的内源知识与资源，难以顺利实现双元创新[25][26][27]。特别是对创造性要求更高的探索式创新，需要企业不断地吸收外来知识，通过团队内部的知识共享与交流融合，对企业内有价值的知识进行有效的转化与利用，如此才能维持创新动力以实现双元创新[28][29]。因此，本书认为，将高管团队知识覆盖与企业双元创新联系起来的关键在于企业的知识吸收能力，即高管团队知识覆盖与双元创新之间可能存在“高管团队知识覆盖—知识吸收能力—企业双元创新”这一发展路径。Zahra 和 George（2002）[30]基于动态能力视角，认为知识吸收能力主要包括知识的获取、吸收、转化和利用四个维度，并将其划分为潜在吸收能力与现实吸收能力。一方面，高管团队知识覆盖促进团队内部知识的流动，带来团队凝聚力，有利于企业对外来知识的吸收与利用；另一方面，良好的知识吸收能力有助于企业发展独特性资源，进而影响企业的双元创新活动[31]。

基于以上考量，我们认为有必要梳理和分析高管团队知识覆盖、企业知识吸收能力、企业双元创新之间的内在逻辑与深层机理，同时深入探讨企业知识吸收能力在知识覆盖与企业双元创新关系中发挥的中介作用，目的在于明晰高管团队知识覆盖对企业双元创新的影响机理，丰富企业创新的研究视角和理论成果，深化相关问题的理解，在企业的管理实践中充分发挥高管团队知识覆盖的优势，进一步提升企业的双元创新水平。

4.1.3　研究的意义

（1）理论意义：①从知识覆盖的角度切入，着重探讨高管团队的知识覆盖将如何对企业创新产生影响，弥补现有文献关于团队知识结构和知识水平对企业创新研究的不足，拓展了企业创新影响因素的研究，丰富现有与知识、创新相关的理论。②有别于以往关于团队知识结构、知识水平与企业创新关系的研究，本书将细化企业的创新活动，厘清利用式创新与探索式创新的差异，不再局限于单一的创新活动，区分高管团队知识覆盖对两种创新活动的影响。③结合机器学习和二模网络的方法，将高管成员知识的分类与计量研究引入企业创新问题，尝试不同的理论探索方式。④通过引入吸收能力这一中介变量，为高管团队知识覆盖度与企业创新关系的研究提供了新思路，拓展了研究框架，有利于从新的角度去分析高管团队对企业创新的影响。

（2）实践意义：①有助于企业加强对高管团队知识覆盖重要性的认

识。高管团队作为企业最高的决策主体，对企业创新战略的制定与实施都至关重要。探究高管团队知识覆盖与企业创新之间的关系，有助于企业意识到高管团队知识覆盖对企业双元创新活动的影响。②对高管团队成员的选择具有重要影响，有助于企业以知识为依据合理布局成员构成，降低创新失败的风险。组建合理的高管团队既是应对复杂市场环境的需要，也是提高企业创新水平的必然要求。③有助于企业开展双元创新活动，高管团队成员若能够匹配企业创新所需的目标知识与认知，并达到一定程度的覆盖，就能够适当减少团队内部产生的冲突，为创新活动注入动力，从而有利于创新过程，提高创新水平。

4.2 现有研究情况

4.2.1 企业双元创新

新兴技术加剧了市场竞争，创新是企业长久维持竞争优势的必然选择。双元创新也属于创新，它是创新逐渐发展的产物。区别于以往人们对创新的定义，双元创新划分了两种不同类型的创新活动[32]。在此之前，学术界一直将企业的创新看作是同质性活动。“双元性”一词最早由美国学者 Duncan 于 1976 年提出，他在管理学中提出了“双元”的概念，用来形容组织的能力，并指出一个组织会追求两种不同却又互补的目标，但这里的“双元”并未涉及具体的维度。直到 1991 年，March 首次阐述了双元理论，划分了双元的维度，并将其应用到组织学习中。March 认为，组织学习行为可以分为利用式学习与探索式学习，前者注重改善现有能力、知识体系等，后者强调革新、突破以往的惯例[33]。随着研究视角的逐步深入，双元理论已被学者们拓展到了企业创新的研究范畴，为学术界在创新领域创建了一个新的研究角度与研究思路。Tushman 和 O'Reilly 首次提出企业双元创新的概念，并指出企业在不同的发展阶段应当开展不同的创新活动，用以维持竞争优势[34]。Benner 和 Tushman 根据创新活动的风险、收益等特征，将企业的双元创新划分为利用式创新与探索式创新，并认为利用式创新和探索式创新是两种不同的创新活动，利用式创新旨在改善现有产品与服务，是基于已有的资源基础以优化为目的进行的创新活动；探索式创新旨在拓展新市场，是基于现有知识体系以外的知识，以开发新产品、开辟新市场为目的进行的创新活动[35]。两种创新活动所依据的内容以及对知识的利用目的有所不同。结合以往文献，我们将利用式创新定义为企业在现有知识与资源基础上进行改进的创新活动，为企业带来短期的经济效益；将探索式创新定义为脱离企业现有的知识与资源进行革新的创新活动，为企业开拓新市场，实现长期利益[36][37][38]。

由于双元创新的研究视角比较新颖，研究内容较为独特，逐渐成为管理学领域的热点话题。有关双元创新的研究还处于发展与完善的阶段，一直以来学者们都热衷于探讨利用式创新与探索式创新该如何选择的问题，学术界存在两种观点：一种观点认为，利用式创新与探索式创新的思维模式、策略目标等有所差异，导致两种创新活动存在潜在的对立关系，在企业发展过程中两者属于难以共存的矛盾关系[39]；另一种观点认为，两种创新活动存在互补关系，在企业的发展过程中，两者间呈现交互促进的趋势而不是此消彼长的趋势，企业可以通过合理配置资源来同时协调两种创新活动，以实现二者的共存，对弥补企业创新动力不足的问题具有积极作用，能够提高创新绩效[40][41]。随着研究的深入，双元创新的“取舍”逐渐被“平衡”代替。本书也认为，应该同时兼顾给企业带来稳定收益的利用式创新和为企业提供长远发展优势的探索式创新，任何一种创新活动都不能被忽视，两者对企业的生存与发展都非常重要，缺一不可。过分依靠利用式创新会使企业陷入“组织惯例”，眼界限制于历史的经验中，不利于企业适应外部复杂的环境以及拓展新能力[42]；反之，对探索式创新的过分重视可能会导致企业陷入“失败陷阱”，使其产生较高的成本并承担较大的风险，不利于企业的生存与发展[43][44]。鉴于此，我们要合理地平衡两种创新活动，否则不论企业偏向于哪一种创新，都会在不同程度上阻碍企业的发展[45]。

双元创新对企业实现创新驱动发展、维持长期竞争优势起决定性的作用[9]，通过双元创新可以提高企业整体的创新水平[46]。因此，如何有效地实现双元创新，成为学术界关注的重点话题以及企业面临的共同难题。有关企业双元创新的影响因素，受到了学者们的广泛探讨，主要分为两大类：宏观影响因素和微观影响因素。

宏观影响因素主要从政府补贴、市场环境、组织冗余、社会资本等方面进行阐述。首先，有关政府补贴对双元创新的影响，毕晓方等（2017）研究表明，政府补贴对企业的探索式创新投资有显著的正向作用，但对企业的利用式创新投资不产生显著影响[47]；李传宪和黄丽（2019）却发现，在新能源上市公司中，政府补贴能够有效激励企业对利用式创新与探索式创新的投入[48]，可能的原因在于两者的研究样本不同，前者将高新技术上市企业作为研究样本，后者以新能源上市公司为研究样本。其次，当企业处于动态环境中时，企业的经营状态呈现不确定式，外部环境的竞争愈发激烈，会触发企业开展双元创新的决心，因而外部的动态环境也会对企业双元创新产生影响[15][49]。最后，李强和朱倩玉（2019）通过探究组织冗余、股权结构、双元创新投资三者间的关系，发现组织冗余对企业的探索式创新投入具有明显的推动作用，但对利用式创新没有显著的影响[50]。张钰等（2013）基于社会资本理论，认为企业双元创新还会受到社会资本的影响，他们研究了社会资本的三个维度分别对双元创新产生的作用效果，结果表明结构资本对利用式创新与探索式创新均有明显的积极作用，关系资本与两种创新均呈现倒“U”形关系，而认知资本对两者的影响有所区别，其中，与利用式创新显著正相关，与探索式创新呈现倒“U”形关系[51]。

微观影响因素主要从高管特征、股权激励、战略导向、网络密度、企业研发强度、企业技术特征等方面进行阐述。首先，高管特征主要分为两大层面：一是高管个人层面。Wong 等（2017）研究表明，企业的首席执行官（Chief Executive Officer，CEO）过度自信会促使他们偏向于开展探索式创新，最终导致企业的双元创新失衡[52]；王维等（2018）也发现，CEO 的自恋会对双元创新产生影响[53]。二是高管团队层面。薛媛（2018）通过研究高管团队特征对企业双元创新产生的影响，发现高管团队特征的三个维度，即高管团队的学历、经历以及性别多样性都会对企业的双元创新产生正向影响[54]；朱磊等（2017）认为，高管的任期长短也会对企业双元创新的投资产生影响[15]；Berraies 和 Abidine（2019）通过实证检验了领导风格会对企业双元创新产生影响，其中，变革型领导风格会对企业开展探索式创新作出重大贡献，变革型和交易型领导风格均有助于推动利用式创新的进行[55]。其次，邵剑兵、吴珊（2020）的研究表明，股权激励对高新技术企业的探索式创新具有显著的促进作用，但对其利用式创新呈现倒“U”形关系[56]。Kortmann（2015）从战略导向出发，探究决策导向、创业导向和创新导向对双元创新的影响，结果显示均有显著的促进作用[57]。徐露允等（2018）对知识网络密度与企业双元创新绩效之间的关系进行了研究，发现提升知识网络密度有利于提高利用式创新绩效，却降低了企业的探索式创新绩效[58]。曾德明等（2016）研究显示，企业研发强度也会对双元创新的两种创新活动产生影响，且都是积极的，但随着研发强度的增大，企业对开展利用式创新的需求也越来越大[8]。最后，张庆垒等（2018）认为，企业双元创新还会受到企业技术多元化的影响，实证分析显示，技术多元化既能促进利用式创新，也能促进探索式创新，且对探索式创新的影响更大[59]。

通过梳理以上文献，可以发现目前学术界对有关双元创新的影响因素研究颇为丰富，但从高管团队层面来看，几乎没有关于高管团队知识覆盖与企业双元创新的关系研究。高管团队作为企业的最高决策组织，是对企业双元创新最具影响力的团体，引导企业追求长期利益、开拓新市场，同时利用现有优势获取短期效益以实现双元创新的平衡，其知识水平和知识结构也是决定企业创新战略决策的关键因素[18][60]。随着国际竞争的不断加剧和信息技术的快速更迭，知识已经成为企业最有价值的无形资产。知识基础观认为，知识具有复杂性、不确定性以及难以模仿等特性，成为企业发展最有潜在优势的核心竞争力[61]。因此，研究高管团队知识覆盖对企业双元创新的作用机理，十分有必要。

4.2.2 企业的知识吸收能力

知识经济时代的到来使知识成为企业最宝贵的无形资产，仅凭借自身的知识与资源，难以在瞬息万变的市场竞争中站稳脚跟[20][62]，企业愈发依赖通过结合外部知识以实现自身能力的提升，吸收外部的知识与资源已经成为企业开展创新活动、维持竞争优势不可或缺的要素[63]。汲取外部知识固然重要，对获取的知识进行高效管理同样不可忽视。知识管理理论认为，知识学习是企业维持竞争优势的动力源泉，不应囿于原本存在的知识库，还需不断汲取外来的新知识与新技术，并通过高效地管理知识以实现革新，这一过程体现的就是企业的知识吸收能力[64]。知识吸收能力对企业创造价值、开展创新活动起着重要的作用[65]。向永胜和古家军（2017）也通过实验表明，双元创新中的利用式创新和探索式创新均会受到企业吸收能力的影响[66]。

有关知识吸收能力的研究最早出现于 1990 年，Cohen 和 Levinthal（1990）首次在管理学领域提出知识吸收能力的概念，他们认为知识吸收能力指组织对外部新知识进行识别、评价、消化，从而实现商业目的的能力[67]。这一概念表述广受学界认可，此后，众多学者在其提出的概念基础上又加深了对知识吸收能力的理解。Kim（1998）将企业知识吸收能力视为企业在发展过程中组织学习与解决问题的能力[68]。Dyer 等（1998）认为，企业的知识吸收能力是企业获取、吸收、利用外部知识的能力[69]。Zahra 和 George（2002）发现，知识吸收能力其实更偏向于一种动态的能力而非静态的能力，他们基于动态能力理论提出知识吸收能力是企业对新知识与新技术的获取、消化、转化、利用，从而产生动态组织能力的一系列过程，能够有效维持企业的竞争优势。另外，他们还将这四个过程划分为两个既独立又互补的能力：潜在吸收能力和现实吸收能力，前者重视知识的获得与吸收，该过程注重外部知识的获取途径与企业内部对知识的理解；后者强调知识的转化与利用，此过程注重新旧知识的结合以提出新的见解[30]。Lane（2006）在接受 Zahra 和 George 观点的基础上重新定义了知识吸收能力，他认为知识吸收能力表现为三个连续的过程：识别和理解外部的新知识、吸收具有潜在价值的知识、应用所吸收的知识实现商业价值[70]。Lichtenthaler（2009）也认为，知识吸收能力是一种动态能力，由三个阶段组成，分别是认识和了解外部新知识、激活外部知识、重组和应用外部知识[71]。李桂华（2020）等指出，企业的吸收能力表现为一系列动态过程，通过获取、吸收、转化和应用新知识来维持企业的竞争优势[72]。

通过梳理以往文献对知识吸收能力的描述，可以看出学术界关于知识吸收能力的概念表述经历了由静态到动态的转变过程，区别在于后者将知识吸收能力视为企业的一种动态实践过程，这个过程是可以被观察的。考虑到现有文献大多是基于Zahra和George（2002）的研究提出知识吸收能力的过程观点，本书也参考Zahra和George（2002）的观点对知识吸收能力进行界定，将其分为潜在吸收能力和现实吸收能力，前者包括对新知识的获取与吸收，后者包括对新知识的转化与利用。其中，知识的获取指获取对企业自身有潜在价值的知识，知识的吸收指处理与分析获取的外部知识，知识的转化指将新获得的知识与旧知识进行整合，知识的利用指通过整合新旧知识去完善现有的知识体系或开拓新技术。

解学梅和左蕾蕾（2013）指出，知识吸收能力是知识与创新之间的转化工具[73]。潘洪亮（2018）基于吸收能力理论，说明知识吸收能力是企业开展双元创新的关键要素[74]。现有研究也普遍认为知识吸收能力对企业的创新活动具有促进作用。企业的知识吸收能力能够帮助企业充分地融合内部知识与新获取的外部知识，为其争取先发优势，提升企业双元创新的能力[75][76][77]。李子彪等（2019）认为，企业的吸收能力越强，就越能够充分利用好外部获取的新知识，为创新活动的顺利开展提供保障[78]。Cepeda - Carrion等（2016）研究表明，知识吸收能力正向作用于企业的创新绩效，知识吸收能力帮助企业将新知识有效转化为新产品，推动企业创新活动的开展[79]。Najafi - Tavani等（2018）指出，企业的知识吸收能力能够促进其将合作创新网络中获得的新知识市场化，企业进行双元创新的能力将得到有效提升[80]。郭尉（2016）认为，企业要想通过实现知识价值的最大化来提高创新绩效，知识吸收能力是其不可或缺的基础[81]。向永胜和古家军（2017）的研究表明，不管双元创新中的哪一种创新，均会受到企业知识吸收能力的影响[65]。可见，学术界关于知识吸收能力与企业创新之间的关系研究较为丰富。然而，为了更好地揭示企业知识吸收能力与双元创新的内在机理，本书参考Zahra和George（2002）的观点，将知识吸收能力划分为潜在吸收能力与现实吸收能力，但目前有关这两种既独立又互补的知识吸收能力能否独立地影响企业双元创新的研究仍然较少，还有待探讨[82]。因此，有必要研究潜在吸收能力与现实吸收能力各自对双元创新的影响机制。

由于知识吸收能力对企业创新的正向影响得到了学术界的广泛认可，面对当前瞬息万变的市场竞争环境，企业如何有效提高知识吸收能力也成为当下学者们探讨的热点话题。针对企业知识吸收能力的影响因素，学者们从不同的视角展开研究。影响企业知识吸收能力的因素大致可以分为企业内部因素和企业外部因素两大类，内部因素主要有企业知识基础[66][83]、企业组织结构[81][84]、企业高层管理[85][86]等，外部因素主要包含社会网络关系[87]、外部知识属性[82]等。不论是哪种因素，对企业知识吸收能力产生的影响无非就是两个层面：一是能否为企业带来新的有价值的知识，二是企业本身是否有能力将这些新知识内化。这也是大多数学者的研究方向。因此，企业对知识的理解就显得非常重要。Mancusi和Maria（2008）表示，若团队内部的知识结构存在一定的相似性，那么企业对外部知识的理解与吸收就会更容易，一定程度的知识邻近性能够有效提升企业对外部知识的内化效率[88]。鉴于知识的复杂性和积累性，高管团队成员之间具备一定程度的知识覆盖，有利于形成良好的沟通氛围，降低沟通障碍，方便知识在团队内部的共享，同时为企业吸收外部知识创造有利条件，企业的知识吸收能力因此受到影响。因此，本书认为有必要研究高管团队的知识覆盖与企业知识吸收能力之间的关系。此外，张洁等（2012）通过实验表明，企业的知识吸收能力在企业知识结构与创新绩效之间具备一定的中介效应[89]。翟瑞瑞等（2016）以创新型企业为样本，实证结果显示，企业的知识吸收能力在创新绩效的影响路径中也发挥了中介作用[90]。就高管团队知识覆盖与双元创新之间的关系而言，已有研究表明，企业的吸收能力是影响企业获取知识与开展双元创新活动的关键因素[6][91]。本书认为，企业知识吸收能力是高管团队知识覆盖与企业双元创新的中间要素，即高管团队知识覆盖与企业双元创新之间可能存在“高管团队知识覆盖—知识吸收能力—双元创新”的发展路径。据此，我们将企业的知识吸收能力视作中介变量一并纳入研究框架。

4.2.3 高管团队知识异质性与知识覆盖

企业在日益激烈的市场竞争中长期维持竞争优势的关键在于创新，高管团队作为企业战略决策的主体，影响着创新决策和战略方针的制定与执行，对企业开展创新活动起着重要作用[8][9][89]。早期有关高管团队与双元创新的相关研究主要集中在高管团队成员的人口统计特征、职能背景等方面[14][15]。近些年来，有研究指出高管团队的知识水平与结构对企业创新水平也有一定的影响[16][17][18]。

随着信息技术的快速更迭，知识已经成为企业创新最有价值的无形资产和最有优势的核心竞争力[19][20]。有关团队知识特质的研究，现有学者对其异质性与企业创新的关系进行了广泛探讨。知识异质性为企业提供了潜在的机会来摆脱已有的创新思想，去探索更多新的创新观点和资源[92]。知识异质性还能促使企业从不同角度看待问题，多方位思考，让企业对现有的理念和技术有更深入的了解，将对自身有用的信息与知识纳入企业的知识架构，有利于知识的重组，从而增加了创新的机会[93]。

与此同时，有学者认为在研究知识异质性给企业创新带来积极影响的同时，还应关注其带来的负面影响。段光和杨忠（2014）认为，知识异质性是一把双刃剑，给企业带来良好资源的同时也会阻碍知识的有效利用[94]。曹勇等（2016）指出，要想推动创新的价值，知识异质性是不可或缺的，这样才能激发企业产生创新思想，但过度的异质性会导致知识整合复杂化，因此，要辩证地看待知识异质性与创新的关系[95]。

Leeuw 等（2014）也发现，企业的认知水平与过高的知识异质性不相容，会产生较高的知识转移成本，使创新规模的经济效益不佳，从而减少了创新成功的可能[96]。岳鹄等（2018）认为，知识异质性越高，企业就越要投入大量的人力、物力以及财力，耗费企业大量的资源去整合[97]。当知识异质性超过一定的阈值后，由于个体的认知水平和经验有限，在一定程度上会约束企业对异质性知识及其复杂关系的理解，阻碍知识交流的过程，从而减少创新的产生[23][98]。综上所述，目前学者们对知识异质性与企业创新关系的研究较为丰富，但忽视了团队知识覆盖在创新决策中的作用。

知识覆盖作为知识要素的另一个维度，相较于知识异质性，其相关研究十分鲜见，但却是不可忽视的[23]。知识覆盖指不同成员之间拥有共同知识所达到的程度，探讨的是成员间知识的交集问题[99][100]。它并不是知识异质性的对立概念，多数研究认为两者分别属于知识要素的两个维度，而非一个维度的两个反向端点，且这两个维度是可以并存的。例如，一个拥有不同知识背景的团队，具有多样性与低覆盖度的特性，而一个具有一定知识范围的通才团队，则兼具了多样性与高覆盖度的特性[97]。适当的知识覆盖可以降低因知识多样性带来的知识转移的挑战。在企业的成长阶段，由于自身缺乏成熟的认知能力与经验，与相同知识源保持紧密联系能够促进知识共享体系的建成，提升企业的创新能力[101]。曹勇等（2016）也认为，企业应该尽可能地吸收与自身知识结构相同或相似的外部知识，因为高相似度的知识促进了两者间知识的转移和利用，而知识间的差异会导致企业需要耗费大量的时间精力去整合知识，从而使知识的吸收效率大大降低，吸收成本也大幅度提高[102]。Frankort（2016）指出，合作伙伴之间拥有的知识越相似，越有利于知识的共享和获取，从而提高创新绩效[103]。王海花（2019）认为，创新主体间的知识存在一定程度的邻近性，有助于彼此之间的相互沟通与互动，维持稳定的合作关系，从而共同促进企业的创新发展[104]。若组织间的知识覆盖较少，则需要消耗大量的时间和精力去学习新知识，吸收能力和效率会受到负面影响，从而降低了组织间的学习效率[105][106]。当共同知识非常多的时候，知识存在着很大的同质化现象，可以被企业内部进行整合与吸收的知识越来越少，这对扩展企业自身的知识架构不利，还会降低创新的可能性[107]。以上文献虽然是从知识覆盖的角度进行切入，但大多探讨的是组织间的影响关系，鲜有学者探究企业内部知识覆盖与企业创新之间的关系。

基于相似相吸理论，高管团队的知识异质性往往会导致团队内部产生交际冲突与沟通障碍，降低团队凝聚力，导致成员之间无法及时交换有利信息，阻碍知识叠加效应的发挥。因此，企业整合外部知识需要耗费大量的精力，一方面影响企业的吸收能力从而阻碍双元创新的发展，另一方面导致企业无法全面考虑各种问题而制定出缺乏灵活性的战略决策[9][108][109][110]。知识覆盖作为知识要素的另一个维度，与知识异质性截然不同。Grant（2004）指出，共同知识的存在是知识整合的必要条件，共同知识即为成员之间知识的交集部分，为两者间的知识共享与整合夯实了基础[111]。成员之间拥有一定量的共同知识，有助于增进成员间的交流并建立信任[24]，有效提高成员之间知识共享的效率，不同思想的相互碰撞有利于迸发出新思想，帮助企业全面且多方位地掌握市场信息，从而有针对性地提出并实施双元创新战略[9][112][113][114]。刘学元等（2016）认为，由于成员之间拥有一定程度的共同知识，对彼此间的想法较为熟悉，有利于统一各成员的行径，方便企业快速甄别外部知识并内化为己用，提高企业的吸收能力，从而推进创新活动的进行[85]。Mancusi 和 Maria（2008）表示，知识结构相似的组织往往更容易吸收外部知识，成员之间具有适当的知识邻近性能够有效提高企业吸收与利用知识的效率[86]。知识邻近性还能够帮助主体之间建立信任感，从而减少知识共享和转移过程中遇到的阻碍与隔阂[115]。可见，若高管成员之间拥有一定程度的共同知识或存在相似的知识结构，也会对企业的创新产生影响。

4.2.4　研究总评

通过文献梳理，我们发现目前学术界从高管团队的角度切入，在研究其与企业双元创新的关系中，几乎没有关于高管团队知识覆盖与企业双元创新关系的研究。高管团队作为企业的最高决策组织，是对企业双元创新最具影响力的团体，其知识水平结构亦是决定企业创新战略决策的关键因素[18][59]。随着国际竞争的不断加剧和信息技术的快速更迭，知识已经成为企业最有价值的无形资产[17]。有关团队知识特质的研究，现有学者对其异质性与企业创新的关系进行了广泛探讨。知识覆盖作为知识要素的另一个维度，相较于知识异质性，其相关研究却十分鲜见[23]。因此，有必要从知识覆盖的角度去探讨高管团队知识覆盖与企业双元创新之间的关系。

此外，在信息快速更迭的知识经济时代，市场环境的不确定因素会导致企业面临各种突发性问题，如果单纯依靠企业自身的内源知识与资源，难以顺利实现双元创新[25][26][27]。特别是对创造性要求更高的探索式创新，需要企业不断地吸收外来知识，通过团队内部的知识共享与交流融合，对企业内有价值的知识进行有效的转化与利用，如此才能维持创新动力以实现双元创新[28]。解学梅和左蕾蕾（2013）也指出，知识吸收能力是知识与创新之间的转化工具[73]。因此，联系高管团队知识覆盖与企业双元创新的关键在于企业的知识吸收能力，即高管团队知识覆盖与双元创新之间可能存在“高管团队知识覆盖—知识吸收能力—企业双元创新”这一发展路径。

4.3
研究思路与方法

4.3.1 研究思路

通过对高管团队知识覆盖、企业知识吸收能力与企业双元创新相关文献的梳理，结合创新理论、资源基础理论、社会认同理论与高阶理论，将高管团队知识覆盖、企业知识吸收能力与企业双元创新三者一并纳入同一研究框架，分析三者间的关系以及吸收能力的中介效应，并提出相应的研究假设，然后构建实证模型，通过实证研究总结出相应的研究结果。

首先，梳理文献。通过整理并分析与本书主题相关的国内外现有文献，总结出本书所涉及的各变量的基本内涵与维度。了解学术界现有的研究成果，对变量间的相关关系进行文献述评，发现现有研究需进一步完善的地方，阐述与本书的切合点，为后续构建理论模型、提出研究假设提供文献参考依据。

其次，构建高管团队知识覆盖对企业双元创新影响的理论模型。从理论层面分析并明确高管团队知识覆盖、企业知识吸收能力、企业双元创新三者间的整体关系，以及企业的知识吸收能力在高管团队知识覆盖与企业双元创新之间发挥的中介效应，构建总体理论模型并提出相应的研究假设。

再次，完成高管团队知识覆盖度的测度。构造企业关于高管团队成员—知识的二模网络，计算其认知相似性来测度团队的知识覆盖度，但构造二模网络的前提是对高管成员所具备的知识有清晰的分类，需要明确二模网络中每一位高管成员所拥有的知识类别，通过构建 LDA 概率主题模型来实现这些功能。因此，需要经过数据预处理、确定最佳主题数、构建 LDA 概率主题模型、合并主题、计算概率阈值以及二模网络相似性的计算这一系列步骤。

最后，完成高管团队知识覆盖影响企业双元创新的实证检验与分析。在理论分析与实证模型的基础上，对样本数据展开描述性统计、相关性分析、共线性检验、回归分析与稳健性检验，得出高管团队知识覆盖、企业知识吸收能力、企业双元创新三者间的关系，以及企业知识吸收能力的中介效应，用以检验理论研究假设是否成立，为后续的研究总结提供实证依据。

4.3.2　研究方法

本章延续第 3 章的研究方法，实现上述研究思路。

（1）文献分析法。系统地搜索并阅读大量与研究内容相关的国内外期刊文献，归纳并提炼重要文献的信息内容，厘清相关的概念内涵，为文章积累充分的理论基础。对本书而言，文献分析法主要用于文献综述、理论基础与研究假设部分。利用中国知网、维普、万方、Web of Science、Emerald 等国内外权威数据库，对“高管团队”“知识覆盖”“企业双元创新”“吸收能力”等关键词进行期刊文献搜索，同时也参考了与研究内容密切相关的硕博学位论文。首先，梳理并述评国内外相关文献，了解当前的研究现状与趋势，从而发掘本书的研究意义；其次，界定各个研究变量的概念内涵，总结会涉及的相关理论，为后文的研究提供充分的理论基础；最后，掌握各研究变量间的关系与发展进程，为后文通过逻辑推理提出研究假设做好准备。

（2）二模网络模型。自 Burchard 和 Cornwell[116] 提出二模网络的概念，学术界也逐渐借助二模网络来研究问题，经典的二模网络有[117][118][119] 社会—知识二模网络、区域—技术二模网络、城市—技术二模网络等。本章将继续沿用第 3 章的方法，通过构建高管团队成员—知识二模网络，将高管团队成员与知识两个类别的元素连接起来，从而确定高管团队成员所拥有的知识类别，用以测量企业高管团队的知识覆盖。一个高管可以同时掌握多种知识类别，同一类型的知识也可以被多个高管共同拥有。将高管与知识的节点及其对应关系融入同一网络，就构成了高管团队成员—知识二模网络。

（3）文本挖掘。目前，文本挖掘的技术在大数据的发展下逐渐成熟，应用于各行各业中。常见的文本挖掘方法有文本主题模型、文本分类、情感分析等。其中，文本主题模型正是本书所应用的方法。当下学术界常用的主题模型有概率潜在语义分析（PLSA）和隐含狄利克雷分布（LDA），二者皆是无监督的机器学习方法，用于从大量的文本数据中发现潜在的主题信息。PLSA 是以最大似然与产生式模型为基础的概率模型[120]，LDA 则是在 PLSA 的基础上将模型参数改成随机变量并加入了先验分布[121]，弥补了 PLSA 模型可能存在过拟合现象的不足。因此，采用 LDA 主题概率模型对高管团队成员的简历文本进行文本挖掘，能够完善高管知识的分类研究。

（4）实证检验。实证分析法主要用于研究假设的检验部分。首先，构建各研究变量的测量指标，有解释变量高管团队知识覆盖、被解释变量企业双元创新和中介变量知识吸收能力；其次，根据之前设定的研究假设，构建相关的回归模型；最后，借助 Stata、SPSS 等统计分析软件对研究样本数据进行描述性统计、相关性分析、多重共线性检验、回归分析与稳健性检验，以期检验出高管团队知识覆盖是如何影响企业双元创新的，以及企业知识吸收能力在高管团队知识覆盖与企业双元创新中是否存在中介效应。通过实证检验，分析本书提出的研究假设是否成立，并对结果进行述评。

4.4 构建高管团队知识覆盖对企业双元创新影响的理论模型

4.4.1 高管团队知识覆盖与双元创新

高层阶梯理论认为，高管团队是企业发展过程中制定战略决策时影响力最大的管理层[8][59]，与企业创新活动的开展密切相关[121][122]。高层阶梯理论被提出以前，学术界对高管的相关研究只涉及高管个人领域，然而企业的发展战略并不是由一个人拍板决定，还会受到高层中其他管理者的影响。直到 Hambrick 和 Mason（1984）提出高层阶梯理论，打破了以往研究仅对单一高层管理者进行探讨的局限性，开始强调高管团队的重要性。相较于高管个人，高管团队对企业的管理成果具有更强的解释力，企业良好的运营和发展都离不开高管团队的整体协同与配合，团队能够为企业决策带来更多价值参考[12]。因此，有关高管的研究重点从单一个体转向了团队整体。高管团队作为企业战略决策的主体，其知识水平与结构对企业的创新具有重要的影响[16]。高管团队知识覆盖反映了不同高管成员之间拥有共同知识所达到的程度，探讨的是团队内部知识结构的分布特征。基于相似相吸理论，成员之间存在一定的知识覆盖，能够有效促进团队成员之间的沟通与交流，减少沟通障碍，建立信任感[24]。社会认同理论的核心观点也认为，人们往往会对与自己相似的内群体产生好感，表现出乐观的态度，即高水平的社会认同感；相反，当面对与自己截然不同的外群体时，人们通常会反映出悲观的情绪，对其产生歧视与偏见[123]。因此，高管团队中具有相似知识结构的成员之间的交流更为顺畅，有助于构建良好的沟通氛围，形成和谐的工作关系，而知识结构具有较高异质性的团队，容易存在认知偏见，阻碍成员之间的知识交流，从而影响企业决策。团队内部的知识结构存在部分重叠或交叉的现象，能够促进知识在团队内部的共享，通过彼此间的知识交流，有利于实现知识的叠加效应[9][124]。同时，团队内部的知识流通越顺畅，越有利于企业全面掌握市场多方位的信息，从而有针对性地提出并实施双元创新战略[112]。另外，由于成员之间拥有一定程度的共同知识，从而对彼此间的想法较为熟悉，能更好地相互理解，有利于统一各成员的行径，提高团队的执行能力，方便企业快速评估潜在价值，甄别外部知识并内化为己用[85]。因此，不管是对现有知识与资源进行改进，从而为企业带来短期经济效益的利用式创新活动，还是脱离现有知识与资源进行革新，以追求长期利益为目的的探索式创新活动，高管团队的知识覆盖都对其顺利开展产生了积极影响。根据对双元创新的理解，我们从利用式创新与探索式创新两个维度提出以下假设：

H1：高管团队知识覆盖对企业利用式创新产生正向影响。

H2：高管团队知识覆盖对企业探索式创新产生正向影响。

4.4.2 高管团队知识覆盖与企业吸收能力

知识经济时代，企业愈发地依赖通过结合外部知识以实现自身能力的提升[62]。汲取外部知识固然重要，但对获取的知识进行高效管理同样不可忽视，这一过程体现的就是企业的知识吸收能力[63]。Zahra 和 George（2002）发现，知识吸收能力其实是一种动态的能力而非静态的能力，是企业为了实现对新知识与新技术的获取、消化、转化、利用这一系列过程，从而产生的动态组织能力。另外，他们还将这四个过程划分为两个既独立又互补的能力：潜在吸收能力和现实吸收能力，前者包含知识的获取与消化，后者强调知识的转化与利用[30]。高管团队作为企业影响力最大的管理层，对企业发展过程中创新战略决策的制定具有决定性作用[8]。鉴于知识的复杂性和积累性，高管团队成员之间具备一定程度的知识覆盖，有利于形成良好的沟通氛围，降低沟通障碍，方便知识在团队内部的共享，提高知识的传递效率，为企业吸收外部知识创造有利条件，企业的知识吸收能力因此得以加强[125]。同时，当高管团队存在一定程度的知识覆盖，即团队内部的知识结构存在一定的相似性，企业对外部知识的获取与消化就会更容易[6]。因此，高管团队知识覆盖能够促进潜在吸收能力。知识的转化和利用与团队内部的知识内化能力密切相关，一定程度的知识邻近性能够有效提升企业对外部知识的内化效率[86]。因此，高管团队知识覆盖也能够促进企业的现实吸收能力。相反，当高管团队知识覆盖度较低时，团队内部容易产生冲突和矛盾，降低团队凝聚力，导致各高管成员在制定决策时难以达成一致，也不利于成员间的知识共享以及对外部知识的理解与利用[9]。基于此，按照企业潜在吸收能力与现实吸收能力两个维度，提出以下假设：

H3：高管团队知识覆盖对企业潜在吸收能力产生正向影响。

H4：高管团队知识覆盖对企业现实吸收能力产生正向影响。

4.4.3　企业吸收能力与双元创新

知识吸收能力是知识与创新之间的转化工具，可以有效实现知识价值的最大化。潘洪亮（2018）基于吸收能力理论，认为知识吸收能力是企业开展双元创新的关键要素[72]。现有研究也普遍认为知识吸收能力对企业的双元创新，不管是利用式创新还是探索式创新均有助益[65][78]。然而，为了更好地揭示企业知识吸收能力对双元创新的内在影响，我们参考 Zahra 和 George（2002）的观点，将知识吸收能力划分为潜在吸收能力与现实吸收能力。随着潜在吸收能力的提升，企业持续获取并吸收外部知识的能力增强，有利于企业保持先发优势，方便快速响应市场需求[126]。同时，丰富企业自身的知识库，缓解内部资源不足的现象，促进知识更新，既有利于以改进现有产品与技术为目的的利用式创新，也有助于以开发新产品或新技术为目的的探索式创新[127]。随着现实吸收能力的提升，企业转化与利用外部新知识的能力越强，意味着企业更有能力去识别有价值的知识信息并将其内化，促进企业内外部知识的充分整合，不仅为企业提供了丰富的知识源，有利于优化现有的产品与技术，同时激发新的想法、新的思路，促使企业在新的产品与新的技术上取得突破，故现实吸收能力会促进利用式创新与探索式创新的开展[6]。据此，提出以下假设：

H5：企业潜在吸收能力对企业利用式创新产生正向影响。

H6：企业潜在吸收能力对企业探索式创新产生正向影响。

H7：企业现实吸收能力对企业利用式创新产生正向影响。

H8：企业现实吸收能力对企业探索式创新产生正向影响。

4.4.4 利用式创新与探索式创新

双元创新有利于构建企业的核心竞争力，逐渐成为提升企业创新效率以抢占市场的必然选择[32]。双元创新理论指出，双元创新分为利用式创新和探索式创新。有研究认为，利用式创新与探索式创新在思维模式、策略目标等方面存在部分差异，导致两种创新活动在企业发展过程中存在潜在的对立关系[39]。但也有研究表明，两种创新活动存在互补关系，在企业的发展过程中，两者间呈现交互促进的趋势，而不是此消彼长的趋势[40]。创新是一个长期积累、不断进步的过程[128]，通过持续开展利用式创新活动，不断对企业现有技术进行优化与改良，逐步积累，由量变产生质变，最终造就探索式创新的迸发[129]。由于探索式创新活动具有高风险的特点，初期阶段，其知识与技术等方面必然是不成熟的，需要不断地积累与完善，此时利用式创新的推动作用对其产生了重要的影响[130]。基于此，提出以下假设：

H9：企业利用式创新对企业探索式创新产生正向影响。

4.4.5　企业吸收能力的中介作用

传统的资源基础观是从内部的视角强调资源对企业的重要性，伴随着经济全球化，学者们逐渐意识到外部的资源同样能为企业带来竞争优势[68]。因此，新兴的资源基础理论不再局限于强调内部资源的价值，而是认为企业的内部资源与外部资源共同成为维持企业竞争优势的重要来源。同时，要充分合理地运用好内外部资源，以实现效益的最大化。知识作为最重要的资源，对企业的影响不言而喻[20]。

关于知识的获取与利用亦是企业维持其核心竞争力的关键。企业的知识吸收能力其实是知识与创新之间的转化工具[73]，为了更好地揭示知识吸收能力在企业发展过程中的作用，我们参考 Zahra 和 George（2002）的观点，将知识吸收能力划分为潜在吸收能力与现实吸收能力[30]。不论是潜在吸收能力还是现实吸收能力，都有利于企业丰富自身的知识库，缓解内部资源不足的现象。同时，知识吸收能力能够帮助企业充分整合内部知识与新获取的外部知识，既促进了以优化现有产品与技术为目的的利用式创新的开展，又为以实现新产品与新技术的研发突破为目的的探索式创新打下了基础[125]。良好的知识吸收能力需要企业对外部知识有着充分的理解，需要有能力将这些外部知识内化。若团队内部的知识结构存在一定的相似性，企业对外部知识的理解与吸收就会更容易，一定程度的知识邻近性能够有效提高企业对外部知识的内化效率[86]。

高管团队作为企业战略决策的主体，其所具备的知识水平与结构对企业的创新具有重要的影响[16]。因此，高管团队成员之间具备一定程度的知识覆盖，有利于形成良好的沟通氛围，降低沟通障碍，方便知识在团队内部的共享，同时为企业吸收外部知识创造有利条件。此外，面对瞬息万变的市场环境，单纯依靠企业自身的内源知识与资源难以顺利实现双元创新[27]。特别是对创造性要求更高的探索式创新，需要企业不断地吸收外来知识，通过团队内部的知识共享与交流融合，对企业内有价值的知识进行有效的转化与利用，如此才能维持创新动力以实现双元创新[28]。

因此，本书认为将高管团队知识覆盖与企业双元创新联系起来的关键在于企业的知识吸收能力，高管团队知识覆盖可以通过影响企业的知识吸收能力进而影响双元创新，即三者间存在“高管团队知识覆盖—知识吸收能力—企业双元创新”这一发展路径，企业的吸收能力在高管团队知识覆盖与双元创新之间发挥着中介作用。基于以上分析，提出以下假设：

H10：企业潜在吸收能力在高管团队知识覆盖与企业利用式创新之间具有中介作用。

H11：企业潜在吸收能力在高管团队知识覆盖与企业探索式创新之间具有中介作用。

H12：企业现实吸收能力在高管团队知识覆盖与企业利用式创新之间具有中介作用。

H13：企业现实吸收能力在高管团队知识覆盖与企业探索式创新之间具有中介作用。

4.4.6　理论模型总览

根据上述分析，建立关于高管团队知识覆盖、企业知识吸收能力与双元创新三者关系的概念模型，如图 4－1 所示。在此概念模型中，高管团队知识覆盖一方面直接作用于企业的双元创新，另一方面也通过企业潜在吸收能力与现实吸收能力间接作用于双元创新。

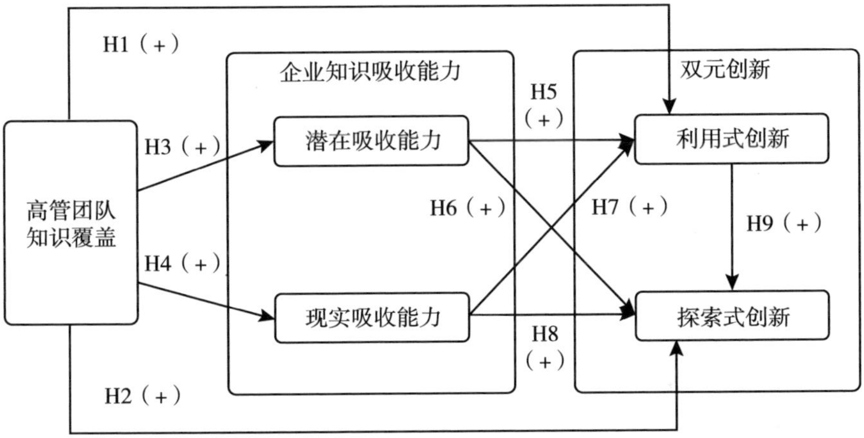

图 4－1　高管团队知识覆盖影响企业双元创新的理论模型

4.5 高管团队知识覆盖影响企业双元创新的实证检验

4.5.1　样本数据的选取

选取 2011—2019 年全部 A 股上市公司为初始研究样本。高管团队成员信息来源于国泰安（CSMAR）中上市公司的人物特征数据库；企业相关的专利数据来源于 Incopat 数据库；企业其他相关数据均来源于国泰安数据库。数据收集与处理运用 Excel 2010 和 Python 3.9，数据分析运用 Stata 16.0。

为了确保数据的有效性，避免异常值对最终结果的影响，对收集到的样本进行如下筛选：①剔除金融行业的样本，这类样本在制定财务制度与核算财务报表等方面与其他行业有所不同；②剔除 ST 和*ST 的样本，有财务状况或其他异常状况的企业数据容易对结果造成影响；③剔除相关变量缺失或存在异常值、极端值的样本，确保研究结果的有效性。经过初步筛选，最终获得 446 家企业数据，以及 1429 位高管成员数据。

4.5.2 变量选取与度量

4.5.2.1 双元创新

本书的被解释变量是企业的双元创新，即探索式创新和利用式创新。目前学术界衡量双元创新的方法主要分为四种：一是问卷调查法，通过设计问卷题项，根据其得分来测量企业的探索式创新和利用式创新[131][132]，但该方法主观性较强，工作量较大，问卷回收率也较低。二是文本分析法，归纳总结出能够表示探索式创新和利用式创新的关键词，利用爬虫技术抓取上市公司的年报进行分析，统计出双元创新的活动次数并以此来衡量[133]，该方法可能会出现关键词概括得不全面而导致次数统计遗漏或重复的情况。三是财务数据测量法，用企业研发活动风险大的费用化支出和风险小的资本化支出分别衡量企业的探索式创新和利用式创新[47][134][135]。四是专利数据测量法，专利数据体现了企业对创新战略的重视程度，被广泛用于测量企业的创新产出[136]，具体又分为使用专利引用数据测度和根据国际专利分类号（IPC）测度，前者用新引用专利数量与总专利数量的占比测量探索式创新，用非新引用专利数量与总专利数量的占比测量利用式创新，企业 5 年内没有引用过的专利视为新引用专利；后者是根据 IPC 分类号前四位数来区分双元创新活动，若企业当年申请的某项专利 IPC 分类号前四位数在前 5 年未出现过，则视为探索式创新活动，若在前 5 年出现过，则视为利用式创新活动，最后以两种创新活动的累计量分别来衡量探索式创新和利用式创新[8][106][108][122][137]。

结合以往学者的经验，加上企业的专利申请数据具有较好的可获得性，本书采用基于 IPC 分类号的专利数据测量法，具体方法如下。

（1）探索式创新：若企业当年申请的某项专利 IPC 分类号前四位数在前 5 年未出现过，则该专利视为探索式创新活动，计数 $T_i = 1$，该企业的探索式创新水平为 $\sum T_i$。

（2）利用式创新：若企业当年申请的某项专利 IPC 分类号前四位数在前 5 年出现过，则该专利视为利用式创新活动，计数 $L_i = 1$，该企业的利用式创新水平为 $\sum L_i$。

4.5.2.2　知识覆盖

高管团队的知识覆盖是解释变量。该变量的测度方法参考汤超颖、刘丽（2020）[138]的做法，通过构造企业关于成员—知识的二模网络，计算其认知相似性，用以测度高管团队的知识覆盖。具体的测度过程参见第 2 章的内容。

4.5.2.3　知识吸收能力

有关吸收能力的测度方法，现有学者基于不同的视角提出了不同的方法，主要分为问卷调查法和代理变量法，大部分学者采用研发类指标作为代理变量，如研发强度、研发经费、新产品数量等[66][139][140][141][142][143]。随着对吸收能力更深入的研究，学者们发现不应仅从单一角度来测量吸收能力，需要从不同方面来进行测度[144]。因此，又有部分学者开始逐渐加入人力资源指标等来共同测量吸收能力，如高等教育人数占比、研发人员数量占比等[141][145][146]。

如前文所述，本书将吸收能力又分为潜在吸收能力和现实吸收能力，企业的吸收能力不仅取决于研发强度，研发人员对其也有一定的影响[147]。因此，本书借鉴相关文献的做法，用企业研发人员数量与总人数的占比来测量潜在吸收能力，用企业研发投入与营业收入的占比来测量现实吸收能力。

4.5.2.4 控制变量

为了最大限度地控制其他因素对企业双元创新的影响，参考以往研究，分别从高管团队和企业两个层面来确定控制变量[148]。此外，还加入了行业控制变量，避免行业效应对结果产生误差影响。

（1）高管层面的控制变量。

高管团队平均年龄，即高管团队里所有成员年龄的平均值。年龄的差异意味着所处的人生阶段不同，对企业的发展也会有不同的看法。企业高管团队的平均年龄越大，一般越会倾向于采取保守、稳定的发展战略，以及风险较小的创新活动，进而影响企业的双元创新[149]。

高管团队硕士及以上学历的比例，即高管团队所有成员中学历为硕士或硕士以上的人数占比。学历在一定程度上反映了成员的眼界与认知、分析问题与解决问题的能力，能够给企业带来更多的推动力，从而影响整个团队的决策水平[150]。

（2）企业层面的控制变量。

企业规模，即企业的总资产，反映了企业的经济实力。企业规模在一定程度上会影响企业的战略决策，规模越大，意味着可使用的资源越丰富，能够承担较大的风险，从而倾向于选择高回报的创新活动；规模越小，意味着可使用的资源有限，倾向于选择风险小的创新活动[151]。

因此，企业自身的规模会在一定程度上影响企业的双元创新。由于企业的总资产较大，借鉴相关学者的度量方法，取其对数来作为企业规模的衡量标准[1]。

企业盈利能力，即企业在某段经营期间获取利润的能力，反映了企业开展研发活动的能力[1]。盈利能力越强，能够用于创新的资金就越多，就越倾向于利于开辟新市场的创新活动。参考以往文献，用企业总资产净利润率，即净利润与总资产的比值来度量企业的盈利能力[149]。

企业资产负债率，反映了债务与资产的关系，是企业资本结构的表现形式之一[152]。不同的负债率给企业带来的经济效益有所不同，负债率越高的企业，面临的偿债压力越大，能够用于技术创新的资源投入就越少，因此倾向于采取较为谨慎且保守的发展策略；反之，负债率越低，偿债能力越好，资金灵活度越高，抗风险能力也越强，倾向于选择高回报的创新策略[147]。

（3）行业。

A 股的上市公司存在于各行各业中，各个行业对企业的创新标准有所不同，因此，本书还控制了行业这个虚拟变量，来降低其对实证结果的影响。变量名称及测度方法如表 4－1 所示。

表 4－1　　变量名称及测度方法

变量类型	变量名称	变量符号	变量测度方法
被解释变量	探索式创新	E_i	IPC 分类号前 5 年未出现的专利总计
	利用式创新	U_i	IPC 分类号前 5 年出现的专利总计
解释变量	高管团队知识覆盖	*Cov*	高管团队内以成员—知识为节点构建的二模网络相似性
中介变量	潜在吸收能力	*Pac*	研发人员数量÷总人数
	现实吸收能力	*Rac*	研发投入÷营业收入
控制变量	高管团队平均年龄	*Age*	团队成员的平均年龄
	硕士及以上学历比例	*Edu*	团队内学历为硕士及以上的人数占比
	企业规模	*Size*	企业总资产的自然对数

续表

变量类型	变量名称	变量符号	变量测度方法
控制变量	企业盈利能力	*Roa*	净利润 ÷ 总资产
	企业资产负债率	*Lev*	负债合计 ÷ 资产总计
	行业	*Ind*	依据 2012 年证监会行业分类设置虚拟变量

4.5.3 实证模型

为了检验高管团队知识覆盖对企业双元创新，即探索式和利用式创新的影响，分别构建如下模型：

$$E_i = \alpha_0 + \alpha_1 Cov + \alpha_2 Age + \alpha_3 Edu + \alpha_4 Size + \alpha_5 Roa + \alpha_6 Lev + \sum Ind + \varepsilon \tag{4-1}$$

$$U_i = \alpha_0 + \alpha_1 Cov + \alpha_2 Age + \alpha_3 Edu + \alpha_4 Size + \alpha_5 Roa + \alpha_6 Lev + \sum Ind + \varepsilon \tag{4-2}$$

模型（4－1）和模型（4－2）中系数 α_1 表示高管团队知识覆盖对双元创新影响的程度和方向，当模型（4－1）中的系数 α_1 为正且显著时，说明高管团队知识覆盖会促进企业探索式创新绩效的提高；当模型（4－2）中的系数 α_1 为正且显著时，说明高管团队知识覆盖会促进企业利用式创新绩效的提高。

为了检验高管团队知识覆盖对企业潜在吸收能力和现实吸收能力的影响，构建如下模型：

$$Pac = \beta_0 + \beta_1 Cov + \beta_2 Age + \beta_3 Edu + \beta_4 Size + \beta_5 Roa + \beta_6 Lev + \sum Ind + \varepsilon \tag{4-3}$$

$$Rac = \beta_0 + \beta_1 Cov + \beta_2 Age + \beta_3 Edu + \beta_4 Size + \beta_5 Roa + \beta_6 Lev + \sum Ind + \varepsilon \tag{4-4}$$

模型（4－3）和模型（4－4）中的系数 β_1 表示高管团队知识覆盖对

企业潜在吸收能力影响的程度和方向，当模型（4－3）中的系数 β_1 为正且显著时，说明高管团队知识覆盖会促进企业潜在吸收能力的提升；当模型（4－4）中的系数 β_1 为正且显著时，说明高管团队知识覆盖会促进企业现实吸收能力的提升。

为了检验企业潜在吸收能力和现实吸收能力对探索式创新和利用式创新的影响，构建如下模型：

$$E_i = \lambda_0 + \lambda_1 Pac + \lambda_2 Age + \lambda_3 Edu + \lambda_4 Size + \lambda_5 Roa + \lambda_6 Lev + \sum Ind + \varepsilon \tag{4-5}$$

$$E_i = \lambda_0 + \lambda_1 Rac + \lambda_2 Age + \lambda_3 Edu + \lambda_4 Size + \lambda_5 Roa + \lambda_6 Lev + \sum Ind + \varepsilon \tag{4-6}$$

$$U_i = \lambda_0 + \lambda_1 Pac + \lambda_2 Age + \lambda_3 Edu + \lambda_4 Size + \lambda_5 Roa + \lambda_6 Lev + \sum Ind + \varepsilon \tag{4-7}$$

$$U_i = \lambda_0 + \lambda_1 Rac + \lambda_2 Age + \lambda_3 Edu + \lambda_4 Size + \lambda_5 Roa + \lambda_6 Lev + \sum Ind + \varepsilon \tag{4-8}$$

模型（4－5）、模型（4－6）、模型（4－7）和模型（4－8）中的系数 λ_1 表示企业吸收能力对双元创新影响的程度和方向，当模型（4－5）中的系数 λ_1 为正且显著时，说明企业的潜在吸收能力会促进其探索式创新绩效的提高；当模型（4－6）中的系数 λ_1 为正且显著时，说明企业的现实吸收能力会促进其探索式创新绩效的提高；当模型（4－7）中的系数 λ_1 为正且显著时，说明企业的潜在吸收能力会促进其利用式创新绩效的提高；当模型（4－8）中的系数 λ_1 为正且显著时，说明企业的现实吸收能力会促进其利用式创新绩效的提高。

为了检验企业利用式创新对探索式创新的影响，构建模型（4－9）。

$$E_i = \theta_0 + \theta_1 U_i + \theta_2 Age + \theta_3 Edu + \theta_4 Size + \theta_5 Roa + \theta_6 Lev + \sum Ind + \varepsilon \tag{4-9}$$

模型（4－9）中的系数 θ_1 表示企业利用式创新对企业探索式创新影响的程度和方向，当模型（4－9）中的系数 θ_1 为正且显著时，说明企业的利用式创新会促进企业的探索式创新。

为了检验企业潜在吸收能力和现实吸收能力在高管团队知识覆盖与双元创新间的中介效应，在模型（4－10）、模型（4－11）、模型（4－12）、模型（4－13）的基础上加入中介变量，构建如下模型：

$$E_i = \gamma_0 + \gamma_1 Cov + \gamma_2 Pac + \gamma_3 Age + \gamma_4 Edu + \gamma_5 Size + \gamma_6 Roa + \gamma_7 Lev + \sum Ind + \varepsilon \quad (4-10)$$

$$E_i = \gamma_0 + \gamma_1 Cov + \gamma_2 Rac + \gamma_3 Age + \gamma_4 Edu + \gamma_5 Size + \gamma_6 Roa + \gamma_7 Lev + \sum Ind + \varepsilon \quad (4-11)$$

$$U_i = \gamma_0 + \gamma_1 Cov + \gamma_2 Pac + \gamma_3 Age + \gamma_4 Edu + \gamma_5 Size + \gamma_6 Roa + \gamma_7 Lev + \sum Ind + \varepsilon \quad (4-12)$$

$$U_i = \gamma_0 + \gamma_1 Cov + \gamma_2 Rac + \gamma_3 Age + \gamma_4 Edu + \gamma_5 Size + \gamma_6 Roa + \gamma_7 Lev + \sum Ind + \varepsilon \quad (4-13)$$

借鉴温忠麟（2014）[153]提出的关于中介效应的检验流程（见图 4－2），检验潜在吸收能力和现实吸收能力分别在高管团队知识覆盖与双元创新之间是否发挥中介作用。首先，对系数 α_1 进行检验，若显著，则利用中介效应解释；否则，利用遮掩效应解释，但不论显著与否，后续的检验步骤还需继续。其次，依次检验系数 β_1、系数 γ_2，如果两个系数都显著，则间接效应显著。继续对系数 γ_1 进行检验，若不显著，则说明直接效应不显著，即存在完全中介效应。如果 γ_1 显著，则直接效应显著，再比较 $\beta_1\gamma_2$ 与 γ_1 是否同号，如果两者同号，说明存在部分中介效应；反之，存在遮掩效应。如果 β_1 和 γ_2 中至少有一个不显著，则用 Bootstrap 法直接检验 H0：$ab=0$，若不显著，则表示间接效应不显著，即不存在中介效应；如果显著，再继续检验系数 γ_1。如果 γ_1 不显著，则直接效应不显著，即存在完全中介效应；如果 γ_1 显著，则直接效应显著，再比较 $\beta_1\gamma_2$ 与 γ_1 是否同号，如果同号，则存在部分中介效应，否则存在遮掩效应。

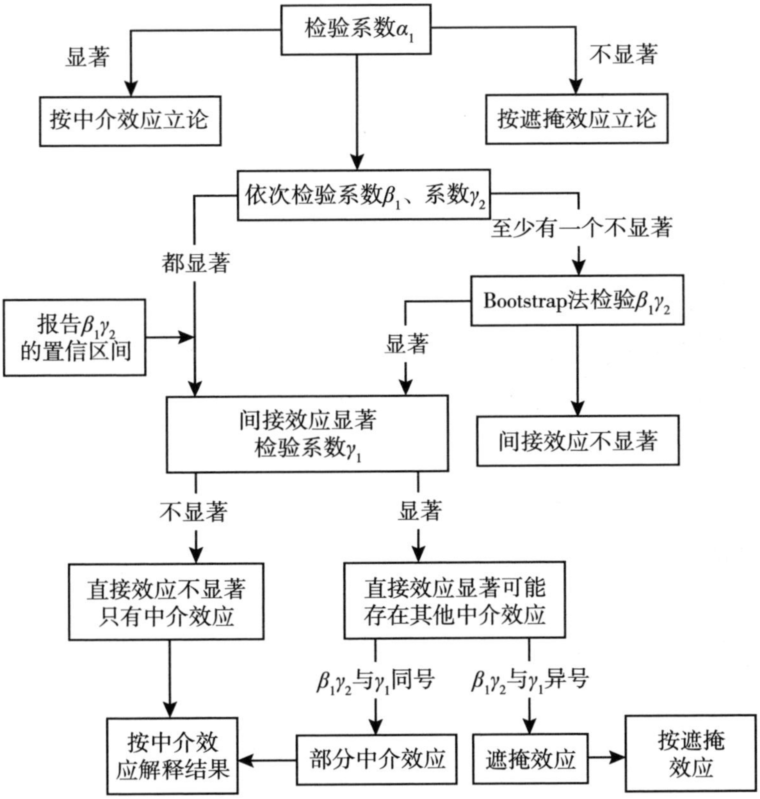

图 4-2　中介效应的检验流程

4.5.4　描述性统计

各研究变量的描述性统计如表 4-2 所示，从样本企业双元创新、知识吸收能力、知识覆盖、控制变量等几个方面观察描述性统计结果。

表 4-2　　变量的描述性统计

变量	样本量	最小值	最大值	均值	标准差
Cov	446	0.028	0.219	0.117	0.032
U_i	446	1	8196	72.865	438.672
E_i	446	0	94	5.294	8.301
Pac	446	0.14	82.121	21.102	16.091
Rac	446	0.004	83.231	7.081	7.229
Age	446	30	64	44.167	5.595
Edu	446	0	1	0.465	0.414
Size	446	19.754	27.709	22.020	1.250
Lev	446	0.020	4.596	0.386	0.296
Roa	446	-2.071	0.280	0.026	0.145

4.5.4.1 双元创新

利用式创新的均值为 72，探索式创新的均值为 5，两者均值相差较大，表明我国上市企业对创新方式的选择有所不同，大部分企业更倾向于选择基于现有技术、产品进行改造的利用式创新活动，对偏离现有知识的探索式创新活动选择较少，可能是因为受到企业经营状况、高管战略决策等内外部环境因素的影响。另外，利用式创新的标准差比探索式创新高得多，且利用式创新的最小值是 1，最大值是 8196，两极分化严重，说明各企业的利用式创新行为不均衡，差别很大。利用式创新的标准差为 438.67，探索式创新的标准差为 8.30，探索式创新面临风险的可能性更大，利用式创新具有易复制、收益快等特征，因此，我国上市企业在探索式创新投入上的差距要比利用式创新投入小。探索式创新的最小值为 0，说明存在部分企业还未进行过探索式创新。

4.5.4.2 知识吸收能力

研发人员数量占比的均值为 21.10%，最小值为 0.14%，最大值为 82.12%，标准差为 16.09，说明样本企业的潜在吸收能力差异过大，大部分企业的研发人员占据企业总人数的 15% 左右。研发投入占营业收入比例的均值为 7.081%，最小值为 0.004%，最大值为 82.23%，标准差为 7.229，说明样本企业的现实吸收能力存在差异，有的企业十分重视创新产出，充分进行知识的转化与利用；有的企业相对比较保守，仅限于知识的获取与同化。

4.5.4.3　知识覆盖

知识覆盖的均值为 0.12，说明团队里的成员拥有共同知识所达到的平均程度为 0.12。

4.5.4.4　控制变量

根据中国证券监督管理委员会行业分类指引（2012 年版），本次初始实验样本包括 352 家制造业企业，占比高达 78.92%，可见制造业企业是我国上市企业的重要组成部分。高管团队成员的平均年龄为 44 岁，表明高管团队里中年人居多。学历体现了受教育的水平，高管团队硕士及以上学历占比的均值为 0.47，标准差为 0.41，离散程度较小，说明高管团队成员普遍具有较高的学历。一般而言，受教育程度越高，越容易接受新事物，能够从多个角度看待和处理问题。企业规模的均值为 22.02，最小值为 19.75，最大值为 27.71，标准差为 1.25，虽然存在部分企业规模偏大或偏小的现象，但企业的整体规模较为集中，差距不大。资产负债率均值为 0.39，最小值为 0.02，最大值为 4.60，标准差为 0.30，说明个别企业的资产负债率与样本平均水平相差较大，但样本整体处于适宜水平，侧面反映大部分企业注重经营风险的防控。反映企业盈利水平的指标总资产净利润率（*Roa*）的均值为 0.026，最小值为 -2.071，最大值为 0.280，标准差为 0.145，说明部分企业的盈利状况良好，部分企业存在亏损情况，需要促进创新以实现突破式发展。

4.5.5 相关性分析

为了初步检验高管团队知识覆盖与知识吸收能力对企业双元创新的影响，本书采用皮尔逊（Pearson）相关系数对各个变量进行相关性分析，如表4－3所示。首先是自变量高管团队知识覆盖与因变量企业双元创新的相关性分析，结果显示，知识覆盖与利用式创新和探索式创新分别在0.1和0.05的显著性水平下正相关；利用式创新和探索式创新之间也呈正相关关系，且显著性水平为0.05。其次是中介变量的相关性分析，高管团队知识覆盖与潜在吸收能力和现实吸收能力均在0.05的显著性水平下正相关；吸收能力与双元创新之间大部分也是显著正相关，但现实吸收能力与利用式创新之间的相关关系不显著。从控制变量的相关性与显著性水平来看，企业规模与利用式创新和探索式创新均在0.05的显著性水平下正相关，可能的原因在于企业规模较大的公司承担风险的能力较强，更倾向于尝试从双元创新活动中获取高额收益；高管团队硕士及以上学历的占比与双元创新之间也呈显著正相关关系，说明学历对企业双元创新也有正向的促进作用。以上仅仅是对各变量间的相关性进行了一个初步的分析，并不能解释变量之间在统计学上的意义与关系，因此需要采用回归的方法进一步探究高管团队知识覆盖、吸收能力与双元创新之间的关系。

表4－3　　皮尔逊相关性分析

变量	*Cov*	U_i	E_i	*Pac*	*Rac*	*Age*	*Edu*	*Size*	*Lev*	*Roa*
Cov	1									
U_i	0.128*	1								
E_i	0.176**	0.365**	1							
Pac	0.187**	0.119*	0.222**	1						
Rac	0.123**	0.091	0.195**	0.531**	1					

续表

变量	*Cov*	U_i	E_i	*Pac*	*Rac*	*Age*	*Edu*	*Size*	*Lev*	*Roa*
Age	0.026	-0.008	0.051	-0.047	-0.070	1				
Edu	0.073	0.138*	0.088*	0.084	0.109*	0.058	1			
Size	0.079	0.317**	0.183**	-0.167**	-0.249**	0.098	0.231**	1		
Lev	0.061	0.053	0.047	-0.036	-0.188**	0.019	0.049	0.249**	1	
Roa	0.001	-0.008	-0.083	-0.139*	0.064	-0.044	-0.020	-0.044	-0.593**	1

注："***""**""*"分别表示在 1%、5%、10% 的水平下显著，后同。

4.5.6　多重共线性检验

多重共线性，也就是各变量之间出现高度相关关系会导致模型结果有误，为了保证研究结果的可信度，避免多重共线性对实证检验造成影响，需要在开展回归分析之前检验变量间是否存在多重共线性。本书采用 VIF 指标法进行检验[154]，通过观察方差膨胀因子 VIF 或容忍度指标来判断各变量之间是否存在多重共线性，VIF 小于 10 或容忍度大于 0.1，则说明变量间不存在多重共线性，结果如表 4-4 所示。各变量的方差膨胀因子均远小于 10，容忍度均小于 0.1，说明模型里各个变量间不存在多重共线性的问题，模型实证检验的结果可信度较高。因此，可以将这些变量都纳入回归模型进行回归分析。

表 4-4　　多重共线性检验

变量	VIF	容忍度
Cov	1.03	0.97
Pac	1.69	0.59
Rac	1.72	0.58
Age	1.02	0.98
Edu	1.09	0.92

续表

变量	VIF	容忍度
Size	1.23	0.81
Lev	1.72	0.58
Roa	1.65	0.61

4.5.7 回归分析说明

本书的被解释变量双元创新，即探索式创新和利用式创新是用专利数据测度的，为计数型数据，属于离散的非负整数，并且描述性统计结果显示，因变量探索式创新的均值和方差分别为5.294和8.301，利用式创新的均值和方差分别为72.865和438.672，两者的标准差均大于均值。因此，参考以往文献，采用广义的泊松分布模型，即负二项回归进行回归分析。根据前文提出的假设，依次对其进行检验与分析。

4.5.8 高管团队知识覆盖与企业双元创新的回归分析

对高管团队知识覆盖影响企业双元创新的主效应进行分析，如表4-5所示。模型1和模型2的被解释变量是利用式创新，模型3、模型4、模型5的被解释变量是探索式创新，模型的Waldλ^2值都通过了显著性检验，说明模型与数据之间的拟合效果较好。其中，模型1和模型3考察的是控制变量分别与利用式创新和探索式创新的关系；模型2和模型4分别在模型1和模型3的基础上引入了解释变量高管团队知识覆盖，考察高管团队知识覆盖与利用式创新和探索式创新的关系；模型5在模型3的基础上引入了利用式创新，考察企业利用式创新对探索式创新的影响。

表 4-5　高管团队知识覆盖对企业双元创新产生影响的检验结果

变量	U_i		E_i		
	模型 1	模型 2	模型 3	模型 4	模型 5
常量	-9.025***	-9.212***	-2.032	-2.641**	0.265
Age	-0.017	-0.013	0.008	0.011	0.012
Edu	0.502**	0.548**	0.112	0.128	0.018
Size	0.578***	0.529***	0.148***	0.133**	0.035
Lev	-0.284	-0.403	-0.382	-0.438	-0.305
Roa	-0.324	-0.417	-0.592	-0.537	-0.571
Ind	控制	控制	控制	控制	控制
Cov		10.089***		7.394***	
U_i					0.001***
Waldλ^2	66.33***	75.22***	11.4**	26.91***	31.75***
Log pseudolikelihood	-1501.095	-1494.118	-934.316	-929.808	-925.167

结果显示，高管团队知识覆盖与利用式创新的回归系数为 10.089，在 1% 的水平上显著为正，表明高管团队知识覆盖度越高，企业利用式创新绩效越好，说明高管团队知识覆盖能显著提高企业的利用式创新，假设 H1 得到了支持。高管团队知识覆盖与探索式创新的回归系数为 7.394，在 1% 的水平上显著为正，表明高管团队知识覆盖度越高，企业探索式创新绩效越好，说明高管团队知识覆盖能显著提高企业的探索式创新，假设 H2 得到了验证。同时，利用式创新的回归系数为 10.089，大于探索式创新的回归系数 7.394，说明高管团队知识覆盖对利用式创新的促进作用更强。企业利用式创新与探索式创新的回归系数为 0.001，在 1% 的水平上显著为正，表明企业的利用式创新会促进企业的探索式创新，假设 H9 得到了验证。在控制变量方面，企业规模与利用式创新和探索式创新都显著正相关，说明企业的规模越大，企业越倾向于进行双元创新，这与简兆权（2020）的研究结果一致[124]，因为规模越大，能够为创新活动提供的资源就越多。

4.5.9 高管团队知识覆盖与企业吸收能力的回归分析

高管团队知识覆盖对企业潜在吸收能力与现实吸收能力的回归结果如表4-6所示，模型6和模型7的被解释变量是企业的潜在吸收能力，模型8和模型9的被解释变量是企业的现实吸收能力，模型的 Waldλ^2值都通过了显著性检验，说明模型与数据之间的拟合效果较好。其中，模型6和模型8考察的是控制变量与企业潜在吸收能力、现实吸收能力的关系，模型7和模型9分别在模型6和模型8的基础上引入了解释变量高管团队知识覆盖，以考察高管团队知识覆盖与企业潜在吸收能力、现实吸收能力的关系。

表4-6　高管团队知识覆盖对企业吸收能力产生影响的检验结果

变量	*Pac*		*Rac*	
	模型6	模型7	模型8	模型9
常量	4.275***	4.106***	4.289***	4.065***
Age	-0.004	-0.004	-0.006	-0.006
Edu	0.172**	0.164**	0.249***	0.240***
Size	-0.074***	-0.075***	-0.118***	-0.120
Lev	-0.217***	-0.220***	-0.347	-0.374
Roa	-0.683***	-0.682***	-0.146	-0.212
Ind	控制	控制	控制	控制
Cov		1.721*		2.754**
Waldλ^2	38.66***	45.62***	34.49***	40.21***
Log pseudolikelihood	-1140.378	-1139.291	-774.513	-771.861

结果显示，高管团队知识覆盖与企业潜在吸收能力的回归系数为1.721，在10%的水平上显著为正，表明高管团队的知识覆盖度越高，企业关于知识获取与吸收的能力越强，说明高管团队知识覆盖可以促进企业潜在吸收能力的提升，与假设H3吻合。高管团队知识覆盖与企业

现实吸收能力的回归系数为 2.754，在 5% 的水平上显著为正，表明高管团队的知识覆盖度越高，企业关于知识转化与利用的能力越强，说明高管团队知识覆盖对企业的现实吸收能力也具有显著的促进作用，与假设 H4 吻合。控制变量方面，高管具有硕士及以上学历的占比与企业潜在吸收能力显著正相关，企业规模、资产负债率与企业盈利能力均与企业潜在吸收能力显著负相关。

4.5.10　企业吸收能力与企业双元创新的回归分析

企业潜在吸收能力与现实吸收能力对企业利用式创新与探索式创新的回归结果如表 4-7 所示，模型 10 是在模型 1 的基础上引入了潜在吸收能力，考察企业潜在吸收能力与企业利用式创新的关系；模型 11 是在模型 1 的基础上引入了现实吸收能力，考察企业现实吸收能力与企业利用式创新的关系；模型 12 是在模型 3 的基础上引入了潜在吸收能力，探索企业潜在吸收能力与企业探索式创新的关系；模型 13 是在模型 3 的基础上引入了现实吸收能力，探索企业现实吸收能力与企业探索式创新的关系。6 个模型的 Waldλ^2 值都通过了显著性检验，说明模型与数据之间的拟合效果较好。

表 4-7　　企业吸收能力对企业双元创新产生影响的检验结果

变量	U_i			E_i		
	模型 1	模型 10	模型 11	模型 3	模型 12	模型 13
常量	-9.025***	-9.389***	-10.332***	-2.032	-2.849**	-3.380**
Age	-0.017	-0.022	-0.019	0.008	0.009	0.010
Edu	0.502**	0.216	0.117	0.112	-0.026	-0.052
Size	0.578***	0.577***	0.603***	0.148***	0.165***	0.184***
Lev	-0.284	0.070	0.147	-0.382	-0.153	-0.069
Roa	-0.324	0.754	-0.095	-0.592	-0.012	-0.421

续表

变量	U_i			E_i		
	模型 1	模型 10	模型 11	模型 3	模型 12	模型 13
Ind	控制	控制	控制	控制	控制	控制
Pac		0.055***			0.032***	
Rac			0.187***			0.095***
Waldλ^2	66.33***	105.46***	101.55***	11.4**	25.91***	29.84***
Log pseudolikelihood	-1501.095	-1478.112	-1472.560	-934.316	-926.828	-925.691

结果表明，企业潜在吸收能力与企业利用式创新的回归系数为0.055，在1%的水平上显著为正，表明企业关于知识获取与吸收的能力越强，越有利于企业利用式创新的实现，说明企业的潜在吸收能力能够显著促进企业的利用式创新，验证了假设H5。企业现实吸收能力与企业利用式创新的回归系数为0.187，在1%的水平上显著为正，表明企业关于知识转化与利用的能力越强，越有利于企业利用式创新的实现，说明企业的现实吸收能力也能够显著促进企业的利用式创新，验证了假设H7。企业潜在吸收能力与企业探索式创新的回归系数为0.032，在1%的水平上显著为正，表明企业关于知识获取与吸收的能力越强，越有利于企业探索式创新的实现，说明企业的潜在吸收能力对企业探索式创新有显著的促进作用，验证了假设H6。企业现实吸收能力与企业探索式创新的回归系数为0.095，在1%的水平上显著为正，表明企业关于知识转化与利用的能力越强，越有利于企业探索式创新的实现，说明企业的潜在吸收能力对企业探索式创新也有显著的促进作用，验证了假设H8。

4.5.11 企业吸收能力的中介效应回归分析

接下来研究企业的吸收能力在高管团队知识覆盖与企业双元创新间的中介效应。目前有关中介效应的检验，学术界主要有两种方法：一种是 Baron 和 Kenny（1986）[155]提出的逐步法，即首先检验自变量对因变量的显著性，若回归系数显著，则检验继续，否则不存在中介效应，停止检验；然后检验自变量对中介变量的显著性，并将自变量和中介变量同时加入模型，检验其对因变量的显著性，如果两者都显著，说明中介效应存在。如果自变量对因变量直接效应的回归系数不显著，则说明存在完全中介效应，否则是部分中介效应。在逐步法的基础上，国内学者温忠麟（2004）提出 Sobel 检验的检验力高于逐步法[156]，但考虑到 Sobel 检验存在一些局限性，在传统的中介效应检验过程中，要求自变量与因变量间的回归系数必须显著才可以继续后续的检验。此后，温忠麟（2014）又提出用 Bootstrap 法代替 Sobel 法，并结合逐步法与 Bootstrap 法提出了一个新的中介效应检验流程，前文中有提到，此处不再赘述。温忠麟指出，即使自变量与因变量间的回归系数不显著，仍然可能存在间接效应，可能的原因在于间接效应的符号与直接效应的相反，会导致间接效应被遮掩，这种现象称为遮掩效应，属于广义上的中介效应[151]。本书将采用温忠麟所提出的检验流程来检验企业吸收能力的中介效应，检验结果如表 4-8 所示。

表 4-8　　企业吸收能力的中介效应检验结果

变量	*Pac*	*Rac*	U_i			E_i		
	模型 7	模型 9	模型 2	模型 14	模型 15	模型 4	模型 16	模型 17
常量	4.106***	4.065***	-9.212***	-9.312***	-10.398***	-2.641**	-3.186**	-3.736***
Age	-0.004	-0.006	-0.013	-0.022	-0.018	0.011	0.011	0.012
Edu	0.164**	0.240***	0.548**	0.288	0.170	0.128	0.008	-0.020
Size	-0.075***	-0.120	0.529***	0.537***	0.572***	0.133**	0.150***	0.170***
Lev	-0.220***	-0.374	-0.403	-0.101	-0.037	-0.438	-0.244	-0.165
Roa	-0.682***	-0.212	-0.417	0.625	-0.187	-0.537	-0.047	-0.410
Ind	控制	控制	控制	控制	控制	控制	控制	控制
Cov	1.721*	2.754**	10.089***	7.702**	7.217**	7.394***	5.960**	5.753**
Pac				0.052***			0.029***	

续表

变量	*Pac*	*Rac*	U_i			E_i		
	模型 7	模型 9	模型 2	模型 14	模型 15	模型 4	模型 16	模型 17
Rac					0.178***			0.086 ***
Waldλ^2	45.62 ***	40.21 ***	75.22 ***	122.47 ***	118.28 ***	26.91 ***	43.18 ***	44.43 ***
Log pseudolikelihood	-1139.291	-771.861	-1494.118	-1473.642	-1468.435	-929.808	-923.875	-922.889

（1）吸收能力在高管团队知识覆盖与企业利用式创新间的中介效应。首先，观察高管团队知识覆盖对企业利用式创新总效应的回归系数显著性，模型 2 的结果显示，高管团队知识覆盖对企业利用式创新总效应的回归系数 α_1 为 10.089，在 1% 的水平上显著，可按中介效应立论。其次，观察高管团队知识覆盖对企业潜在吸收能力影响效应的回归系数以及企业潜在吸收能力的间接效应回归系数是否显著，模型 7 的结果显示，高管团队知识覆盖对企业潜在吸收能力影响效应的回归系数 β_1 为 1.721，在 10% 的水平上显著；模型 14 的结果显示，企业潜在吸收能力间接效应的回归系数 γ_2 为 0.052，在 1% 的水平上显著，两个系数都显著，因此，潜在吸收能力在高管团队知识覆盖与企业利用式创新之间存在中介效应。再次，观察高管团队知识覆盖直接效应的回归系数显著性，检验高管团队知识覆盖对企业利用式创新的直接效应，模型 14 的结果显示，高管团队知识覆盖直接效应的回归系数 γ_1 为 7.702，在 5% 的水平上显著。直接效应显著，说明可能存在其他中介。最后，高管团队知识覆盖对企业潜在吸收能力影响效应的回归系数 β_1 与企业潜在吸收能力的间接效应回归系数 γ_2 的乘积和高管团队知识覆盖的直接效应回归系数 γ_1 同号，说明存在部分中介效应。因此，企业潜在吸收能力在高管团队知识覆盖与企业利用式创新中存在部分中介效应，其中，中介效应占总效应的比重为 $\beta_1\gamma_2/\gamma_1$，即企业潜在吸收能力的部分中介效应占比为 1.162%，假设 H10 得到了验证。

（2）现实吸收能力在高管团队知识覆盖与企业利用式创新间的中介效应。首先，观察高管团队知识覆盖对企业利用式创新总效应的回归系数显著性，模型 2 的结果显示，高管团队知识覆盖对企业利用式创新总效应的回归系数 α_1 为 10.089，在 1%的水平上显著，可按中介效应立论。其次，观察高管团队知识覆盖对企业现实吸收能力影响效应的回归系数以及企业现实吸收能力的间接效应回归系数是否显著，模型 9 的结果显示，高管团队知识覆盖对企业现实吸收能力影响效应的回归系数 β_1 为 2.754，在 5%的水平上显著；模型 15 的结果显示，企业现实吸收能力间接效应的回归系数 γ_2 为 0.178，在 1%的水平上显著，两个系数都显著，因此，企业现实吸收能力在高管团队知识覆盖与企业利用式创新之间存在中介效应。再次，观察高管团队知识覆盖直接效应的回归系数显著性，检验高管团队知识覆盖对企业利用式创新的直接效应，模型 15 的结果显示，高管团队知识覆盖直接效应的回归系数 γ_1 为 7.217，在 5%的水平上显著。直接效应显著，说明可能存在其他中介。最后，高管团队知识覆盖对企业现实吸收能力影响效应的回归系数 β_1 与企业现实吸收能力的间接效应回归系数 γ_2 的乘积和高管团队知识覆盖的直接效应回归系数 γ_1 同号，说明存在部分中介效应。因此，企业现实吸收能力在高管团队知识覆盖与企业利用式创新中存在部分中介效应，其中，中介效应占总效应的比重为 $\beta_1\gamma_2/\gamma_1$，即企业现实吸收能力的部分中介效应占比为 6.792%，假设 H12 到了验证。

（3）潜在吸收能力在高管团队知识覆盖与企业探索式创新间的中介效应。首先，观察高管团队知识覆盖对企业探索式创新总效应的回归系数显著性，模型 4 的结果显示，高管团队知识覆盖对企业探索式创新总效应的回归系数 α_1 为 7.394，在 1%的水平上显著，可按中介效应立论。其次，观察高管团队知识覆盖对企业潜在吸收能力影响效应的回归系数以及企业潜在吸收能力的间接效应回归系数是否显著，模型 7 的结果显示，高管团队知识覆盖对企业潜在吸收能力影响效应的回归系数 β_1 为 1.721，在 10%的水平上显著；模型 16 的结果显示，企业潜在吸收能力间接效应的回归系数 γ_2 为 0.029，在 1%的水平上显著，两个系数都显著，因此，企业潜在吸收能力在高管团队知识覆盖与企业探索式创新之间存在中介效应。再次，观察高管团队知识覆盖直接效应的回归系数显著性，检验高管团队知识覆盖对企业探索式创新的直接效应，模型 16 的结果显示，高管团队知识覆盖直接效应的回归系数 γ_1 为 5.960，在 5%的水平上显著。直接效应显著，说明可能存在其他中介。最后，高管团队知识覆盖对企业潜在吸收能力影响效应的回归系数 β_1 与企业潜在吸收能力的间接效应回归系数 γ_2 的乘积和高管团队知识覆盖的直接效应回归系数 γ_1 同号，说明存在部分中介效应。因此，企业潜在吸收能力在高管团队知识覆盖与企业探索式创新中存在部分中介效应，其中，中介效应占总效应的比重为 $\beta_1\gamma_2/\gamma_1$，即企业潜在吸收能力的部分中介效应占比为 0.837%，假设 H11 得到了验证。

（4）现实吸收能力在高管团队知识覆盖与企业探索式创新间的中介效应。首先，观察高管团队知识覆盖对企业探索式创新总效应的回归系数显著性，模型 4 的结果显示，高管团队知识覆盖对企业探索式创新总效应的回归系数 α_1 为 7.394，在 1%的水平上显著，可按中介效应立论。其次，观察高管团队知识覆盖对企业现实吸收能力影响效应的回归系数以及企业现实吸收能力的间接效应回归系数是否显著，模型 9 的结果显示，高管团队知识覆盖对企业现实吸收能力影响效应的回归系数 β_1 为 2.754，在 5%的水平上显著；模型 17 的结果显示，企业现实吸收能力间接效应的回归系数 γ_2 为 0.086，在 1%的水平上显著，两个系数都显著，因此，企业现实吸收能力在高管团队知识覆盖与企业探索式创新之间存在中介效应。再次，观察高管团队知识覆盖直接效应的回归系数显著性，检验高管团队知识覆盖对企业探索式创新的直接效应，模型 17 的结果显示，高管团队知识覆盖直接效应的回归系数 γ_1 为 5.753，在 5% 的水平上显著。直接效应显著，说明可能存在其他中介。最后，高管团队知识覆盖对企业现实吸收能力影响效应的回归系数 β_1 与企业现实吸收能力的间接效应回归系数 γ_2 的乘积和高管团队知识覆盖的直接效应回归系数 γ_1 同号，说明存在部分中介效应。因此，企业现实吸收能力在高管团队知识覆盖与企业探索式创新中存在部分中介效应，其中，中介效应占总效应的比重为 $\beta_1\gamma_2/\gamma_1$，即企业现实吸收能力的部分中介效应占比为 4.117%，假设 H13 得到了验证。

4.5.12　回归分析结果

本书把高管团队知识覆盖、企业知识吸收能力（潜在吸收能力和现实吸收能力）、企业双元创新（利用式创新和探索式创新）等变量整合到一个整体的研究框架中，分析了不同变量相互间的影响关系。通过对数据的收集与处理、分析与检验，结果显示，大部分假设得到了支持，假设检验汇总如表 4 -9 所示。

表 4 -9　　假设检验汇总

序号	假设内容	检验结果
H1	高管团队知识覆盖对企业利用式创新产生正向影响	支持
H2	高管团队知识覆盖对企业探索式创新产生正向影响	支持
H3	高管团队知识覆盖对企业潜在吸收能力产生正向影响	支持
H4	高管团队知识覆盖对企业现实吸收能力产生正向影响	支持
H5	企业潜在吸收能力对企业利用式创新产生正向影响	支持
H6	企业潜在吸收能力对企业探索式创新产生正向影响	支持
H7	企业现实吸收能力对企业利用式创新产生正向影响	支持
H8	企业现实吸收能力对企业探索式创新产生正向影响	支持
H9	企业利用式创新对企业探索式创新产生正向影响	支持

续表

序号	假设内容	检验结果
H10	企业潜在吸收能力在高管团队知识覆盖与企业利用式创新之间具有中介作用	部分支持
H11	企业潜在吸收能力在高管团队知识覆盖与企业探索式创新之间具有中介作用	部分支持
H12	企业现实吸收能力在高管团队知识覆盖与企业利用式创新之间具有中介作用	部分支持
H13	企业现实吸收能力在高管团队知识覆盖与企业探索式创新之间具有中介作用	部分支持

4.5.13 稳健性检验

为了提高研究结果的真实性与可靠性，通过改变回归方法，即使用最小二乘回归来进行稳健性检验。考虑到前文采用负二项回归模型对样本数据进行检验，被解释变量是非负的离散整数且存在 0 值，因此，此处将被解释变量探索式创新的取值改为 In（IPC 分类号前 5 年未出现的专利总数 +1），利用式创新的取值改为 In（IPC 分类号前 5 年出现的专利总数 +1）进行检验。

表 4 - 10 是高管团队知识覆盖对企业双元创新产生影响的稳健性检验结果，所有模型的 F 值均是显著的，说明模型总体是显著的。其中，模型 1 和模型 3 考察的是控制变量与双元创新的关系，两个模型调整后的 R^2 分别为 0.099 和 0.024；模型 2 和模型 4 在其基础上引入了解释变量高管团队知识覆盖，调整后的 R^2 分别为 0.122 和 0.038，拟合优度明显优于模型 1 和模型 3，说明高管团队知识覆盖是影响企业双元创新的关键变量。模型 2 说明了高管团队知识覆盖对企业利用式创新具有显著的正向影响（$\alpha_1 = 8.05$，$P < 0.01$），假设 H1 得到了支持；模型 4 反映了高管团队知识覆盖对企业探索式创新具有显著的正向影响（$\alpha_1 = 4.812$，

$P<0.05$），假设 H2 也得到了支持；模型 5 表明企业利用式创新对探索式创新具有显著的正向影响（$\theta_1=0.551$，$P<0.01$），验证了假设 H9。表 4－11 是高管团队知识覆盖对企业吸收能力产生影响的稳健性检验结果，模型的 F 值均是显著的，说明模型总体显著。其中，模型 6 和模型 8 考察的是控制变量与企业吸收能力的关系，两个模型调整后的 R^2 分别为 0.097 和 0.104；模型 7 和模型 9 在其基础上引入了解释变量高管团队知识覆盖，调整后的 R^2 分别为 0.105 和 0.116，拟合优度明显优于模型 6 和模型 8，说明高管团队知识覆盖是影响企业吸收能力的关键变量。模型 7 说明了高管团队知识覆盖对企业潜在吸收能力具有显著的正向影响（$\beta_1=33.076$，$P<0.05$），假设 H3 得到了支持；模型 9 反映了高管团队知识覆盖对现实吸收能力具有显著的正向影响（$\beta_1=13.610$，$P<0.05$），假设 H4 得到了验证。

表 4－10　高管团队知识覆盖对企业双元创新产生影响的稳健性检验结果

变量	U_i		E_i		
	模型 1	模型 2	模型 3	模型 4	模型 5
常量	−3.395**	−3.993***	−1.527	−1.884*	0.344
Age	−0.021*	−0.022*	0.001	0.001	0.013*
Edu	0.353**	0.323*	0.080	0.063	−0.114
Size	0.311***	0.303***	0.123***	0.117***	−0.049
Lev	−0.434	−0.482*	−0.296	−0.324	−0.057
Roa	−0.587	−0.648	−0.633	−0.670	−0.310
Ind	控制	控制	控制	控制	控制
Cov		8.058***		4.812**	
U_i					0.551***
R^2	0.116	0.140	0.042	0.058	0.527
调整后的 R^2	0.099	0.122	0.024	0.038	0.516
F 值	7.05***	7.51***	2.37**	2.83***	51.15***

表 4-11　高管团队知识覆盖对企业吸收能力产生影响的稳健性检验结果

变量	*Pac*		*Rac*	
	模型 6	模型 7	模型 8	模型 9
常量	36.270***	33.816***	17.485***	16.475
Age	-0.048	-0.052	-0.025	-0.027
Edu	2.520**	2.401**	1.232***	1.183***
Size	-0.999***	-1.034***	-0.547***	-0.562***
Lev	-3.869**	-4.063**	-1.523**	-1.603**
Roa	-13.537***	-13.787***	-0.957	-1.060
Ind	控制	控制	控制	控制
Cov		33.076**		13.610**
R^2	0.114	0.124	0.120	0.135
调整后的 R^2	0.097	0.105	0.104	0.116
F 值	6.90***	6.52***	7.37***	7.16***

表 4-12 是企业吸收能力对企业双元创新产生影响的稳健性检验结果，模型的 *F* 值均是显著的，说明模型总体显著。其中，模型 1 和模型 3 考察的是控制变量与企业双元创新的关系，两个模型调整后的 R^2 分别为 0.099 和 0.024；模型 10 和模型 12 在其基础上引入了潜在吸收能力，调整后的 R^2 分别为 0.152 和 0.066，拟合优度明显优于模型 1 和模型 3，说明企业潜在吸收能力是影响企业双元创新的关键变量。模型 11 和模型 13 在模型 1 和模型 3 的基础上引入了现实吸收能力，调整后的 R^2 分别为 0.168 和 0.078，拟合优度明显优于模型 1 和模型 3，说明企业现实吸收能力也是影响企业双元创新的关键变量。模型 10 说明了潜在吸收能力对企业利用式创新具有显著的正向影响（$\lambda_1 = 0.039$，$P < 0.01$），假设 H5 得到了支持；模型 11 反映了现实吸收能力对企业利用式创新具有显著的正向影响（$\lambda_1 = 0.128$，$P < 0.01$），验证了假设 H7；模型 12 说明了潜在吸收能力对企业探索式创新具有显著的正向影响（$\lambda_1 = 0.026$，$P < 0.01$），假设 H6 得到了支持；模型 13 反映了现实吸收能力对企业探索

式创新具有显著的正向影响（$\lambda_1 = 0.084$，$P < 0.01$），验证了假设 H8。

表 4－12　企业吸收能力对企业双元创新产生影响的稳健性检验结果

变量	U_i			E_i		
	模型 1	模型 10	模型 11	模型 3	模型 12	模型 13
常量	-3.395**	-4.824***	-5.631***	-1.527	-2.479**	-3.001***
Age	-0.021*	-0.019	-0.018	0.001	0.003	0.004
Edu	0.353**	0.253	0.195	0.080	0.014	-0.024
Size	0.311***	0.350***	0.381***	0.123***	0.149***	0.169***
Lev	-0.434	-0.282	-0.240	-0.296	-0.195	-0.168
Roa	-0.587	-0.054	-0.465	-0.633	-0.278	-0.553
Ind	控制	控制	控制	控制	控制	控制
Pac		0.039***			0.026***	
Rac			0.128***			0.084***
R^2	0.116	0.170	0.186	0.042	0.085	0.097
调整后的 R^2	0.099	0.152	0.168	0.024	0.066	0.078
F 值	7.05***	9.40***	10.51***	2.37**	4.29***	4.95***

表 4－13 是企业吸收能力的中介效应稳健性检验结果，所有模型的 *F* 值均是显著的，说明模型总体是显著的。根据温忠麟（2014）的检验流程，首先，检验高管团队知识覆盖与双元创新之间的总效应，模型 2 和模型 4 已表明二者之间显著正相关，按中介效应立论；其次，检验高管团队知识覆盖对企业吸收能力的影响效应，模型 7 和模型 9 表明二者之间显著正相关；再次，检验企业吸收能力的间接效应，模型 14、模型 15、模型 16 和模型 17 表明其间接效应显著，说明企业吸收能力在高管团队知识覆盖与企业双元创新之间存在中介效应；最后，检验高管团队知识覆盖的直接效应，模型 14、模型 15、模型 16 和模型 17 表明其直接效应显著，说明企业吸收能力在高管团队知识覆盖与企业双元创新之间存在部分中介效应，假设 H10、H11、H12 与 H13 得到了部分支持。

表 4-13　潜在吸收能力和现实吸收能力的中介效应稳健性检验

变量	Pac	Rac	U_i			E_i		
	模型 7	模型 9	模型 2	模型 14	模型 15	模型 4	模型 16	模型 17
常量	33.816***	16.475	-3.993***	-5.242***	-5.972***	-1.884*	-2.723**	-3.199***
Age	-0.052	-0.027	-0.022*	-0.020*	-0.019	0.001	0.002	0.003
Edu	2.401**	1.183***	0.323*	0.235	0.181	0.063	0.003	-0.032
Size	-1.034***	-0.562***	0.303***	0.341***	0.370***	0.117***	0.143***	0.162***
Lev	-4.063**	-1.603**	-0.482*	-0.332	-0.289	-0.324	-0.224	-0.196
Roa	-13.787***	-1.060	-0.648	-0.139	-0.521	-0.670	-0.328	-0.585
Ind	控制	控制	控制	控制	控制	控制	控制	控制
Cov	33.076**	13.610**	8.058***	6.837***	6.424**	4.812**	3.991*	3.725*
Pac				0.037***			0.025***	
Rac					0.120***			0.080***
R^2	0.124	0.135	0.140	0.187	0.201	0.058	0.096	0.107
调整后的 R^2	0.105	0.116	0.122	0.167	0.181	0.038	0.074	0.084
F 值	6.52***	7.16***	7.51***	9.24***	10.11***	2.83***	4.26***	4.78***

综上所述，稳健性检验的回归结果与前文的回归结果基本吻合，进一步验证了研究结论的可信度。

4.6 研究结论

新兴技术加剧了市场竞争，要想在竞争日趋激烈的市场环境中立足，单一的创新形式已经无法让企业长久地维持竞争优势，双元创新逐渐成为提升企业创新效率以抢占市场的必然选择[32]。本章立足于高管团队知识水平与知识结构的视角，结合高层梯队理论和社会认同理论，试图解开高管团队知识覆盖与企业双元创新间的影响机制。此外，基于资源基础理论，引入企业的知识吸收能力（包括潜在吸收能力和现实吸收能力）作为中介，构建研究的整体框架。我们选取 2011—2019 年全部 A 股上市公司的 1429 位高管作为研究样本，通过实证分析对假设进行检验，得出如下结论。

（1）高管团队知识覆盖对企业双元创新均有正向影响。知识覆盖度较高的高管团队，成员间的认知与判断在一定程度上保持一致，有利于团队内部的知识交流，提高团队的执行能力[85]。面对瞬息万变的市场竞争，多方位掌握市场信息，把握创新时机，对企业的发展至关重要。高管团队知识覆盖作为企业双元创新重要的前因变量，为创新活动的顺利开展创造了有利条件，充分体现了高管团队知识覆盖对企业双元创新的促进作用。反之，若高管团队缺乏一定程度的知识覆盖，成员之间会存在一定的沟通障碍，容易造成消极的情感冲突，影响团队凝聚力，导致高管成员在制定决策时难以达成一致[9]，从而抑制了企业的双元创新活动。

（2）高管团队知识覆盖对潜在吸收能力与现实吸收能力均产生正向影响。鉴于知识的复杂性和累积效应，高管团队内部的知识覆盖能够促进团队形成良好的沟通氛围，统一各成员的行径，有利于企业对外部知识的获取与消化，从而提高企业的潜在吸收能力[6]。另外，存在一定程度的知识覆盖还能有效促进团队内部成员间的知识共享以及对外部知识的理解，提升企业对外部新知识的内化效率。知识的转化和利用与企业的知识内化能力密切相关[86]，因此，高管团队知识覆盖也能促进企业的现实吸收能力。

（3）企业的潜在吸收能力与现实吸收能力对双元创新均有正向影响。随着潜在吸收能力的提升，企业持续获取并吸收外部知识的能力增强，企业自身的知识库不断丰富，内部资源不足的现象得以缓解，促进了知识更新，不管是对现有知识与资源进行改进的利用式创新，还是以开发新产品或新技术为目的的探索式创新，均产生促进作用[125]。随着现实吸收能力的提升，企业对外部新知识的转化与利用能力增强，意味着企业识别并内化有价值的知识信息的能力得以增强，有利于企业内外部知识的充分整合，不仅为企业提供了丰富的知识源，促进现有产品与技术的优化进程，同时激发新的想法、新的思路，还能在新的产品与新的技术上取得突破，从而促进了利用式创新与探索式创新的开展[6]。

（4）潜在吸收能力与现实吸收能力在高管团队知识覆盖与企业双元创新之间均起部分中介作用。这表明企业的知识吸收能力是高管团队知识覆盖连接企业双元创新的途径之一，管理者在利用自身知识水平与结构进行双元创新时，要提升企业的潜在吸收能力和现实吸收能力，不断地吸收外来知识，通过团队内部的知识共享与交流融合，有效地转化与利用对企业有价值的知识，如此才能维持创新动力以实现双元创新，而不仅仅依靠企业自身的内源知识与资源[28]。高管团队知识覆盖是重要的前因变量，企业在组建高管团队时应当将团队成员间的知识结构特征纳入考量因素，从而有利于企业知识吸收能力的有效提升，帮助企业充分整合内部知识与新获取的外部知识，促进企业的双元创新。因此，知识吸收能力在高管团队知识覆盖与企业双元创新之间的中介效应不容忽视。

（5）企业的双元创新中，利用式创新对探索式创新有正向促进作用。通过持续开展利用式创新活动，不断对企业现有技术进行优化与改良，逐步积累，由量变产生质变，最终造就探索式创新的迸发，利用式创新推动了探索式创新的产生[127]。

4.7 本章小结

本章深入分析了高管团队知识覆盖与企业双元创新之间的关系，探讨了高管团队知识覆盖对企业创新活动的影响及其作用机制。按照“高管团队知识覆盖—知识吸收能力—企业双元创新”这一路径，构建了相关的理论模型并提出相应的研究假设。选取 2011—2019 年全部 A 股上市公司为样本企业，采集来源于国泰安（CSMAR）中上市公司的高管团队成员信息，以及 Incopat 专利数据，并确定知识覆盖、双元创新等变量的度量方法，构建了实证模型。利用负二项回归模型，对高管团队知识覆盖、企业知识吸收能力以及企业双元创新三者间的关系，知识吸收能力在高管团队知识覆盖与企业双元创新间发挥的中介效应等分别进行了实证检验。实证结果表明，高管团队知识覆盖对企业的利用式创新和探索式创新均有显著正向影响，企业的知识吸收能力在高管团队知识覆盖与企业双元创新之间起到了部分中介作用。这项研究为理解高管团队通过知识管理推动企业创新提供了新的视角，并为企业制定有效的创新策略提供了实证支持。

参考文献

[1] 杨博旭，王玉荣，李兴光，等．技术多元化对双元创新绩效的影响研究：基于正式与非正式制度环境的视角［J］．科学学与科学技术管理，2021，42（12）：145－162.

[2] 周勇，赵茂饶．专利引进方式对企业自主创新绩效的影响研究［J］．科技管理研究，2021，41（17）：106－115.

[3] 徐欣，唐清泉．财务分析师跟踪与企业 R&D 活动——来自中国证券市场的研究［J］．金融研究，2010（12）：173－189.

[4] 陈立勇，谢芳，曾德明，等．协作研发网络技术多元化、组织冗余对二元式创新的影响——基于中国汽车企业面板数据［J］．软科学，2015，29（9）：9－13.

[5] 吕途，林欢，陈昊．动态能力对企业新产品开发绩效的影响——双元创新的中介作用［J］．中国科技论坛，2020（8）：67－75，87.

[6] 奚雷，彭灿，李德强．非正式网络对双元创新的影响：吸收能力的中介作用和环境动态性的调节作用［J］．科技管理研究，2021，41（6）：132－139.

[7] Yan Y, Guan J C. Social capital, exploitative and exploratory innovations: The mediating roles of ego - network dynamics [J]. Technological forecasting and social change, 2018, 126 (1): 244 - 258.

[8] 曾德明，李励，王泓略. 研发强度对二元式创新的影响——来自汽车产业上市公司的实证研究 [J]. 科学学与科学技术管理，2016，37 (1): 69 - 79.

[9] 刘志迎，赵雪. 高管团队断裂带对二元创新的影响——基于中国上市医药企业的实证研究 [J]. 技术经济，2017，36 (12): 45 - 52.

[10] Min T, Zhiying L. Paths to success: an ambidexterity perspective on how responsive and proactive market orientations affect SMEs' business performance [J]. Journal of Strategic Marketing, 2014, 22 (5): 420 - 441.

[11] Lewis A. Organizational Ambidexterity//Exploitation - Exploration Tensions and Organizational Ambidexterity: Managing Paradoxes of Innovation [J]. Organization Science, 2009, 20 (4): 696 - 717.

[12] Hambrick D C, Mason P A. Upper echelons: the organization as are flection of its top managers [J]. The Academy of Management Review, 1984, 9 (2): 193 - 206.

[13] Bertrand M , Schoar A. Managing with Style: The Effect of Managers on Firm Policies [J]. The Quarterly Journal of Economics, 2003, 118 (4): 1169 - 1208.

[14] 何明钦. 高管团队职能背景、创新投资与企业绩效 [J]. 工业技术经济，2020，39 (8): 3 - 12.

[15] 朱磊，徐晓彤，王春燕. 产业环境、管理者任期与企业双元创新投资——来自创业板的经验数据 [J]. 证券市场导报，2017 (6): 4 - 11, 19.

[16] 陈洪玮，徐清如，陈霏. 制度环境与研发投入对高技术产业创新绩效的影响 [J]. 统计与决策，2021，37 (18): 166 - 170.

[17] Gautam A. Collaboration Networks, Structural Holes, and Innovation: A Longitudinal Study [J]. Administrative Science Quarterly, 2000, 45 (3): 425 - 455.

[18] 吕晨，曹方卉，周之桢，等. 高管团队知识结构对高科技企业创新绩效的影响 [J]. 中国科技论坛，2018 (10): 174 - 181.

[19] Robert M Grant. Toward a Knowledge - Based Theory of the Firm [J]. Strategic Management Journal, 1996, 17: 109 - 122.

[20] 刘慧敏，耿柳，李壮壮．知识异质性与人格特质组合的交互作用对创新绩效的影响 [J]．科技管理研究，2018，38 (16)：1 –9.

[21] Bunderson J S, Sutcliffe K M. Comparing Alternative Conceptualizations of Functional Diversity in Management Teams: Process and Performance Effects [J]. The Academy of Management Journal, 2002, 45 (5): 875 –893.

[22] Justin J P, Gerard G, Frans A J, et al. Senior Team Attributes and Organizational Ambidexterity: The Moderating Role of Transformational Leadership [J]. Journal of Management Studies, 2008, 45 (5): 982 –1007.

[23] Donghun L, Katie K H. Diversity in Alliance Portfolios and Performance Outcomes: A Meta – Analysis [J]. Journal of Management, 2017, 43 (5): 1472 –1497.

[24] 夏丽娟，谢富纪，王海花．制度邻近、技术邻近与产学协同创新绩效——基于产学联合专利数据的研究 [J]．科学学研究，2017，35 (5)：782 –791.

[25] 唐勇，张骁，周霞．广东省创新型产业集群发展现状、特征及对策建议 [J]．科技管理研究，2016，36 (1)：114 –118.

[26] Liu W H. Relevance of Own R&D and Sources of Knowledge Transfer for Industrial Innovation in China [J]. The Developing Economies, 2014, 52 (1): 1 –25.

[27] 荣鹏飞，王嘉，王瑞雪．高管团队知识隐藏结构模型与量表开发 [J]．科技进步与对策，2022，39 (15)：110 –118.

[28] Pengfei R, Chengyan L, Jiaqi X. Learning, trust, and creativity in top management teams: Team reflexivity as a moderator [J]. Social Behavior and Personality, 2019, 47 (5): 1 –14.

[29] 刘永丽，程晨，贾涵涵．高管团队重组、内部控制质量与双元创新 [J]．会计研究，2022 (3)：93 –106.

[30] Zahra S A, George G. Absorptive capacity: A review, reconceptualization, and extension [J]. Academy of management review, 2002, 27 (2): 185 –203.

[31] Sheng M L, Chien I. Rethinking organizational learning orientation on radical and incremental innovation in high – tech firms [J]. Journal of Business Research, 2016, 69 (6): 2302 –2308.

[32] 吕途，林欢，陈昊．动态能力对企业新产品开发绩效的影响——双元创新的中介

作用 [J]. 中国科技论坛, 2020 (8): 67-75, 87.

[33] March J G. Exploration and Exploitation in Organizational Learning [J]. Organization Science, 1991, 2 (1): 71-87.

[34] Tushman M L, O'reilly C A. Ambidextrous organizations: Managing evolutionary and revolutionary change [J]. California management review, 1996, 38 (4): 8-29.

[35] Benner M J, Tushman M L. Exploitation, exploration, and process management: The productivity dilemma revisited [J]. Academy of management review, 2003, 28 (2): 238-256.

[36] Vorhies D W, Orr L M, Bush V D. Improving Customer-focused Marketing Capabilities and Firm Financial Performance Via Marketing Exploration and Exploitation [J]. Journal of the Academy of Marketing Science, 2011, 39 (5): 736-756.

[37] 张峰, 王睿. 政府管制与双元创新 [J]. 科学学研究, 2016, 34 (6): 938-950.

[38] 翟淑萍, 毕晓方. 环境不确定性、管理层自信与企业双元创新投资 [J]. 中南财经政法大学学报, 2016 (5): 91-100, 159.

[39] Christine S K, Dawn R D, Kurt A H. An empirical test of environmental, organizational, and process factors affecting incremental ad radical innovation [J]. Journal of High Technology Management Research, 2003, 14: 21-45.

[40] O'Reilly C A, Tushman M L. Ambidexterity as a dynamic capability: Resolving the innovator's dilemma [J]. Research in Organizational Behavior, 2008, 28: 185-206.

[41] Sébastien B, Caroline M, MaRéva S. The impact of organizational context and competences on innovation ambidexterity [J]. International Journal of Innovation Management, 2010, 14 (2): 151-178.

[42] 李瑞雪, 彭灿, 杨晓娜. 双元创新与企业可持续发展: 短期财务绩效与长期竞争优势的中介作用 [J]. 科技进步与对策, 2019, 36 (17): 81-89.

[43] 董保宝, 尹璐, 许杭军. 探索式创新与新创企业绩效: 基于多层级网络结构的交互效应研究 [J]. 南方经济, 2017 (3): 42-56.

[44] Van D A, Poole M S. Explaining Development and Change in Organizations [J]. The Academy of Management Review, 1995, 20 (3): 510-540.

[45] 王林, 沈坤荣, 吴琼, 等. 探索式创新、利用式创新与新产品开发绩效关系——

环境动态性的调节效应研究 [J]. 科技进步与对策, 2014, 31 (15): 24 - 29.

[46] Tan M, Zhiying L. Paths to success: An ambidexterity perspective on how responsive and proactive market orientations affect SMEs' business performance [J]. Journal of Strategic Marketing, 2014, 22 (5): 420 - 441.

[47] 毕晓方, 翟淑萍, 姜宝强. 政府补贴、财务冗余对高新技术企业双元创新的影响 [J]. 会计研究, 2017 (1): 46 - 52, 95.

[48] 李传宪, 黄丽. 政府补贴对新能源上市公司双元创新投入影响研究 [J]. 中国科技论坛, 2019 (3): 11 - 18.

[49] Jansen J P, Bosch V D, Frans A J, et al. Exploratory Innovation, Exploitative Innovation, and Ambidexterity: The Impact of Environmental and Organizational Antecedents [J]. Schmalenbach Business Review, 2005, 57 (4): 351 - 363.

[50] 李强, 朱倩玉. 组织冗余、股权结构与双元创新投资 [J]. 会计之友, 2019 (9): 38 - 44.

[51] 张钰, 李瑶, 刘益. 社会资本对企业创新行为的影响——基于利用式创新和探索式创新的实证研究 [J]. 预测, 2013, 32 (2): 7 - 11, 25.

[52] Wong Y J, Lee C Y, Chang S C. CEO Over confidence and Ambidextrous Innovation [J]. Journal of Leadership & Organizational Studies, 2017, 24 (3): 414 - 430.

[53] 王维, 李娜, 薛程月, 等. CEO自恋对企业成长的作用机制研究——双元创新的中介效应 [J]. 科技进步与对策, 2018, 35 (23): 113 - 120.

[54] 薛媛. 高管团队特征与双元性创新的关系研究 [J]. 财会通讯, 2018 (32): 63 - 66.

[55] Berraies S, Abidine S. Do Leadership Styles Promote Ambidextrous Innovation? Case of Knowledge - Intensive firms [J]. Journal of Knowledge Management, 2019, 23 (5): 836 - 859.

[56] 邵剑兵, 吴珊. 高新技术企业股权激励与双元创新 [J]. 研究与发展管理, 2020, 32 (4): 176 - 186.

[57] Kortmann, Sebastian. The mediating role of strategic orientations on the relationship between ambidexterity - oriented decisions and innovative ambidexterity [J]. Journal of Product Innovation Management, 2015, 32 (5): 666 - 684.

[58] 徐露允，曾德明，张运生．知识网络密度与双元创新绩效关系研究——基于知识基础多元度的调节效应［J］．研究与发展管理，2018，30（1）：72－80.

[59] 张庆垒，施建军，刘春林，等．技术多元化、行业竞争互动与双元创新能力［J］．外国经济与管理，2018，40（9）：71－83.

[60] 马富萍．高层管理团队特征与技术创新的相关性研究：基于文献综述［J］．科学管理研究，2010，28（4）：116－120.

[61] Matzler K, Renzl B, Müller J, et al. Personality traits and knowledge sharing [J]. Journal of Economic Psychology, 2008, 29 (3): 301－313.

[62] Xie X, Zou H, Qi G. Knowledge absorptive capacity and innovation performance in high－tech companies: Amulti－mediating analysis [J]. Journal of Business Research, 2018, 88 (7): 289－297.

[63] Camisón C, Forés B. Knowledge absorptive capacity: New insights for its conceptualization and measurement [J]. Journal of Business Research, 2010, 63 (7): 707－715.

[64] Jantunen A. Knowledg－processing capabilities and innovative performance: An empirical study [J]. European Journal of Innovation Management, 2005, 8 (3): 336－349.

[65] Limaj E, Bernroider E, Choudrie J. The impact of social information system governance, utilization, and capabilities on absorptive capacity and innovation: A case of Austrian SMEs [J]. Information Management, 2016, 53 (3): 380－397.

[66] 向永胜，古家军．网络结构嵌入、吸收能力与集群企业双元创新能力——基于内外整合视角的实证［J］．企业经济，2017，36（4）：66－72.

[67] Cohen W M, Levinthal D A. Absorptive capacity: A new perspective on learning and innovation [J]. Administrative science quarterly, 1990, 35 (1): 128－152.

[68] Kim L. Crisis construction and organizational learning: Capability building in catching－up at Hyundai Motor [J]. Organization Science, 1998, 9: 506－521.

[69] Dyer J H, Singh H. The relational view: Cooperative strategy and sources of interorganizational competitive advantage [J]. Academy of Management Review, 1998 (23): 660－679.

[70] Lane P J. The reification of absorptive capacity: A critical review and rejuvenation of the construct [J]. Academy of Management Review, 2006, 31 (4): 833－863.

[71] Lichtenthaler U. Absorptive Capacity, Environmental Turbulence, and the Complementarity of Organizational Learning Processes [J]. Academy of Management Journal, 2009, 52 (4): 822 - 846.

[72] 李桂华，赵珊，王亚．供应网络位置、吸收能力与企业创新绩效 [J]．软科学，2020，34 (12)：1 - 7.

[73] 解学梅，左蕾蕾．企业协同创新网络特征与创新绩效：基于知识吸收能力的中介效应研究 [J]．南开管理评论，2013，16 (3)：47 - 56.

[74] 潘宏亮．创业者吸收能力、双元创新战略对天生国际化企业成长绩效的影响 [J]．科学学与科学技术管理，2018，39 (12)：94 - 110.

[75] Blind K, Mangelsdorf A. Motives to standardize: Empirical evidence from Germany [J]. Technovation, 2016, 48: 13 - 24.

[76] Ranganathan R, Rosenkopf L. Do ties really bind? The effect of knowledge and commercialization networks on opposition to standards [J]. Academy of Management Journal, 2014, 57 (2): 515 - 540.

[77] Broersma R, Van Gils A, De Grip A. Ambidextrous Innovation in SMEs: the Role of Absorptive Capacity and CEO's Engagement in the Strategy Process [J]. Academy of Management Annual Meeting Proceedings, 2016 (1): 1055 - 1060.

[78] 李子彪，王楠，孙可远．国际化行为对高新技术企业创新绩效的影响机理——基于吸收能力的中介效应 [J]．科技管理研究，2019，39 (8)：1 - 8.

[79] Cepeda - Carrion I, Leal - Millan A G, Martelo - Landroguez S, et al. Absorptive capacity and value in the banking industry: A multiple mediation model [J]. Journal of Business Research, 2016, 69 (5): 1644 - 1650.

[80] Najafi - Tavani S, Najafi - Tavani Z, Naude P, et al. How collaborative innovation networks affect new product performance: Product innovation capability, process innovation capability, and absorptive capacity [J]. Industrial Marketing Management, 2018, 73 (8): 192 - 205.

[81] 郭尉．创新开放度对企业创新绩效影响的实证研究 [J]．科研管理，2016，37 (10)：43 - 50.

[82] Yaseen S G. Potential Absorptive Capacity, Realized Absorptive Capacity and Innovation

Performance [C] // International Conference on Human Interaction and Emerging Technologies. Springer, Cham, 2020.

[83] 吴伯翔，阎海峰，关涛．本土企业吸收能力影响因素的实证研究 [J]．科技进步与对策，2007 (8)：110 - 113.

[84] 葛沪飞，仝允桓，高旭东．开放式创新下组织吸收能力概念拓展 [J]．科学学与科学技术管理，2010，31 (2)：46 - 52.

[85] 陈劲，蒋子军，陈钰芬．开放式创新视角下企业知识吸收能力影响因素研究 [J]．浙江大学学报 (人文社会科学版)，2011，41 (5)：71 - 82.

[86] 邹波，张巍，王晨．从个体吸收能力到组织吸收能力的演化——以知识共享为中介 [J]．科研管理，2019，40 (1)：32 - 41.

[87] 刘学元，丁雯婧，赵先德．企业创新网络中关系强度、吸收能力与创新绩效的关系研究 [J]．南开管理评论，2016，19 (1)：30 - 42.

[88] Mancusi M L. International spillovers and absorptive capacity：A cross - country cross - sector analysis based on patents and citations [J]. Journal of International Economics, 2008, 76 (2)：155 - 165.

[89] 张洁，戚安邦，熊琴琴．吸收能力形成的前因变量及其对企业创新绩效的影响分析——吸收能力作为中介变量的实证研究 [J]．科学学与科学技术管理，2012，33 (5)：29 - 37.

[90] 翟瑞瑞，陈岩，姜鹏飞．多元技术创新模式与企业创新绩效——基于吸收能力中介机制的研究 [J]．软科学，2016，30 (2)：44 - 49.

[91] 林春培，张振刚．基于吸收能力的组织学习过程对渐进性创新与突破性创新的影响研究 [J]．科研管理，2017，38 (4)：38 - 45.

[92] 陈莞，张佳瑶．技术多元化对企业创新绩效的影响——高管团队社会资本的调节作用 [J]．技术经济，2016，35 (3)：24 - 30，94.

[93] Tsai, Fu - Sheng. Knowing what we know differently Knowledge heterogeneity and dynamically ambidextrous innovation [J]. Journal of organizational change management, 2016, 29 (7)：1162 - 1188.

[94] 段光，杨忠．知识异质性对团队创新的作用机制分析 [J]．管理学报，2014，11 (1)：86 - 94.

[95] 曹勇，孙合林，蒋振宇，等．异质性知识对企业创新绩效的影响：理论述评与展望 [J]．科技管理研究，2016，36 (2)：168 - 171，178.

[96] Leeuw T D，Lokshin B，Duysters G. Returns to alliance portfolio diversity：The relative effects of partner diversity on firm's innovative performance and productivity [J]. Journal of Business Research，2014，67 (9)：1839 - 1849.

[97] 岳鹄，朱怀念，张光宇，等．网络关系、合作伙伴差异性对开放式创新绩效的交互影响研究 [J]．管理学报，2018，15 (7)：1018 - 1024.

[98] Nooteboom B，Vanhaverbeke W，Duysters G，et al. Optimal cognitive distance and absorptive capacity [J]. Research Policy，2007，36 (7)：1016 - 1034.

[99] Sze - Sze W. Task Knowledge Overlap and Knowledge Variety：The Role of Advice Network Structures and Impact on Group Effectiveness [J]. Journal of Organizational Behavior，2008，29 (5)：591 - 614.

[100] Bloodgood J M. Acquiring External Knowledge：How Much Overlap is Best? [J]. Knowledge & Process Management，2015，22 (3)：148 - 156.

[101] 王金凤，王孟琪，冯立杰．外部知识异质性、知识多元化与突破式创新绩效——基于企业生命周期视角 [J]．软科学，2020，34 (12)：14 - 19.

[102] 曹勇，孙合林，蒋振宇，等．异质性知识对企业创新绩效的影响：理论述评与展望 [J]．科技管理研究，2016，36 (2)：168 - 171，178.

[103] Frankort H. When does knowledge acquisition in R&D alliances increase new product development? The moderating roles of technological relatedness and product - market competition [J]. Research Policy，2016，45 (1)：291 - 302.

[104] 王海花，王蒙怡，孙银建．多维邻近性对我国跨区域产学协同创新的影响：静态与动态双重作用 [J]．科技进步与对策，2019，36 (2)：44 - 50.

[105] Annapoornima M Subramanian，Bo W，Kah - Hin C. The role of knowledge base homogeneity in learning from strategic alliances [J]. Research Policy，2018，47 (1)：158 - 168.

[106] 汤建影．技术特征对企业技术获取方式的影响——基于中小民营企业的实证研究 [J]．科研管理，2012，33 (9)：40 - 46.

[107] 刘凤朝，罗蕾，张淑慧．知识属性、知识关系与研发合作企业创新绩效 [J]．科

研管理，2021，42（11）：155－163.
［108］陈悦明，葛玉辉，宋志强．高层管理团队断层与企业战略决策的关系研究［J］．管理学报，2012，9（11）：1634－1642.
［109］王益民，王艺霖，程海东．高管团队异质性、战略双元与企业绩效［J］．科研管理，2015，36（11）：89－97.
［110］陈立勇，刘梅，高静．研发网络成员多样性、网络关系强度对二元式创新的影响［J］．软科学，2016，30（8）：25－28，33.
［111］Grant R M，Baden－Fuller C. A knowledge accessing theory of strategic alliance［J］. Journal of Management Studies，2004，41（1）：61－84.
［112］Filieri R，Alguezaui S. Structural social capital and innovation. Is knowledge transfer the missing link［J］. Journal of Knowledge Management，2014，18（4）：728－757.
［113］朱少英，齐二石，徐渝．变革型领导、团队氛围、知识共享与团队创新绩效的关系［J］．软科学，2008（11）：1－4，9.
［114］简兆权，曾经莲，柳仪．基于吸收能力调节中介作用的外部组织整合与新服务开发绩效研究［J］．管理学报，2018，15（9）：1327－1336.
［115］Ijzerman H，Gün R S. The Thermometer of Social Relations：Mapping Social Proximity on Temperature［J］. Psychological Science，2009，20（10）：1214－1220.
［116］Burchard J，Cornwell B. Structural holes and bridging in two－mode networks［J］. Social Networks，2018，55：11－20.
［117］刘凤朝，杨爽．发明人知识特征对其合作网络中心性的影响研究——基于社会—知识二模网的分析［J］．研究与发展管理，2020，32（4）：73－83.
［118］Snehal A，Ram M. On the geography of emerging industry technological networks：the breadth and depth of patented innovations［J］. Journal of Economic Geography，2017，18（2）：391－419.
［119］Akyol Z，Garrison D R. Understanding cognitive presence in an online and blended community of inquiry：Assessing outcomes and processes for deep approaches to learning［J］. British Journal of Educational Technology，2011，42（2）：233－250.
［120］Weinberger A，Fischer F. A framework to analyze argumentative knowledge construction in computer－supported collaborative learning［J］. Computers & Education，2006，

46 (1): 71 -95.

[121] Talke K, Salomo S, Rost K. How top management team diversity affects innovativeness and performance via the strategic choice to focus on innovation fields [J]. Research Policy, 2010, 39 (7): 907 -918.

[122] Chen S, Bu M, Wu S, et al. How does TMT attention to innovation of Chinese firms influence firm innovation activities? A study on the moderating role of corporate governance [J]. Journal of Business Research, 2014, 68 (5): 1127 -1135.

[123] Tajfel H. Social Psychology of Intergroup Relations [J]. Annual Review of Psychology, 1982, 33: 1 -39.

[124] 曾德明，文金艳．协作研发网络中心度、知识距离对企业二元式创新的影响 [J]. 管理学报，2015，12 (10): 1479 -1486.

[125] 王涛，黄兰兰，周正．外部创新源对企业创新绩效影响的实证研究——以吸收能力为中介变量 [J]. 软科学，2016，30 (5): 50 -53，73.

[126] 简兆权，刘念，黄如意．动态能力、企业规模与双元创新关系研究——基于 fsQCA 方法的实证分析 [J]. 科技进步与对策，2020，37 (19): 77 -86.

[127] 瞿孙平，石宏伟，郑爱翔．中小企业的知识搜索方向、吸收能力与双元创新——基于多重中介效应分析 [J]. 科技管理研究，2018，38 (13): 23 -31.

[128] 郑兵云，陈圻，李邃．差异化战略对企业绩效的影响研究——基于创新的中介视角 [J]. 科学学研究，2011，29 (9): 1406 -1414.

[129] 韩晨，高山行．市场学习、创新方式与企业多维绩效关系研究 [J]. 科技进步与对策，2017，34 (7): 68 -75.

[130] Sheng M L, Chien I. Rethinking organizational learning orientation on radical and incremental innovation in high - tech firms [J]. Journal of Business Research, 2016, 69 (6): 2302 -2308.

[131] 崔维军，孙成，傅宇，等．政策不确定性与企业双元创新行为选择："激流勇进"还是"循序渐进"[J]. 科学学与科学技术管理，2019，40 (11): 68 -81.

[132] 宋春华，马鸿佳，马楠．关系学习、双元创新与企业绩效关系研究 [J]. 外国经济与管理，2017，39 (9): 32 -46.

[133] 史会斌，杨东．CEO 权力配置对企业双元创新的影响研究 [J]. 软科学，2017，

31（11）：49－51，61.
[134] 齐秀辉，王毅丰，孙政凌．双元创新、企业家冒险倾向与企业绩效研究［J］．科技进步与对策，2020，37（16）：104－110.
[135] 董屹宇，郭泽光．股权激励提高了企业创新投资意愿吗——基于双元创新理论视角的实证研究［J］．贵州财经大学学报，2018（4）：43－53.
[136] 梁彤缨，雷鹏，陈修德．管理层激励对企业研发效率的影响研究——来自中国工业上市公司的经验证据［J］．管理评论，2015，27（5）：145－156.
[137] 杨博旭，王玉荣，李兴光．"厚此薄彼"还是"雨露均沾"——组织如何有效利用网络嵌入资源提高创新绩效［J］．南开管理评论，2019，22（3）：201－213.
[138] 汤超颖，刘丽，李美智．企业内外部知识分布与二元学习平衡：基于中国创新型企业的实证研究［J］．管理评论，2020，32（6）：82－92.
[139] 王建，胡珑瑛，马涛．吸收能力、开放度与创新平衡模式的选择——基于上市公司的实证研究［J］．科学学研究，2015，33（2）：304－312.
[140] 石晓义．产学研协同创新、吸收能力与民营企业创新绩效的关系研究［D］．太原：山西财经大学，2020.
[141] 朱丽，刘军，刘超，等．异质性行业连接、网络权力与创新绩效关系研究——基于中国上市公司全网络［J］．经济管理，2017，39（9）：35－48.
[142] 任爱莲．创新开放度、吸收能力与创新绩效的关系研究——来自中小电子科技企业的证据［J］．科技进步与对策，2010，27（20）：10－14.
[143] 李凡，代永玮，张迪．出口活动、吸收能力、研发合作与创新绩效［J］．科研管理，2022，43（3）：125－133.
[144] 王军，常红．知识溢出、吸收能力与经济增长——基于调节效应的检验［J］．经济与管理研究，2020，41（9）：12－28.
[145] 陈光华，梁嘉明，杨国梁．企业吸收能力、政府研发资助与外部知识获取对产学研创新绩效的影响研究［J］．中国科技论坛，2014（7）：68－74.
[146] 王学工，帅惟．企业集团化、吸收能力与企业绩效关系实证研究［J］．改革与战略，2011，27（3）：164－166.
[147] 庄园园．区域知识溢出对外资企业创新绩效的影响［D］．昆明：云南财经大学，2020.

[148] 杨典. 公司治理与企业绩效——基于中国经验的社会学分析 [J]. 中国社会科学, 2013 (1): 72 - 94, 206.

[149] 曲木雅怡. 高管团队异质性对企业创新绩效的影响研究 [D]. 北京: 北京印刷学院, 2021.

[150] 朱建民, 丁莹莹. 知识型企业人力资本对创新绩效的影响——基于知识管理能力视角 [J]. 科技管理研究, 2017, 37 (11): 141 - 147.

[151] 龙浩男. 高管团队教育背景、研发投入与企业创新绩效的关系研究 [D]. 湘潭: 湘潭大学, 2020.

[152] 王梓旭. 制度距离、吸收能力与 OFDI 企业创新绩效 [D]. 济南: 山东师范大学, 2021.

[153] 温忠麟, 叶宝娟. 中介效应分析: 方法和模型发展 [J]. 心理科学进展, 2014, 22 (5): 731 - 745.

[154] 朱钰, 郑屹然, 尹默. 统计学意义下的多重共线性检验方法 [J]. 统计与决策, 2020, 36 (7): 34 - 36.

[155] Baron R M, Kenny D A. The moderator - mediator variable distinction in social psychological research: Conceptual, strategic, and statistical considerations [J]. Journal of personality and social psychology, 1986, 51: 1173 - 1182.

[156] 温忠麟, 张雷, 侯杰泰, 等. 中介效应检验程序及其应用 [J]. 心理学报, 2004 (5): 614 - 620.

第5章　高管团队知识覆盖与企业高质量发展

企业高质量发展已成为全面建设社会主义现代化国家的首要任务。企业作为市场经济的微观主体，其发展质量直接关系到经济的整体表现。高质量发展不仅要求企业在规模和速度上有所增长，更强调质量和效率的双重提升。在此背景下，高管团队作为企业战略决策的核心，其知识结构对企业的创新、管理和发展具有决定性影响。本章将聚焦于高管团队知识覆盖与企业高质量发展之间的关系，探讨高管团队成员间的知识交集如何影响企业的战略决策和绩效。

基于高层梯队理论，我们认为高管团队的知识特征是企业竞争力的重要来源。然而，现有研究多集中于高管团队知识异质性，对知识覆盖特征的关注不足。本章旨在改进并完善前述章节高管团队知识覆盖测度的理论与方法，分析其对企业高质量发展的作用机制，并考察内部控制的调节效应。通过实证分析，尝试回答以下问题：高管团队知识覆盖对企业高质量发展是否有显著影响？内部控制在这一关系中扮演怎样的角色？

5.1 背景与意义

5.1.1　研究的背景

党的二十大报告指出，高质量发展是全面建设社会主义现代化国家的首要任务[1]。在此过程中，经济增长的动力由要素驱动和投资驱动转为由全要素生产率驱动[2]。同时，企业是市场经济的主体，企业高质量发展是经济高质量发展的微观基础。为实现高质量发展，企业不仅要逐步适应新的市场环境，更要奋勇争先。

企业高质量发展意味着企业从偏重规模和速度的粗放型增长，加快转向更加注重质量和效率的集约型增长。刘维林和刘秉镰（2022）认为，提高企业的全要素生产率是关键所在[3]。根据 Hambrick 和 Mason（1984）提出的高层梯队理论，企业的管理、创新与发展，高管团队发挥着至关重要的作用[4]。Chung 等（2015）指出，高管团队作为企业重要战略决策的制定者与执行者，其经营管理水准，以及为企业带来的创新实践能力，在很大程度上受到知识特征的影响[5]。Baker、Muller（2002）以及 Chen（2010）认为，从知识的独立特征维度而言，每一名高管的学历水平、工作经历等铸就了其独立的知识特征[6][7]。一般而言，单个高管的知识水平越高，越有利于企业的科学决策，从而推动企业高质量发展。但事实上，高管团队不是割裂的知识个体，而是有机的知识结合体，根据王益民（2022）的研究，各个高管间知识所产生的化学作用同样举足轻重[8]。正因如此，学者愈发关注高管团队知识的联合特征。

Cui 等（2019）指出，高管团队知识异质性备受过往研究青睐，其更多探讨的是高管团队成员间知识的补集、并集问题[9]。实际上，依据金泉（2010）与姚振华（2011）的研究，企业的发展不仅依赖团队整体上具备丰富的专业和经验知识，还要求知识在分布上达到某种平衡，以实现团队高效地沟通[10][11]。为达到这种知识分布平衡，高管团队成员拥有的共同知识所达到的程度——知识覆盖，注重反映高管团队成员的知识交集，相较于知识异质性，从另一维度充实了高管团队知识的联合特征。

杨国忠和杨明珠（2016）认为，高管团队的知识特征既然影响着企业的经营管理，也势必会影响企业的高质量发展[12]。但我们发现：①在众多企业高质量发展的研究中，似乎缺失了对高管团队知识特征的研究；②即使关注了高管团队的知识特征，知识异质性、多样性仿佛更受人们的重视，知识覆盖特征则被相对忽略。为此，我们不禁要问：作为知识联合特征的重要组成部分，高管团队的知识覆盖是否也不例外地影响着企业的经营决策与发展？若答案为肯定，高管团队知识覆盖对企业高质量发展的作用机制是怎样的？要回答这些问题，需要完成以下工作：

第一，对高管团队知识覆盖进行科学合理的量化测度。本书第2章提供了知识覆盖的测量方法，因此，我们在李泽萍（2022）[13]与王忠瀚（2022）[14]对高管团队知识覆盖测度的基础上，继续借助LDA模型在无监督聚类领域的优势[15]，从高管简历文本出发，融合直觉模糊集，并采用王琦峰和孙海宁（2018）改进后的广义直觉模糊有序加权扩展相似度（GIFOWES）算子[16]，计算直觉模糊集间的相似度，来更好地描述知识的模糊性，以此作为高管团队知识覆盖的测度。

第二，运用以上高管团队知识覆盖量化测度的结果，探讨其对企业高质量发展的作用机制。李善民和周珏廷（2022）[17]专门针对金融背景的高管展开研究，发现这类经验知识对企业高质量并购发展是有裨益的，并且认为这是对社会资本理论的支持，其正好反向支持了林志帆和龙小宁（2021）[18]认为的过往“关系”型社会资本对企业高质量发展长远不可维系的观点，也就此说明高管团队的背景知识等非制度性社会资本对企业高质量发展是不可或缺的。然而，正如上述所及，研究高管团队的知识特征方面，当前侧重在知识异质性，Cui等（2019）的一项研究就发现，高管团队异质化的职能经验、海外经历、学历背景均会对企业发展的财务绩效产生影响。高管知识断裂带理论认为，除多样性的职业背景以外，成员间分享共同社会经验，形成共识性知识，同样有利于提升企业绩效（Georgakakis et al.，2017；王益民等，2022）[19][8]。这在某种程度上启发了我们对高管团队知识覆盖是如何影响企业高质量发展问题的思考。

第三，检验内部控制调节高管团队知识覆盖与企业高质量发展的关系。内部控制是探索企业高质量发展路径的重要中间因素，例如，许志勇（2022）指出，内部控制影响金融资产配置的调控[20]；刘永丽（2022）更是探究了内部控制与高管团队重组调控的关系，其研究表明，经常重组的高管团队，弱化了内部控制的质量，无法形成稳定的知识共享环境，这对企业创新发展是非常不利的[21]。这些研究说明，企业内部控制在高管行为、特征与企业高质量发展之间起到了关键性的作用。范亚东和韩银晓（2022）认为，高管职业经历的异质性会通过内部控制质量的提升强化会计信息的可比性[22][23]，但如 Campbell 等（2015）的研究，具有共同背景的高管职业社群的形成与存在，可以防止内部控制质量的弱化[24]。这些研究都反映了高管知识背景（职业经验知识）特性与企业内部控制的关系，但不同研究者对异质性与共同性有着不同的论述。为此，纳入内部控制因素解构高管知识覆盖与企业高质量发展之间的关系是有必要的。

基于以上，溯源前文的设问，高管团队知识覆盖是否能够如其他知识特征一样，影响企业的高质量发展呢？企业内部控制在其中又是否具备显著的调节效应呢？本书期望以高管团队知识覆盖为切入点，采用 LDA 模型、模糊集理论对其进行量化测度，采用实证分析、机器学习算法探究其对企业高质量发展的作用机制，并检验内部控制的调节效应，从而为企业高质量发展献上新的破局之法。

5.1.2　研究的意义

（1）理论意义：①在 LDA 模型运行结果的基础上，运用模糊集理论，改进并完善高管团队知识覆盖的测度理论与方法。对于高管团队知识覆盖的测度，现有理论研究多停留于笼统的定性化研究，本书以高管简历文本为落脚点，通过 LDA 文本分析，将高管团队知识覆盖初步转化为具象的可测数据；随后结合模糊集的优势，将文本分析结果转化为直觉模糊集，并计算模糊集间的相似度，作为高管团队知识覆盖的量化定义。通过以上举措，在理论维度丰富了高管团队知识覆盖的量化测度方法。②验证高管团队知识覆盖对企业高质量发展的影响，证明了企业内部控制的调节效应，由此从知识覆盖的视角丰富了现有的企业发展理论。企业知识特征对企业发展的影响是多维度多层次的，现有理论研究多偏重高管团队知识异质性，在一定程度上忽略了知识特征的另一维度——知识覆盖。党的二十大以来，企业高质量发展被更为广泛地提及，但尚未有确切的研究阐明高管团队知识特征对企业高质量发展的影响。因此，验证高管团队知识覆盖对企业高质量发展的影响，并证明企业内部控制在其中的调节效应，具有较高的理论价值。

（2）现实意义：①本书提出的基于知识覆盖视角的研究模型对于完善企业内部的知识管理制度具有参考价值。在科技驱动、创新引领的时代背景下，企业愈发注重内部的知识管理。高管团队知识覆盖作为企业知识管理的重要范畴，如何更为直观地对之进行了解，如何更为娴熟地对之进行利用，是本书所体现的现实意义之一。②对不同企业而言，本书的研究结论对其高管团队成员选择具有重要意义。走高质量发展的道路是企业大势所趋。因此，如何从高管团队知识覆盖维度提高企业的高质量发展能力，是企业的重要课题。对于此课题，本书提供了较为完备的模型支撑，有助于企业以知识覆盖为依据合理布局高管团队成员结构，进而推动企业高质量发展。

5.2 现有研究情况

5.2.1　企业知识覆盖与异质性

正如前几章所述，在探究高管的知识特征时，以往研究鲜有关注高管团队的知识覆盖，大多直接从高管自身特征出发，研究高管的知识特征对企业高质量发展的影响。例如，较为早期的 Hambrick 和 Mason（1984）指出，高管团队的重要特征包括年龄、职能、工作经历、受教育程度、社会经济背景与地位、财务状况等[25]。之后，国内学者在此基础上做了很多实证研究，如李小青和周建（2012）研究发现，董事会教育程度异质性与创新绩效负相关、董事会行业背景异质性对 R&D 支出没有影响[26]。雷辉和刘鹏（2013）在对中小企业的研究中发现，高管年龄、性别异质性与创新绩效负相关，高管学历、专业背景、内部控制对创新绩效产生正向的影响[27]。李慧聪、汪敏达和张庆芝（2019）将具有研发背景的高管划分为出身高校或科研院所和一直在企业从事技术开发工作两类，发现高管的研发经历对高技术企业的创新能力和成长性具有重要影响，且两类职业成长路径的影响存在显著差异[28]。

高层梯队理论指出，企业高管团队知识异质性对企业发展及其绩效表现具有重要的影响作用[29]，目前该理论分为了两大学派：信息决策理论和社会认同理论[30]。信息决策理论认为，团队成员间较高的知识异质性能为思考和解决问题提供多样化的视角和途径[31]，有利于激发团队创造力，形成科学、高效的决策[32][33]；社会认同理论则认为，过高的知识异质会导致成员观念难以调和、信息交流不畅，导致认知冲突，不利于团队决策[34]。基于以上两种观点的研究，未得到统一结论[35]。那么，就本书的研究问题来看，知识异质性对企业高质量发展的影响到底是正向还是负向的呢？是否真的无法调和？能否换一种路径得出更为统一的结论呢？

事实上，知识异质性作为知识多样性更为宽泛的表述，始终探讨的是团队成员间知识的补集、并集问题。然而实际上，企业的发展不仅依赖团队整体具备丰富的专业知识和相关经验，还要求知识在个体分布上达到某种平衡，以实现团队高效地沟通[10]。当成员无法匹配团队合作时所需的目标知识与认知，并在团队内部达到一定程度的覆盖时，就容易产生冲突，从而对企业发展造成不利影响[36]。

由此可知，作为知识特征的另一个方面，知识覆盖在高管团队成员的选择和企业的发展上同样具有重要影响，从高管团队知识覆盖视角探究知识特征对企业高质量发展的影响，能避免信息决策理论与社会理论之间无法调和的矛盾结果，得出更为统一的结论。Wong（2008）与Bloodgood（2015）认为，知识覆盖指团队成员拥有的共同知识所达到的程度[37][38]。知识覆盖并不是知识异质性的对立概念，如果从知识多样性的角度来看知识异质性，知识覆盖则是可以同时表达的另一维度。一些研究认为，知识覆盖对组织创新与企业绩效存在正向影响。Yang 和 Pan（2009）从组织生态视角，发现了强关系网络可以通过知识覆盖的方式来影响组织之间转移知识的效果[39]。Mariotti（2011）通过考察英国赛车制造行业发现，在这种知识密集型的行业所形成的跨组织网络中，需要网络成员之间存在一定程度的知识覆盖，才能更好地进行产品创新[40]。Hahn 和 Lee（2010）针对信息系统开发过程进行研究，认为这个领域的工作需要来自业务领域与技术领域知识的融合，并通过仿真技术获得了一些有趣的结论，如知识覆盖在业务与技术开发团队之间非均匀分布的时候，才能提高信息系统开发的绩效；知识覆盖的模式在与团队成员决策依赖关系的分布一致时，绩效才会更好[41]。Saraf 等（2011）从开源软件社区项目对开发者的吸引角度进行研究，也得到了关于知识覆盖更为复杂的结论。这项研究揭示技术与应用背景的覆盖度越高，越能吸引开发者参与到开源项目中；同时，在技术覆盖度较低的情况下，具有更多社区从业经验的开发者也能被吸引并参与项目开发[42]。Bloodgood（2015）在研究组织创新的过程中，从组织内外部知识覆盖度以及知识吸收能力与组织例程的角度，探寻知识覆盖的最佳程度，以吸收足够的外部知识，创建合适的组织例程以支持创新[38]。

但也有研究认为，在团队成员个体层面探讨知识覆盖，其作用并不明显。例如，Blickensderfer 等（1997）从心理学的共享心智模型角度出发，就团队成员知识覆盖对预测团队绩效的情况展开研究，认为这种预测能力是无效的[43]。Gupta（2012）在心理学领域也从知识覆盖的角度考察了决策团队对知识非贡献者的态度与行为，表明知识覆盖的影响较有限[44]。

除此之外，个别研究论及了知识覆盖的形式化定义问题。Vargas - Vera 等（2013）利用 Short Dempster - Shafer 相似度的匹配算法来求解知识覆盖度[45]。范玉斌等（2017）则专门针对制造领域知识的覆盖度进行了定义[46]。Hahn 和 Lee（2010）在研究信息系统开发过程时，通过参照 NK 适应度曲面模型（NK Fitness Landscapes Model），对知识覆盖进行了定量化的仿真研究[41]。

5.2.2 企业高质量发展

高质量发展的五大发展理念为“创新、协调、绿色、开放、共享”。当前关于高质量发展的研究，一方面聚焦于宏观经济，另一方面则关注中观产业。对于微观企业层面，寻找合适的代理变量是企业高质量发展的研究重点。陈林（2022）认为，企业高质量发展依赖创新驱动与环境驱动，并分别采用企业当年专利申请总量与企业环境资本支出作为企业高质量发展的代理变量[47]。林志帆（2021）采用企业的研发支出与专利持有来衡量企业高质量发展水平，并探讨广延边际（是否有研发支出与是否持有专利，构造虚拟变量）与强度边际（研发支出强度与专利持有密度）在其中的作用机制[18]。肖土盛（2022）认为，企业高质量发展主要体现在创新活动，并分别从创新投入、创新产出和创新效率三个维度进行刻画[48]。

此外，部分学者基于不同维度构建了企业高质量发展指标体系。刘冬冬（2022）从反映创新投入和创新产出的四个维度构建企业高质量发展水平指标体系，并由此得出企业高质量发展水平存在企业异质性、行业异质性和区域异质性[49]。周健君（2021）以产业类地方国有企业为研究对象，将访谈调研与统计检验相结合，构建地方国有企业高质量发展评价指标体系，其一级指标分别为产业地位、创新能力、质量效益、可持续发展[50]。黎精明和张泽宇（2021）构建了国有企业发展质量评价指标体系及评价模型，着力剖析国有企业高质量发展的评价机制，涵盖了社会价值驱动、管理机制、资源能力、透明开放、产品服务、综合绩效、社会声誉 7 个维度[51]。王瑶和黄贤环（2021）介绍了微企业领域的高质量发展，基于企业高质量发展的前提保障、表现形式、最终目标和利益相关者，依次提出从管理和治理机制、创新驱动发展、资源配置效率、产品服务质量、财务质量等方面构建企业高质量发展的评价指标体系[52]。

纵观近期研究成果，学术界普遍认为企业高质量发展的关键是提高企业全要素生产率[53]。张治栋和廖常文（2019）基于政府干预的视角研究发现，企业高质量发展的动力来源于全要素生产率[54]，采用全要素生产率作为企业高质量发展的代理变量已然成为一种常态[55-61]，通过提升全要素生产率，企业可达到高质量发展的目的。全要素生产率具体受制于哪些因素，主要存在两种观点：一种观点认为，技术创新是提升企业全要素生产率的关键，以此助推企业高质量发展。陈丽姗等（2019）认为，技术创新是实现企业高质量发展的重要途径，只有将技术成果产业化或利用新技术提高产品质量，才能提升企业价值[62]。Kaplinsky 和 Morris（2016）指出，企业产业升级的潜力很大程度上来源于竞争环境下的高创新效率[63]。另一种观点则认为，企业全要素生产率的提高取决于效率变革，即通过效率变革实现企业的高质量发展。杨武和田雪姣（2018）从企业创新转型的角度提出，效率变革是企业加速成长的重要驱动力，创新和转型有助于形成企业的竞争优势，从而实现进一步成长[64]。黄聪英（2019）提出，将效率变革作为实体经济高质量发展的核心，企业的市场竞争力取决于投入产出效率[65]。黄速建（2018）等以国有企业为例，发现企业的效率变革、动力转型和管理创新有利于企业的高质量发展[66]。基于上述研究可以得出，提高企业全要素生产率的关键在于技术创新和效率变革。

同时，外部环境对企业全要素生产率也会产生重要影响。对企业外部环境的研究主要集中在产业政策[67]、经济集聚[68]、环境规制[69]、政府补贴[70]、信贷配置扭曲[71]等方面。Jiang 等（2021）利用结构方程模型研究了环境信息披露对企业高质量发展的促进作用，并验证了智力资本在其中的中介作用[72]。陈昭（2019）认为，政府补贴可以有效刺激企业创新，从而积极促进制造业企业的高质量发展[70]。李巧华（2019）对制造业企业高质量发展进行了研究，发现技术因素、需求因素、组织因素等各种内外部因素可以促进制造业企业的组织和技术创新，从而促进制造业企业的高质量发展[73]。

对于全要素生产率，学者常用普通最小二乘法（Ordinary Least Square，OLS）、Olley - Pakes 方法（简称“OP 法”）[74]、Levinsohn - Petrin 方法

（简称“LP法”）[75]进行测算。Ackerberg（2006）在OP、LP方法的基础上进行改进，提出用平均条件函数法（Average Conditional Function，ACF）测算企业的全要素生产率[76]。相比于OP法和LP法，ACF方法不仅能降低样本损失程度，还能有效缓解多重共线性问题。

5.2.3 企业内部控制

我国于2008年发布了《企业内部控制基本规范》，将内部控制概念框架总结概括为内部环境、风险评估、控制措施、信息与沟通、监督与检查5个要素。内部控制制度是公司治理的重要组成部分，它有效管控着企业的日常活动和战略计划，提升人力、物力资本的运营效率，进而使公司治理水平大幅提升。

李瑛玫和史琦（2019）指出，内部控制是企业实现战略目标的重要保障[77]。张新民（2019）等指出，内部控制要求企业建立风险识别、分析、防范、应对体系，对税收规避行为进行监测，降低经营风险[78]。内部控制在执行过程中将企业面临的不确定性降低到与企业当前战略发展和价值观相适应的状态，提高企业创新水平。另外，内部控制可以帮助企业实现可持续发展。董小红（2022）等发现，内部控制质量高的企业，可持续发展整体水平较高[79]。同时，内部控制可以预防企业营运过程中的诸多风险[80]，反映企业各方面问题，有助于修改、完善相关管理制度，提高企业的绩效[81]。此外，内部控制正向影响企业创新[82]。张秋实（2021）等提出，企业、产业金融化与企业创新具有门槛效应，并且内部控制的有效性能够提前促使金融化对创新的影响由抑制转为促进[83]。反之，倘若企业内部控制存在问题，带来的是企业监督反馈等一系列控制系统失效[84]，会对企业的发展战略、投资决策产生负面影响，并且可能引发阻碍企业长期发展的短期行为，进而影响股价[85]、融资约束[86]、融资成本[87]，造成企业无法实现高质量发展。张广胜（2020）等指出，内部控制通过促进研发强度、提升劳动产出效率显著提升企业全要素生产率，从而促进企业高质量发展[88]。许志勇（2022）等指出，企业内部控制会调节金融资产配置对企业高质量发展的影响[89]。由此可见，企业内部控制深刻影响其高质量发展。

5.2.4　模糊集

自 Zadeh（1965）提出模糊理论[90]以来，因其能较好地处理模糊信息的优势，而被广泛应用在控制系统、机器学习、多属性决策等多个领域。Atanassov（1986）在传统模糊理论的基础上进行扩展，提出了直觉模糊集（Intuition Fuzzy Sets，IFS）的概念[91]。相较于一般模糊集，直觉模糊集同时考虑隶属度、非隶属度和犹豫度三个方面的信息，能更好地描述客观事物的模糊性。因此，直觉模糊集理论可以更好地测度高管成员间的知识覆盖。

对于直觉模糊集，最重要的是寻找或构造隶属度函数与非隶属度函数。魏志远和岳振军（2017）在情感分析领域运用直觉模糊集，其中隶属度、非隶属度分别采用积极、消极情感词在句中出现的频率，并采用 I－IFHA 混合平均算子计算语句的情感倾向[92]，但仍未逃脱频率统计方法的桎梏。Zhang（2020）等将直觉模糊集与在线评论情感分析相结合，并将其应用到电商排序中，采用专家评分法确定隶属度、非隶属度[93]。邢清华和刘付显（2009）着力构建直觉模糊集隶属度函数、非隶属度函数模型，基于证据理论，通过分析信任函数、似然函数与隶属度函数、非隶属度函数的互通性，以确定直觉模糊集隶属度和非隶属度函数[94]。雷阳（2009）等提出一种基于三分法的直觉模糊集非隶属度函数确定方法[95]。

对于两个直觉模糊集，其相似程度可以用直觉模糊集相似度加以表示。胡平和秦克云（2021）基于模糊等价研究出毕达哥拉斯模糊集相似度的一般构造方法[96]，为直觉模糊集相似度计算提供参考。江文奇（2018）等通过比较 18 种直觉模糊集的相似度函数，分析了其与相似度定义的匹配程度，并提出一种更为完善的相似度函数[97]。王琦峰和孙海宁（2018）提出了一种广义直觉模糊有序加权扩展相似度（GIFOWES）算子，考虑到了多维度直觉模糊集间的相似度计算[16]，丰富了现有计算方法。

5.2.5 研究总评

高管团队知识覆盖作为知识特征的重要维度，其战略地位的重要性与国内研究的稀缺性形成对比。过往研究多偏重定性分析知识覆盖的功效或弊病，从理论角度证明了知识覆盖对组织创新与绩效存在正向影响，但鲜有研究结合文本分析、机器学习、模糊集等方法对高管团队知识覆盖及其相关效应进行定量化探究。同时，现有研究表明，企业高质量发展主要体现为全要素生产率的提升，全要素生产率的提升则受制于技术创新、效率变革等因素，一定程度上与知识覆盖的作用领域相重合。此外，研究表明内部控制通过加大研发强度、提升劳动产出效率对企业发展质量产生正向影响，但其作用机制与知识覆盖有所雷同，由此引发对其调节效应的猜想。

对于直觉模糊集，其相似性的计算已经相对成熟。然而，以往的研究在确定直觉模糊集的隶属函数和非隶属函数时普遍遇到主观性强、一致性弱等问题。目前，相关研究更多的是依赖仿真模拟实验，即便使用实际数据，数据规模仍然很低。因而，基于高管简历文本数据分析得到的实际数据，因地制宜地利用直觉模糊集的隶属度、非隶属度和犹豫度，为高管团队知识覆盖提供更加完善、可靠的度量方法。

5.3 研究思路与目的

5.3.1 研究思路

本章研究主要分为两大部分：第一，从上市企业高管简历入手，采用文本挖掘、LDA 算法、直觉模糊集相关理论进一步完善第 2 章提出的量化高管团队知识覆盖的计算方法；第二，基于现有理论，分析探讨高管团队知识覆盖对上市企业高质量发展的影响机制，并对之进行实证检验。

首先，构建高管团队知识覆盖对上市企业高质量发展的影响模型。基于理论研究，分析高管团队知识覆盖对上市企业高质量发展的影响机制，并由此提出研究假设，初步构建实证模型。

其次，变量测度与数据处理。对原始数据进行处理，创新性完善高管团队知识覆盖的量化测度，并借鉴现有研究，完成上市企业高质量发展的测度。

再次，实证分析。在理论分析的基础上，实证探讨高管团队知识覆盖对上市企业高质量发展的影响机制，并采用卷积神经网络、因果森林方法（树型模型方法）、最小绝对收缩和选择算法（Least Absolute Shrinkage and Selection Operator，LASSO，一种特征缩减方法）三种机器学习方法对实证结果进行验证。

最后，给出研究结论。依据实证分析结果，提炼研究结论。

5.3.2 研究目的

（1）通过LDA模型与模糊集相关理论模型，基于客观数据，完善高管团队知识覆盖测度模型。具体体现在：

第一，充分结合现有的文本分析研究成果，对高管的知识背景及相关简历进行收集并汇成文本，运用LDA模型对文本信息进行无监督聚类，并得到每位高管在各个知识类别下的主题概率。这种方法突破了问卷调查与实地访谈的桎梏，在知识维度上对企业高管进行高效的评估与分类。第二，鉴于直觉模糊集在知识这一模糊领域上的优势，本章引入直觉模糊集，将每位高管的知识结构，也就是主题概率向量进行转化，并看作一个直觉模糊集，将两个高管间的知识覆盖演化为两个直觉模糊集的相似度，计算时采用改进后的广义直觉模糊有序加权扩展相似度算子，计算结果为一个区间数。如此，既考虑了“模糊性”，又顾及了“覆盖度”，将主题概率向量与直觉模糊集有机融合，改进了高管间知识覆盖的数值化定义。第三，对于高管团队，计算其中两两高管间的知识覆盖，并采用区间均值法求得算术平均值，得到最终的高管团队知识覆盖。

（2）探讨高管团队知识覆盖对企业高质量发展的影响，并分析不同内部控制水平下企业高质量发展对高管团队知识覆盖的依赖程度。具体体现在：

第一，结合高管团队知识覆盖的研究成果，完成了回归模型的变量定义。第二，对相关变量进行描述性统计与相关性检验。第三，依据回归结果，探究高管团队知识覆盖对企业高质量发展的影响。第四，验证内部控制的调节效应。第五，采用卷积神经网络、因果森林方法、LASSO方法三种机器学习方法对实证结果进行验证。第六，采用不同年度数据对假设进行稳健性检验。

5.4 构建高管团队知识覆盖对企业高质量发展影响的理论模型

5.4.1　相关理论与概念界定

5.4.1.1　高管团队知识覆盖

Wong（2008）与 Bloodgood（2015）认为，知识覆盖指团队成员拥有的共同知识所达到的程度[37][38]。将每名高管看作一个知识集合，两两集合间存在交集，高管团队知识覆盖便是这些交集的数值化体现。

然而，对于知识这一模糊概念，其量化依据仍有研究空间。在量化描述高管的知识时，过往研究多依赖于问卷调研，却未能解决问卷调研中的主观性缺陷，无论是自评抑或是他评，都难免出现主观性认知偏差。相较而言，高管简历更为客观公正，能够较为精准地表达高管的知识背景与知识储备。因此，本章以上市企业高管简历文本为原始数据，借助LDA 模型对该文本数据进行聚类处理，得出企业的知识类别，并获得每名高管的知识结构。

同时，由于知识这一概念尚不能确切量化识别，故采用模糊集对其进行测度。相较于一般模糊集，直觉模糊集同时考虑隶属度、非隶属度和犹豫度三个方面的信息，能更好地描述客观事物的模糊性。因此，直觉模糊集理论可以更好地测度高管间的知识覆盖。在高管知识结构的基础上，将高管的知识集合转化为直觉模糊集，并计算直觉模糊集之间的相似度，以此作为高管间的知识覆盖，从而推演出整个高管团队的知识覆盖。

5.4.1.2 企业高质量发展

高质量发展的五大发展理念为“创新、协调、绿色、开放、共享”，高质量发展意味着企业从偏重规模和速度的粗放型增长，加快转向更加注重质量和效率的集约型增长。

从研究对象的角度来说，当前关于高质量发展的研究，一方面聚焦于宏观经济，另一方面关注中观产业，针对微观企业的研究略显稀缺。同时，从影响因素的角度来说，企业高质量发展主要受制于外部环境与内部因素，其中，外部环境是难以把控的，内部因素是企业力所能及的范畴，如知识覆盖就归属于内部因素。此外，部分学者基于不同维度构建了企业高质量发展指标体系。

然而，纵观现有研究成果，采用全要素生产率作为企业高质量发展的代理变量已然成为一种常态。对于全要素生产率，学者常用 OLS 法、OP 法[74]、LP 法[75]进行测算。Ackerberg（2006）在 OP、LP 方法的基础上进行改进，提出用 ACF 法测算企业的全要素生产率[76]。相比于 OP 法和 LP 法，ACF 法不仅能降低样本损失程度，还能有效缓解多重共线性问题。因此，本章采用 ACF 法计算企业全要素生产率作为高质量发展的代理变量，同时，以 OLS 法、OP 法、LP 法作为对照进行稳健性检验。

5.4.1.3 内部控制

内部控制是为实现经营管理目标、组织内部经营活动而建立的各职能部门之间对业务活动进行组织、制约、考核和调节的方法、程序和措施。据《企业内部控制基本规范》，内部控制概念框架总结概括为内部环境、风险评估、控制措施、信息与沟通、监督与检查 5 个要素。内部控制制度是公司治理的重要组成部分，它对企业的日常活动和战略计划进行着有效管控，提升人力、物力资本的运营效率，使公司治理水平大幅提升，从而深刻影响企业的高质量发展。

本章借鉴业界权威做法，采用 A 股上市公司 2020 年博迪内部控制指数，以此测度内部控制的调节作用。

5.4.2　高管团队知识覆盖对企业高质量发展的主效应

高管团队的知识特征影响着企业的经营管理（Doohee et al.，2015）[12]，这势必会影响企业的高质量发展。为探究其具体作用机制，借鉴赵燕（2022）的做法，将企业高质量发展分解为技术进步率、管理效率与资源配置效率[98]。倘若高管团队知识覆盖对企业技术进步率、管理效率与资源配置效率产生了影响，则可以推断，高管团队知识覆盖将影响企业的高质量发展。由此，衍生出高效决策和技术进步两大维度，用以探究高管团队知识覆盖对企业高质量发展的作用机制。

5.4.2.1　高效决策维度

高管是企业的决策核心，高管团队所拥有的共同知识的程度，无疑影响着高管间的沟通效率。较高的知识覆盖意味着高管间更低的知识壁垒，降低了决策时面临矛盾分歧的概率与成本，从而缩减决策的时间成本，提高决策效率。如果在一个领导团队中只有一个人懂技术，其余所有的管理、营销人员都是“门外汉”，这无论是对企业内部的沟通交流，还是外部的营销策划，都是百害而无一利的。如果团队内有较大比例的人都懂技术上的知识，都了解市场营销的信息，或在管理方面略有经验，意味着这是一个具有一定知识范围的通才团队，兼具了多样性与高覆盖的特性，在很多问题的决策上，成员间能大大降低沟通成本，在工作中也更容易形成默契，降低产生观念冲突的概率，提高决策效率。

对于企业而言，机遇总是稍纵即逝的。当断不断，必受其乱。面对重要决策窗口，杀伐果决的高效率决策意味着快人一步的机遇把握能力，从而为企业赢得高质量发展的先机。过往研究表明，提高决策效率可以促进企业全要素生产率的提升[54]。其中，全要素生产率被广泛用作企业高质量发展的代理变量。因此，对高效决策维度而言，高管团队知识覆盖对企业高质量发展具有正向影响。

5.4.2.2 技术进步维度

企业的技术进步率一定程度上得益于较高水平的高管团队知识覆盖。对多数企业而言，技术进步依赖于内部研发与外部引进。内部研发主要仰仗研发团队，但在技术研发的战略方向与研发资源的支配调用方面，无不听任于企业高管的意志；外部引进主要包括人才引进与技术引进，具体部署仍由高管团队一锤定音。因此，当高管团队知识覆盖达到一定层次时，势必利于企业高管在正确把握内部研发的战略方向上达成共识，同样利于企业高管在外部引进的战略部署中形成一致，最终促进企业的技术进步。

对于企业而言，技术进步是企业发展的原动力[99]。高质量发展要求企业从偏重规模和速度的粗放型增长加快转向更加注重质量和效率的集约型增长，这便离不开技术进步的支持。因此，高管团队知识覆盖可在技术进步维度上提高企业全要素生产率，从而推动高质量发展。

基于以上分析，提出以下假设：

H1：高管团队知识覆盖正向影响企业高质量发展。

5.4.3 内部控制的调节效应

按照以上论述，高管团队知识覆盖主要通过高效决策、技术进步两大维度为企业高质量发展提供正向推力；反之，若高管团队知识覆盖水平较低，则会阻碍企业高质量发展。但是，高水平的内部控制可在一定程度上弥补这一影响。许志勇等（2022）也指出，企业内部控制会调节金融资产配置对企业高质量发展的影响[89]。不难想到，企业可通过各种制约和调节的组织、计划、程序和方法，降低知识的流通成本，提升高管间的沟通效率，合理规划技术研发战略方向，以此淡化高管团队知识覆盖对企业高质量发展的影响。同样地，当内部控制水平不尽如人意时，企业高质量发展对高管团队知识覆盖的依赖程度将增加。据文献综述，内部控制的确是探索企业高质量发展路径的重要中间因素。为此，纳入内部控制因素解构高管团队知识覆盖与企业高质量发展之间的关系是有必要的。

基于此，提出以下假设：

H2：在高管团队知识覆盖对企业高质量发展的影响中，内部控制水平起到负向调节作用。

5.4.4　需要考虑的控制因素

基于企业高质量发展影响因素相关文献，本章以企业规模、企业成立时间控制企业的体量因素，以财务杠杆、现金流量控制企业的财务状况，以企业成长性、资产收益率、Tobin's Q 控制企业的经营能力，以股权集中度、所有权性质、董事会独立性控制企业的管理架构，以此形成较为完备的企业高质量发展控制变量组。

5.4.5　理论模型总览

综上所述，高管团队知识覆盖在高效决策维度与技术进步维度正向影响企业的高质量发展。同时，内部控制负向调节该影响。理论模型如图 5－1 所示。

该模型立足于假设 H1、H2，主要探讨高管团队知识覆盖对企业高质量发展的影响，并引入交互项 KC × IC，以验证内部控制在其中的调节效应。其中，采用企业全要素生产率作为高质量发展的代理变量，同时，

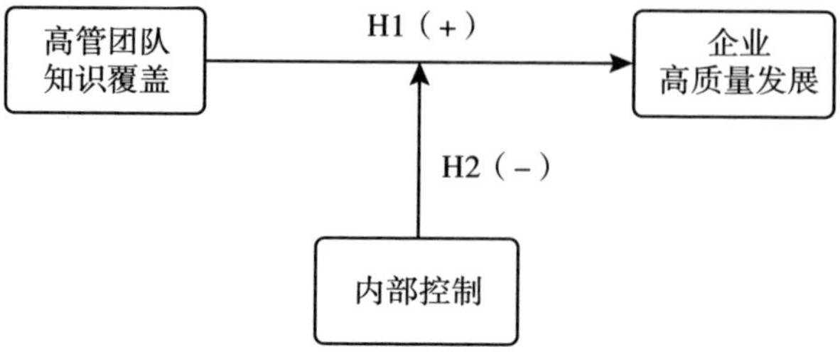

图 5-1　高管团队知识覆盖对企业高质量发展影响的理论模型

以高管简历文本为原始数据，结合 LDA 模型与直觉模糊集，计算高管团队知识覆盖。当然，仅通过该回归模型并不能系统全面地证明高管团队知识覆盖对企业高质量发展的正向影响。因此，本章后续将采用不同年度数据对假设 H1、H2 进行稳健性检验，并采用卷积神经网络、因果森林方法、LASSO 方法三种机器学习方法对实证结果进行验证。

基于以上，可以构建如下多元线性回归模型：

$$TFP = \alpha_0 + \alpha_1 KC + \alpha_2 IC + \alpha_3 KC \times IC + Controls + \varepsilon \quad (5-1)$$

其中，“*TFP*”为企业高质量发展，“*KC*”为高管团队知识覆盖，“*IC*”为内部控制，“*Controls*”为各控制变量，“ε”为随机误差项。

5.5 变量测度与数据处理

本章研究对象为 2020 年 A 股上市企业，数据来源于国泰安数据库。根据行业分类指引，3177 家企业中包含制造业企业 2120 家，占比为 61.9%；信息传输、软件和信息技术服务业企业 256 家，占比为 8.1%；其余各类企业均不超过 150 家。其中，国有企业有 963 家，占比为 28.1%。

5.5.1　高管团队知识覆盖测度

具体的步骤如第 2 章所述：第一步，运用 LDA 聚类模型进行企业知识分类。第二步，计算出所有高管在各个知识类别下的评分。第三步，运用直觉模糊集相似度理论，计算两个高管间的知识覆盖。第四步，通过加权平均，得到高管团队的知识覆盖。

5.5.1.1　企业知识分类

鉴于无监督聚类在企业知识分类上的优势，首先运用 jieba、re 等 Python 库将 7 万余条高管简历数据进行必要的去缺失与分词。由于后续文本分析的重点在于高管的知识背景，所以在分词过程中对简历文本进行了停用词处理，减少与知识无关的词汇对分类结果造成的干扰。以处理过的文本构造 TF - IDF 模型，进而用 TF - IDF 语料训练 LDA 聚类模型，最终得到不同主题数下企业知识的分类结果。继续使用困惑度（*Perplexity*）与一致性（*Coherence*）两个指标来评价 LDA 模型。

运用 gensim 库计算不同主题数下 LDA 模型的困惑度与一致性水平，本次实验发现在主题数为 3 时，LDA 模型的困惑度与一致性均得到较大程度的改善。同时，实验结果表明，在不同主题数的设置下，由 LDA 聚类模型所得的企业知识类型呈现出的差异较为明显，但其中的规律有迹可循（见图 5 - 2）。

在主题数较少时（主题数 <3），每个主题下的词组较为松散，难以将企业知识准确分类；在主题数为 3 时，可以较为清晰地观测到企业知识被分为管理、市场与技术三大类；随着主题数继续增长（主题数 >3），企业知识的类别仍然保留管理、市场与技术三大类，并在此基础上衍生出医药、电力、通信等知识类别，但这些类别均隶属于技术类知识。在第

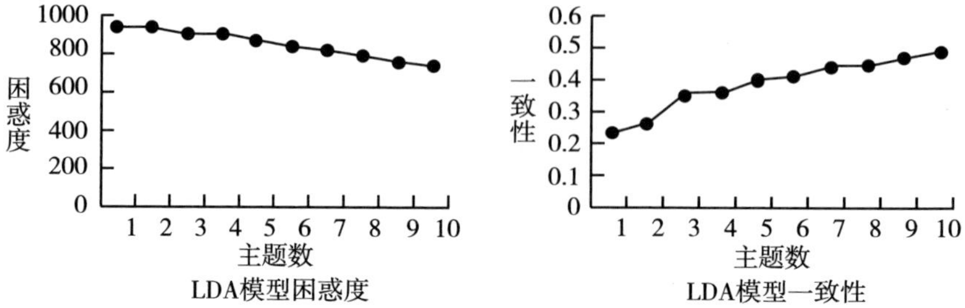

图 5-2 LDA 模型困惑度与一致性

3 章（李泽萍，2022）[13]，运用 LDA 模型对创业板 3177 家高新技术企业的 2745 个高管简历文本进行无监督聚类，由于样本与实验差异，该实验表明当主题数 =5 时，模型在困惑度与一致性上表现良好。后续研究将 5 个主题合并为财务会计、技术研发生产、市场销售、投资管理四类企业知识，若将其中的技术研发对应技术类知识，市场销售对应市场类知识，财务会计与投资管理对应为管理类知识，其企业知识分类结果与本章研究虽有差异，但并行不悖。

因此，随着主题数的不断增长，管理类知识、市场类知识与技术类知识仍将延续，新增的知识类别则隶属于三者之一。同时，在主题数 <8 的范围内，尚未有管理、市场、技术以外的企业知识类别，这也进一步印证了困惑度与一致性的实验结果（见表 5-1）。最终，我们将 LDA 模型主题数确定为 3。

表 5-1　　不同主题数下企业知识 LDA 聚类结果

主题数	主题下的词组						
1	计师	财务	工程师	科技	学位	投资	教授
2	律师	律师事务	投资	法学	合伙	银行	证券
	计师	财务	工程师	注册	科技	技术	工程

续表

主题数	主题下的词组						
3	计师	财务	注册	事务	律师	律师事务	投资
	党委	工程师	助理	济师	财务	办公室	航空
	教授	研究	科技	工程师	技术	导师	工程
4	计师	财务	注册	财务总监	事务	投资	银行
	制药	医药	工程师	水泥	金隅	医学	生产
	教授	研究	导师	科技	副教授	理事	学位
	工程师	律师	律师事务	党委	法学	工程	助理
5	计师	财务	注册	财务总监	事务	投资	审计
	制药	医药	医学	工程师	药物	车间	药师
	教授	研究	工程师	科技	技术	工程	导师
	律师	律师事务	法学	银行	分行	合伙	法律
	工程师	党委	电气	电力	工程	华电	助理
6	电视台	铁矿	书店	北斗星	广播	汕头	金岭
	制药	医药	金隅	医学	师公	药物	药师
	教授	研究	导师	科技	理事	学位	副教授
	工程师	技术	工程师	电气	生产	研发	助理
	邮电	石油化工	通信	联通	电信	燕山	东航
	计师	财务	投资	注册	事务	财务总监	律师
7	北斗星	兖矿	中海油	广汽	金发	涂料	汉河
	园林	装饰	燕山	行营	一拖	铁汉	河海
	医学	医师	医院	创维	永福	医疗器械	精算师
	工程师	工程师	技术	党委	科技	助理	科学
	律师	律师事务	法学	合伙	法律	学法	政法
	计师	财务	注册	事务	财务总监	投资	审计
	教授	研究	导师	学位	理事	副教授	济学

5.5.1.2　高管知识评分

通过 LDA 完成聚类操作之后，可以得到每个样本在每一类别下的概率分布，并由此得到单个高管在所有知识类型下的主题概率分布，此概率反映了该高管在各类知识下的隶属程度。因此，本章采用主题概率这组三维向量来描述企业高管在各个知识类别下的评分。

表5－1的结果表明，当设置主题数＝3时，企业知识被分为管理类知识、市场类知识与技术类知识三大类，得到以下的主题词（见表5－2）。

表5－2　三类主题词

主题	主题词						
主题1	计师	财务	注册	事务	律师	律师事务	投资
主题2	党委	工程师	助理	济师	财务	办公室	航空
主题3	教授	研究	科技	工程师	技术	导师	工程

不难看出，主题1对应市场类知识，主题2对应管理类知识，主题3对应技术类知识。对每一位高管而言，其对三类知识定然呈现不同的掌握程度。通过LDA模型，可以获得每位高管在三类企业知识下的主题概率分布。例如，随机抽取3名高管的简历文本，并得到三者在三类企业知识下的主题概率分布（见表5－3和表5－4）。

表5－3　高管简历文本取样

序号	简历文本
1	夏××先生，独立董事，1961年出生，经济学（会计学）博士学位，现任清华大学经济管理学院副院长、会计学教授、博士生导师；2010年12月至今，任深圳发展银行第八届董事会独立董事；夏先生于1984年7月在江西财经大学会计系获经济学（会计学）学士学位，1990年7月在财政部财政科学研究所获经济学（会计学）硕士学位，1994年7月在财政部财政科学研究所获经济学（会计学）博士学位，2000年7月在哈佛商学院CPCL项目结业；先后在宾夕法尼亚大学沃顿商学院（WhartonSchool）、香港理工大学会计系、新南威尔士大学、麻省理工学院斯隆管理学院做访问学者；1995年3月起在清华大学经济管理学院任教，此前还曾先后任职于江西财经大学会计系和中华财务会计咨询公司
2	王××先生，非执行董事，1958年出生，获得经济学博士学位，现任海通证券股份有限公司董事长、党委书记；2006年6月至今，任深圳发展银行董事会非执行董事，1990—1995年先后担任国家国有资产管理局科研所应用室副主任、政策法规司政法处处长、科研所副所长等职，1995年调入海通证券公司，先后担任公司副总经理、总经理、董事长，现为海通证券股份有限公司董事长兼党委书记，还担任上海证券交易所理事、中国证券业协会副会长等职

续表

序号	简历文本
3	理查德·×××先生，执行董事、行长，1956 年出生，英国特许注册保险师协会会员；2010 年 6 月至今，任深圳发展银行执行董事；2010 年 6—10 月，任深圳发展银行代理行长；2010 年 10 月至今，任深圳发展银行行长；1974—1985 年，理查德·×××先生就职于英国商联保险公司，在伦敦、香港都任过职；1985—2005 年，就职于花旗银行，历任花旗集团国际保险公司国际业务主管、亚太区金融机构主管、花旗银行匈牙利分行主席兼首席执行官、波兰 Handlowy 银行董事、花旗银行零售部韩国总经理、韩美银行（KoramBank）董事；理查德·×××先生于2005 年10 月加入中国平安，并自 2006 年12 月—2010 年 5 月任平安银行行长

表 5-4　三位高管在不同主题下的概率分布

高管	主题 1：市场类知识	主题 2：管理类知识	主题 3：技术类知识
高管 1	0. 832416222	0. 075849309	0. 08320306
高管 2	0. 082969952	0. 067018578	0. 84839032
高管 3	0. 110156756	0. 805361432	0. 06273842

由表 5-4 可知，高管 1 的市场类知识评分较高，属于市场型人才；同理，高管 2 与高管 3 分别更擅长技术类知识与管理类知识，结果与高管简历信息的吻合度较高。

5.5.1.3　高管间的知识覆盖

要计算高管间的知识覆盖，首先要合理表示出每位高管的知识结构。一名高管是否拥有某一类知识，拥有的概率有多大，拥有的程度有多深，这是以往研究中难以量化的。通过 LDA 模型得到的主题概率向量也只能模糊地表述每位高管在各类知识下的主题概率，并不能确切地证明其实际含义。因此，考虑到模糊性，本章将每位高管在各类知识下的主题概率向直觉模糊集的范畴靠拢与转化，以便后续计算高管间的知识覆盖。

实验中，利用已知的主题概率向量，将某位高管在某一知识类别的主题概率作为其在该知识类别下的隶属度函数值［$\mu A(x)$］，将该高管在其他知识类别下的主题概率之和作为非隶属度函数值［$\nu A(x)$］，隶属度函数值与非隶属度函数值之和与 1 的差值为犹豫度取值，如此便将每位高管的主题概率向量转化为 3 个直觉模糊数，三者共同构成该高管的直觉模糊集，即 $A=\{<x, \mu A(x), \nu A(x)>, x\in X\}$，其中 $X=\{$市场类知识，管理类知识，技术类知识$\}$。

例如，高管 1 在市场、管理、技术类知识的直觉模糊数分别为 <topic1，0.832416222，0.159052369> <topic2，0.075849309，0.915619282> <topic3，0.08320306，0.908265531>，三者构成高管 1 所对应的直觉模糊集 A_1。同样地，可以计算得到所有高管的直觉模糊集。

对于高管间的知识覆盖，本质上就是计算高管间拥有的共同知识的程度。在这一维度上，可以将高管间的知识覆盖转化为两个直觉模糊集的相似度。由于直觉模糊集自身包含隶属度、非隶属度和犹豫度，反映了一定的犹豫程度，其相似度也应当表现出一定的模糊性。但是，传统的直觉模糊相似度公式计算出的结果都是精确数，未能体现这一模糊性。同时，对于两位高管在某一类别知识下的知识覆盖度，通过构建直觉模糊集并计算相似度便可以得到，但如何得到两位高管在所有知识类别下的总知识覆盖度？针对这一问题，张洪美等（2007）提出一种新的相似度概念[100]，将区间数引入模糊集相似度计算，并给出相应定义：

$s: \Omega^2\rightarrow\Omega$，其中，$\Omega$ 为 X 上所有直觉模糊集的集合，且设 $A_i\in\Omega$（$i=1, 2, \cdots, n$），若 $s(A_1, A_2)$ 满足条件：

（1）$s(A_1,A_2)$ 是直觉模糊数；

（2）$s(A_1,A_2)=[1]$，当且仅当 $A_1=A_2$；

（3）$s(A_1,A_2)=s(A_2,A_1)$；

（4）如果 $A_1\subseteq A_2\subseteq A_3$，则 $s(A_1,A_3)\subseteq s(A_1,A_2)$，且 $s(A_1,A_3)\subseteq s(A_2,A_3)$；

称 $s(A_1, A_2)$ 为 A_1 和 A_2 的直觉模糊相似度。

基于此定义，王琦峰和孙海宁（2018）提出广义直觉模糊有序加权扩展相似度（GIFOWES）算子[16]，具体如下：

对于任意直觉模糊数 $\alpha=(\mu_\alpha,\ \nu_\alpha)$，则其犹豫度 $\pi_\alpha=1-\mu_\alpha-\nu_\alpha$。因此，直觉模糊数 α，它的隶属度下界为 μ_α，上界为 $\pi_\alpha+\mu_\alpha$。直觉模糊数 α 可以表示为 $[\mu_\alpha,\ \mu_\alpha+\pi_\alpha]$，也可以表示为 $[\mu_\alpha,\ 1-\nu_\alpha]$。

设 A_1、A_2 为两个直觉模糊集，令：

$$h=\alpha\left(\frac{1-\frac{1}{n}\sum_{j=1}^{n}|\mu_{1j}-\mu_{2j}|}{1+\frac{1}{n}\sum_{j=1}^{n}|\mu_{1j}-\mu_{2j}|}\right)+\beta\left(\frac{1-\frac{1}{n}\sum_{j=1}^{n}|(1-\nu_{1j})-(1-\nu_{2j})|}{1+\frac{1}{n}\sum_{j=1}^{n}|(1-\nu_{1j})-(1-\nu_{2j})|}\right) \tag{5-2}$$

其中，$\alpha\geqslant0$，$\beta\geqslant0$，$\alpha+\beta=1$。存在 α^*、β^*，使 $\max h=h^*$，即：

$$h^*=\max\left(\alpha\left(\frac{1-\frac{1}{n}\sum_{j=1}^{n}|\mu_{1j}-\mu_{2j}|}{1+\frac{1}{n}\sum_{j=1}^{n}|\mu_{1j}-\mu_{2j}|}\right)+\beta\left(\frac{1-\frac{1}{n}\sum_{j=1}^{n}|(1-\nu_{1j})-(1-\nu_{2j})|}{1+\frac{1}{n}\sum_{j=1}^{n}|(1-\nu_{1j})-(1-\nu_{2j})|}\right)\right)$$

$$\text{s. t. } \alpha+\beta=1,\alpha\geqslant0,\beta\geqslant0 \tag{5-3}$$

同样，存在 α_*、β_*，使 $\min h=h_*$，即：

$$h_*=\min\left(\alpha\left(\frac{1-\frac{1}{n}\sum_{j=1}^{n}|\mu_{1j}-\mu_{2j}|}{1+\frac{1}{n}\sum_{j=1}^{n}|\mu_{1j}-\mu_{2j}|}\right)+\beta\left(\frac{1-\frac{1}{n}\sum_{j=1}^{n}|(1-\nu_{1j})-(1-\nu_{2j})|}{1+\frac{1}{n}\sum_{j=1}^{n}|(1-\nu_{1j})-(1-\nu_{2j})|}\right)\right)$$

$$\text{s. t. } \alpha+\beta=1,\alpha\geqslant0,\beta\geqslant0 \tag{5-4}$$

根据上述公式，提出直觉模糊数相似度公式：

$$s^{new}(A_1,A_2)=(\mu_{12},\nu_{12})=(h_*,\ 1-h^*) \tag{5-5}$$

此算子效果尚佳，但当 $A_1=A_2$ 时，$s(A_1,\ A_2)=[1,\ 0]\neq[1]$，未能满足前述定义的第 2 条。因此，本章在此基础上进行改进，令 $s^{new}(A_1,\ A_2)=(h_*,\ h^*)$，使该算子更加符合模糊集相似度的原始定义。借助改进后的广义直觉模糊有序加权扩展相似度（GIFOWES）算子，可以计算出两位高管所对应直觉模糊集的相似度，以此作为两位高管间的知识覆盖，将直觉模糊集相似度理论与高管知识覆盖有机融合。

例如，通过计算可以得到高管 1、高管 2、高管 3 两两之间的知识覆盖（见表 5-5）。

表 5-5 高管间知识覆盖示例

项目	高管 1 和高管 2	高管 1 和高管 3	高管 2 和高管 3
h^*	0.326417023	0.345585866	0.318338968
h_*	0.324393816	0.341610705	0.312535824
知识覆盖	(0.324393816, 0.326417023)	(0.341610705, 0.345585866)	(0.312535824, 0.318338968)

从表 5-5 中可以看出，高管 1 与高管 3 之间的知识覆盖度最高，高管 1 与高管 2 之间的知识覆盖度居中，高管 2 与高管 3 之间的知识覆盖度最低。

5.5.1.4 高管团队知识覆盖

对于一个拥有 n 位高管的高管团队而言，每 2 位高管间都存在知识覆盖，共有 $n(n-1)/2$ 组高管间知识覆盖。实验结果表明，高管间的知识覆盖是一个区间数，因此，共可得到 $n(n-1)/2$ 个区间数，运用区间均值法求得算术平均值，作为该高管团队的知识覆盖度，即：

$$KC = \frac{\sum_{i=1}^{n(n-1)/2} x_i}{n(n-1)/2} \tag{5-6}$$

其中，“x_i”为第 i 组高管间知识覆盖的区间中值。

例如，将高管 1、高管 2、高管 3 看作一个高管团队，则有：

$$KC = \Big(\frac{0.324393816 + 0.326417023}{2} + \frac{0.341610705 + 0.345585866}{2} +$$

$$\frac{0.312535824 + 0.318338968}{2}\Big) \div 3$$

$$= 0.328147034 \qquad (5-7)$$

5.5.2　企业高质量发展测度

5.5.2.1　常见测度方法

纵观现有研究成果，学术界普遍认为企业高质量发展的关键是提高企业全要素生产率[53]，采用全要素生产率作为企业高质量发展的代理变量已然成为一种常态[55-61]，通过提高全要素生产率，企业可以达到高质量发展的目的。一直以来，学者常用 OLS 法、OP 法、LP 法测算企业的全要素生产率。

（1）OLS 法：如果有足够的理由相信影响企业决策的可观察全要素生产率（Total Factor Productivity，TFP）因企业而异，并且是不变的，那么在面板数据条件下，一种相对简单的方法是使用个体固定效应回归方法进行估计。

（2）OP 法：鉴于上述固定效应方法难以克服的问题，Olley 和 Pakes（1996）开发了一种基于一致半参数估计的方法（Consistenesemi - parametricesti - mator）[74]。这种方法假设企业根据当前的生产力状况作出投资决策，企业当前的投资被用作不可观测生产率冲击的代理变量，以此解决同时性偏差的问题。

（3）LP 法：在一系列假设下，Olley - Pakes 方法可以提供对企业生产函数的一致估计值。其中一个假设是，代理变量（投资）和总产出始终保持单调关系，但这会导致无法估计零投资额的样本。事实上，由于并非每个企业每年都有正投资，在估算过程中，许多企业样本遭到舍弃。针对此问题，Levinsohnand 和 Petrin（2003）开发了一种全新的全要素生产率估计方法[75]。这种方法不再使用投资金额作为代理变量，转而使用中间品投入指标。从数据的角度来看，中间品投入指标的可得性更高。

5.5.2.2 ACF 法

Ackerberg（2006）在 OP、LP 方法的基础上进行改进，提出 ACF 法测算企业的全要素生产率[76]。相比 OP 法和 LP 法，ACF 方法不仅能降低样本损失程度，还能有效缓解多重共线性问题。故本章以 ACF 法为基准进行回归分析，以 OLS 法、OP 法、LP 法作为参照进行稳健性检验。ACF 法基本步骤如下：

根据索洛的理论，索洛余值即为全要素生产率。已知柯布－道格拉斯函数为：

$$y_{it} = \beta_k k_{it} + \beta_l l_{it} + \omega_{it} + \varepsilon_{it} \tag{5-8}$$

其中，“y_{it}”为产出，取其对数；“k_{it}”为资本，取其对数；“l_{it}”为劳动，取其对数；“ω_{it}”为企业全要素生产率；“ε_{it}”为符合经典 OLS 回归的残差项。借鉴高娟（2018）的做法，以主营业务收入作为产出的代理变量，资本和劳动投入的代理变量分别以固定资产净值和劳动力人数进行表征。

假设 i 公司 t 时期中间品投入依赖于企业全要素生产率、资本和劳动，则有：

$$m_{it} = m(\omega_{it}, k_{it}, l_{it}) \tag{5-9}$$

假设中间投入随着企业全要素生产率严格递增，则可将企业全要素生产率设定为中间投入的反函数，则有：

$$\omega_{it} = \omega(m_{it}, k_{it}, l_{it}) \tag{5-10}$$

第一步，将式（5－10）代入式（5－8）。则有：

$$y_{it} = \varphi(m_{it}, k_{it}, l_{it}) + \varepsilon_{it} \tag{5-11}$$

其中，$\varphi(m_{it}, k_{it}, l_{it}) = \beta_k k_{it} + \beta_l l_{it} + \omega(m_{it}, k_{it}, l_{it})$。此处运用非参数方法，采用三次多项式逼近对 $\phi(m_{it}, k_{it}, l_{it})$ 进行拟合，得到无偏估计 ϕ，进一步可以得到企业全要素生产率的表达式：

$$\omega_{it}(\beta_l, \beta_k) = \phi - \beta_k k_{it} - \beta_l l_{it} \tag{5-12}$$

第二步，利用广义矩估计法（GMM）估计参数 β_l 和 β_k。假定企业全要素生产率服从一阶马式过程：

$$\omega_{it} = E(\omega_{it} \mid I_{it-1}) + \xi_{it} = E(\omega_{it} \mid \omega_{it-1}) + \xi_{it} \tag{5-13}$$

其中，“I_{it-1}”表示信息集；“ξ_{it}”表示 $t-1$ 期到 t 期的新信息。

假设资本 k_{it} 在期初决定，与当期新信息无关，则有：

$$E(\xi_{it} \mid k_{it}) = 0 \tag{5-14}$$

式（5－14）为第 1 个矩条件。此外，劳动投入为 l_{it}，决策时间为 $t-b$ 期，$0<b<1$。表明 $t-1$ 期劳动投入 l_{it-1} 与当期全要素生产率相关，与滞后期生产率无关。则有：

$$E(\xi_{it} \mid l_{it-1}) = 0 \tag{5-15}$$

根据式（5－14）、式（5－15），运用 GMM，估计出 k_{it}、l_{it} 并代入式（5－12），即可求得企业全要素生产率（见表 5－6）。

表 5－6　部分企业全要素生产率

证券代码	OLS 法	OP 法	LP 法	ACF 法
000002	14.75996	8.572697	12.40144	15.52311
000004	9.345253	6.474911	8.309775	9.70239
000006	11.53055	8.196507	10.12288	11.96101
000007	8.473865	5.107782	7.060278	8.871667
000008	10.7979	6.487999	9.000074	11.35233
000009	12.20786	6.998952	10.02016	12.88357
000014	9.520091	6.665141	8.205801	9.902974
000021	12.49953	6.980685	10.36307	13.19139
000023	10.87557	7.062772	9.265651	11.36946
000027	12.81459	7.612601	10.28923	13.52374
000031	13.53001	8.396466	11.3641	14.19327
000032	10.82121	7.350938	9.309974	11.27441
000034	14.64873	10.14561	12.98564	15.20393

续表

证券代码	OLS 法	OP 法	LP 法	ACF 法
000035	12. 74996	6. 81497	10. 46471	13. 4931
000036	11. 2206	7. 328991	9. 330367	11. 7523
000038	11. 40026	8. 642217	10. 27547	11. 75204
000039	14. 14657	8. 140224	11. 61719	14. 92296
000040	11. 40163	7. 493059	9. 197345	11. 97159
000042	12. 46549	8. 093059	10. 52251	13. 04439
000048	11. 60227	7. 550265	9. 776095	12. 14034
000049	12. 93056	7. 939858	11. 00981	13. 55321
000050	13. 02326	7. 165488	10. 54097	13. 78148
000059	13. 25516	8. 098952	10. 89859	13. 94157
000060	13. 26085	8. 093764	10. 99371	13. 93871
000061	11. 1501	6. 417998	9. 104396	11. 76843
000062	12. 99483	8. 825899	11. 29118	13. 52595
000063	14. 24335	8. 247907	11. 89392	15. 00367
000065	12. 69197	8. 446051	10. 80084	13. 25363
000066	12. 52861	7. 231599	10. 41736	13. 19709
000068	8. 877718	5. 339108	7. 220866	9. 354552
000069	14. 11776	8. 491597	11. 69672	14. 85085
000070	11. 66854	7. 264916	9. 833168	12. 23528
000078	13. 64054	8. 625995	11. 69567	14. 26924
000088	9. 508139	5. 462922	7. 374346	10. 0804
000089	11. 01303	6. 123022	8. 747136	11. 66902
000090	12. 82772	7. 854384	11. 01474	13. 43782
000096	10. 66756	7. 367684	9. 244586	11. 09613
000099	10. 58992	6. 535378	8. 5249	11. 15707
000100	13. 91527	7. 905286	11. 29046	14. 70505
000150	10. 44704	5. 602144	8. 588408	11. 05442
000151	10. 21787	6. 963793	8. 785573	10. 64559

5.5.3　调节与控制变量的测度

对于内部控制的测量，采用 A 股上市公司 2020 年博迪内部控制指数。控制变量的测度：企业规模采用上市企业年末总资产的自然对数；企业成立时间采用上市年数加 1，并取自然对数；财务杠杆采用负债总额与资产总额的比值；现金流量采用经营活动产生的现金流量净额与年末总资产的比值；企业成长性采用营业收入的增长率；资产收益率采用年末净利润与总资产的比值；托宾 Q 值 =（MVE + PS + DEBT）÷ TA，其中，“MVE”是公司的流通股市值，“PS”为优先股的价值，“DEBT”是公司的负债净值，“TA”是公司的总资产账面值；股权集中度采用前十大股东持股比例；所有权性质，国有企业取值为 1，否则取 0；董事会独立性采用独立董事人数与董事会总人数的比值。

5.6
高管团队知识覆盖对企业高质量发展影响的实证分析

根据理论模型（见图 5 – 1），可以构建如下多元线性回归模型：

$$TFP = \alpha_0 + \alpha_1 KC + \alpha_2 IC + \alpha_3 KC \times IC + Controls + \varepsilon \qquad (5-16)$$

其中，高管团队知识覆盖（*KC*）作为解释变量；企业高质量发展（*TFP*）作为被解释变量；内部控制（*IC*）作为调节变量。采用 A 股上市公司 2020 年博迪内部控制指数，该指数基于全国重点会计科研课题——中国上市公司内部控制指数研究，现受到业界权威广泛认可；控制变量（*Controls*）借鉴企业高质量发展相关理论文献，具体定义如表 5 – 7 所示。

表 5－7　　　　模型控制变量定义

变量名称	变量符号	变量定义
公司规模	*Size*	年末总资产取自然对数
财务杠杆	*Lev*	负债总额÷资产总额
企业成立时间	*Age*	上市年数加1，取自然对数
资产收益率	*Roa*	年末净利润与总资产的比值
企业成长性	*Growth*	营业收入的增长率
现金流量	*Fcf*	经营活动产生的现金流量净额与年末总资产的比值
董事会独立性	*Indep*	独立董事人数与董事会总人数的比值
股权集中度	*Share*	前十大股东持股比例
所有权性质	*Soe*	国有企业取值为1，否则取0
托宾Q值	*Tobin's Q*	(*MVE*＋*PS*＋*DEBT*)÷*TA*

5.6.1　描述性统计与相关性分析

从国泰安数据库中取2020年A股上市企业作为样本，根据行业分类指引，3177家企业中包含制造业企业2120家，占比为61.9%；信息传输、软件和信息技术服务业企业256家，占比为8.1%；其余各类企业均不超过150家。其中，国有企业有963家，占比为28.1%。变量的描述性统计及皮尔逊相关系数矩阵如表5－8所示。

表 5－8　　　　变量的描述性统计及皮尔逊相关系数矩阵

变量	*Size*	*Lev*	*Age*	*Roa*	*Growth*	*Fcf*	*Indep*	*Share*	*Soe*	*Tobin's Q*	*TFP*	*IC*	*KC*
Size	1												
Lev	0.471**	1											
Age	0.415**	0.295**	1										
Roa	0.057**	-0.313**	-0.163**	1									
Growth	0.129**	0.055**	0.038*	0.001	1								
Fcf	0.032	-0.185**	-0.112**	0.397**	0.003	1							
Indep	-0.002	0.01	-0.022	-0.013	0.009	-0.019	1						

续表

变量	*Size*	*Lev*	*Age*	*Roa*	*Growth*	*Fcf*	*Indep*	*Share*	*Soe*	*Tobin's Q*	*TFP*	*IC*	*KC*
Share	0.181**	-0.044*	-0.313**	0.200**	0.045*	0.120**	0.022	1					
Soe	0.355**	0.230**	0.429**	-0.054**	0.018	-0.080**	-0.047**	0.046**	1				
Tobin's Q	-0.227**	-0.270**	-0.157**	0.206**	-0.025	0.221**	0.037*	0.025	-0.157**	1			
TFP	0.887**	0.462**	0.345**	0.135**	0.107**	0.130**	-0.002	0.182**	0.297**	-0.180**	1		
IC	0.210**	-0.082**	-0.105**	0.391**	0.050**	0.174**	-0.013	0.210**	0.086**	0.080**	0.301**	1	
KC	0.172**	0.109**	0.105**	-0.038*	0.048**	-0.038*	-0.012	-0.017	0.189**	-0.013	0.141**	0.03	1
均值	22.4007	0.4236	2.2374	0.0315	8.3412	0.0570	37.9682	57.7518	0.3031	2.3788	11.6318	640.9724	0.8895
标准差	1.3383	0.1975	0.7537	0.0927	20.3746	0.0719	5.7142	14.8601	0.4597	2.0114	1.3612	89.0774	0.0530

注：$N=3177$，“***”“**”“*”分别表示 0.01、0.05、0.1 的显著性水平，双尾检验，后同。

企业高质量发展的均值为 11.63，标准差为 1.36，变异系数为 8.55，不同企业的高质量发展程度存在一定差异，但变异系数表明此差异较为平缓，原因是以 ACF 法计算的全要素生产率更好地解决了缺失量的问题，使企业高质量发展的测度更全面而精准。高管团队知识覆盖的均值与标准差分别为 0.89 和 0.05，其分布较为聚拢，企业之间并未呈现巨大差距。

各控制变量与高管团队知识覆盖相关系数的绝对值均不超过 0.2，避免了可能出现的多重共线性问题。高管团队知识覆盖与企业高质量发展的相关系数为 0.141（$P<0.01$），这表明两者呈现显著的正相关。高管团队知识覆盖与企业内部控制的相关性系数仅为 0.03，且并不显著，一方面，高管团队的知识架构并不能决定企业内部控制水平；另一方面，进一步印证了内部控制作为调节变量的可能性。各控制变量中，对企业高质量发展影响最大的因素是企业规模，相关系数达到 0.887（$P<0.01$），其次为财务杠杆、企业成立时间、所有权性质、股权集中度、Tobin's Q、资产收益率、现金流量、企业成长性、董事会独立性。

5.6.2 主效应分析

本章采用固定效应模型探讨高管团队内部知识覆盖对企业高质量发展的影响。由表 5 -9 可知，回归模型在 $P<0.001$ 的条件下显著，调整后 R^2 为 0.803，拟合度较高。高管团队知识覆盖在 0.001 的显著性条件下对企业高质量发展起到正向影响作用。在其他条件一定的前提下，知识覆盖越高，越有利于企业高质量发展。从高效决策、技术进步等维度看，实证结果吻合度较高，“H1：高管团队知识覆盖正向影响企业高质量发展”得以验证。同时，各控制变量中，公司规模、财务杠杆、资产收益率、现金流量均对企业高质量发展产生了显著的正向影响（$P<0.001$），企业成立时间、企业成长性、董事会独立性、股权集中度、所有权性质、托宾 Q 值则并不显著，这表明企业的资金能力对高质量发展起到决定性作用，诸多倾向管理层面的特征因素则影响较小。这一方面与企业高质量发展计算过程中的因素权重相关，另一方面也映衬出高管团队知识覆盖对企业高质量发展影响的准确性。

为验证回归结果的稳健性，本章采用 OP 法、LP 法、OLS 法分别再度计算企业高质量发展能力，与基准回归中的 ACF 法进行对比。结果表明，三者调整后 R^2 分别为 0.503、0.703、0.791，F 值均在 99.9% 的置信水平下显著。对比基准模型，R^2 与 F 值的表现略微降低，但整体而言模型拟合度较好。在三组对照模型中，高管团队知识覆盖的系数虽未达到基准模型的 0.001 显著性水平，但 ACF 法计算的企业高质量发展水平要优于 OP 法、LP 法、OLS 法，因此模型间存在一定差异是合乎情理的，况且在三组对照模型中，高管团队知识覆盖均对企业高质量发展产生了显著的正向影响（$P<0.01$）。在控制变量中，仅有公司规模、财务杠杆、资产收益率、现金流量对企业高质量发展产生了显著的正向影响

（$P<0.001$），这与基准模型并无二致（见表 5－9）。综上所述，模型稳健性较好，假设 H1 得到验证。

表 5－9　　　　高管团队知识覆盖对企业高质量发展的影响

变量	ACF 法		OP 法		LP 法		OLS 法	
	B	显著性	B	显著性	B	显著性	B	显著性
常量	－6.376	0.001	－2.520	0.001	－4.886	0.001	－5.976	0.001
Size	0.811	0.001	0.392	0.001	0.615	0.001	0.764	0.001
Lev	0.887	0.001	0.793	0.001	0.911	0.001	0.882	0.001
Age	－0.012	0.556	0.019	0.349	－0.015	0.461	－0.010	0.616
Roa	1.366	0.001	1.306	0.001	1.318	0.001	1.358	0.001
Growth	0.001	0.832	0.001	0.556	0.001	0.674	0.001	0.926
Fcf	1.755	0.001	0.537	0.002	1.127	0.001	1.610	0.001
Indep	－0.002	0.421	0.001	0.593	0.001	0.825	－0.001	0.504
Share	0.001	0.322	0.001	0.868	0.001	0.689	0.001	0.366
Soe	0.007	0.810	－0.007	0.810	－0.037	0.191	0.002	0.955
Tobin's Q	－0.002	0.679	0.001	0.968	0.007	0.220	－0.001	0.818
KC	0.708	0.001	0.306	0.003	0.380	0.007	0.607	0.003
F	1128.131		316.045		656.055		1051.897	
调整后 R^2	0.803		0.532		0.703		0.791	

5.6.3　调节效应分析

在验证高管团队知识覆盖对企业高质量发展具有显著正向影响后，内部控制在其中是否发挥了调节作用，本小节建立 3 个模型对其进行验证。在第 1 个模型中，解释变量为控制变量；在第 2 个模型中，解释变量额外录入主效应变量，即知识覆盖、内部控制；在第 3 个模型中，解释变量额外录入交互项——知识覆盖 × 内部控制，为防止多重共线性，事先对两者进行了标准化处理（见表 5－10）。

表 5-10　内部控制的调节效应

变量	控制变量		控制变量+主效应变量		控制变量+主效应变量+交互项	
	模型 1		模型 2		模型 3	
	B	显著性	B	显著性	B	显著性
常量	-6.855	0.001	-6.755	0.001	-7.701	0.001
Size	0.804	0.001	0.781	0.001	0.806	0.001
Lev	0.891	0.001	0.943	0.001	0.870	0.001
Age	-0.009	0.662	0.022	0.274	0.014	0.467
Roa	1.388	0.001	0.881	0.001	0.762	0.001
Growth	0.001	0.779	0.001	0.616	0.001	0.249
Fcf	1.773	0.001	1.751	0.001	1.713	0.001
Indep	-0.002	0.400	-0.001	0.45	0.001	0.908
Share	0.001	0.223	0.001	0.581	0.001	0.748
Soe	-0.005	0.870	-0.024	0.373	-0.056	0.038
Tobin's Q	-0.004	0.530	-0.006	0.327	-0.004	0.492
KC			0.752	0.001	0.330	0.006
IC			0.002	0.001	0.002	0.001
KC×IC					-0.060	0.001
F	1058.784		1094.719		1135.537	
调整后 R^2	0.802		0.811		0.819	

回归结果表明，模型 2 相较于模型 1，调整后 R^2 提升 0.009，$\delta F=35.935$，且知识覆盖与内部控制均对企业高质量发展产生了显著的正向影响（$P<0.001$），这进一步佐证了假设 H1 的成立。模型 3 相较于模型 2，调整后 R^2 提升 0.008，$\delta F=40.818$，交互项知识覆盖×内部控制的系数为 -0.06，且在 99.9% 的置信水平上显著，这表明在高管团队知识覆盖对企业高质量发展的正向影响中，内部控制具有显著的负向调节效应。依据之前的论述，企业可以通过各种制约和调节的组织、计划、程序、方法等，降低知识的流通成本，提升高管间的沟通效率，合理规划技术

研发战略方向，通过高水平的内部控制淡化高管团队知识覆盖对企业高质量发展的影响，这一点得到了实证支持。因此，“H2：在高管团队知识覆盖对企业高质量发展的影响中，内部控制水平起到负向调节作用”得到验证。

5.6.4　机器学习检验

Tiffin（2019）认为，机器学习方法在交互效应、异质性效应、非线性效应的研究方面更具优势[101]。Chernozhukov 等（2017）认为，相较于传统统计方法，机器学习的理论要求较低，Ridge、LASSO、增强树、随机森林等现代机器学习方法在估计高维回归的参数中具备可行性[102]。本章参考现有文献，结合研究目的，选择卷积神经网络、因果森林方法（树型模型方法）、LASSO 方法（特征缩减方法）三种机器学习方法对实证结果进行验证，各种方法的预测性依次递减，但是解释性递增。

机器学习所用的数据集与多元线性回归模型保持一致，实验中将此数据集随机分为训练集与测试集，采用训练集对模型进行训练，并依据测试集的表现对算法的参数进行调整，最后采用交叉验证的方式得到最佳算法模型的 RMSE、R^2、条件平均效应 CATE。若拟合效果较好，则进一步证明了回归模型的有效性，从而佐证假设 H1 的成立。

在对训练集数据样本进行训练时，参考 Smith（2015）的做法[103]，设置初始学习率为 0.001，随后分别运用不同算法调整学习率，并更改训练集与测试集的比例，依次迭代 1000 次与 2000 次，分别得到其 Loss 值。结果表明，当初始学习率设置为 0.01，且训练集与测试集的比例设置为 8∶2 时收敛效果较好；在迭代 2000 次时，得到的 Loss 值小于 0.01。同时，构造 4 层的 BP 神经网络来对比评测基准模型的拟合优度，设置 12 个输入层节点与 4 个输出层节点，运用激励函数与梯度下降法，设置迭代次数为 2000 次。实验结果表明，无论是拟合优度还是收敛时间，本章所运用的三种机器学习算法，其表现均优于 BP 神经网络。机器学习检验结果如表 5 – 11 所示。

由表 5 – 11 可知，卷积神经网络（CNN）、因果森林方法（CT）和 LASSO 算法的 R^2 均大于 0.8，RMSE 均小于 0.15，模型表现较好。参考 Athey 和 Imbens（2015）的理论[104]，得出条件平均效应（CATE）均大于 0.3，根据实验结果进行反事实推断，不能否定假设 H1。

表 5 – 11　　　　机器学习检验结果

机器学习算法	数据集	R^2	RMSE	CATE
CNN	训练集	0.898	0.062	0.405
	测试集	0.873	0.087	
CT	训练集	0.862	0.067	0.351
	测试集	0.825	0.113	
LASSO	训练集	0.860	0.068	0.331
	测试集	0.835	0.095	

5.6.5　稳健性检验

为验证回归结果的稳健性，本章采用 OP 法、LP 法、OLS 法分别再度计算企业的高质量发展能力，与基准回归中的 ACF 法进行对比，得到较为稳健的结论。除此之外，为检验外部环境对模型准确性可能造成的波动影响，本章采用分层抽样的方法，收集了 2021 年各行业共计 323 家上市企业的高管简历文本，计算高管团队知识覆盖并构建其与企业高质量发展的回归模型（ACF 法），与 2020 年的基准模型进行对比，结果如表 5 – 12 所示。

表 5－12　不同年度高管团队知识覆盖对企业高质量发展的影响

变量	2020 年		2021 年	
	B	显著性	B	显著性
常量	－6.376	0.001	－3.369	0.001
Size	0.811	0.001	0.552	0.001
Lev	0.887	0.001	0.947	0.001
Age	－0.012	0.556	0.008	0.749
Roa	1.366	0.001	1.206	0.001
Growth	0.001	0.832	0.001	0.658
Fcf	1.755	0.001	0.982	0.001
Indep	－0.002	0.421	－0.001	0.861
Share	0.001	0.322	－0.002	0.217
Soe	0.007	0.810	－0.009	0.664
Tobin's Q	－0.002	0.679	0.001	0.893
KC	0.708	0.001	0.501	0.002
F	1128.131		1028.472	
调整后 R^2	0.803		0.782	

由表 5－12 可知，2021 年高管团队知识覆盖对企业高质量发展仍产生了显著的正向影响（$P<0.01$），假设 H1 通过了稳健性检验。但是，其显著性水平并没有 2020 年优异。一方面，2021 年的样本数据规模远小于 2020 年，结果存在一定的误差在所难免；另一方面，这在一定程度上证明了外部环境对模型准确性确有影响，但影响较为有限。

同样地，本章针对 2021 年的样本数据，采用与之前相同的方案对内部控制的调节效应进行了稳健性检验，结果如表 5－13 所示。

结果表明，只含控制变量的模型在加入主效应变量后，调整后 R^2 提升 0.006，$\delta F=42.255$。在此基础上加入交互项后，调整后 R^2 提升 0.003，$\delta F=24.732$，交互项系数为－0.051（$P<0.001$）。这依旧表明，在 2021 年高管团队知识覆盖对企业高质量发展的正向影响中，内部控制同样具有显著的负向调节作用。至此，假设 H2 通过稳健性检验。

表 5-13　　2021 年内部控制的调节效应

变量	控制变量		控制变量 + 主效应变量		控制变量 + 主效应变量 + 交互项	
	B	显著性	B	显著性	B	显著性
常量	-3.352	0.001	-3.398	0.001	-3.411	0.001
Size	0.533	0.001	0.539	0.001	0.550	0.001
Lev	0.941	0.001	0.95	0.001	0.942	0.001
Age	0.006	0.788	0.006	0.781	0.007	0.696
Roa	1.212	0.001	1.208	0.001	1.217	0.001
Growth	0.001	0.662	0.001	0.601	0.001	0.613
Fcf	1.012	0.001	1.131	0.001	1.134	0.001
Indep	-0.001	0.863	-0.002	0.533	-0.002	0.527
Share	-0.003	0.201	-0.003	0.203	-0.004	0.171
Soe	-0.011	0.637	-0.013	0.623	-0.011	0.635
Tobin's Q	0.001	0.882	-0.002	0.617	-0.003	0.552
KC			0.559	0.002	0.342	0.005
IC			0.004	0.001	0.003	0.001
KC × *IC*					-0.051	0.001
F	1002.928		1045.183		1069.915	
调整后 R^2	0.779		0.785		0.788	

5.7 研究结论

企业高质量发展是目标愿景，也是发展模式。企业若想高质量发展，首先要能够提供高质量的产品或服务，其次要保证提供产品或服务的过程是高效率的，最后要保证这个高效率的过程是可持续的。这表明制度管理、资金融通、市场营销、技术创新等任一方面均有可能引起企业高质量发展的波动。高管团队知识覆盖作为其中一环，从高效决策与技术进步两大维度上看，与企业高质量发展之间确有毋庸置疑的联系。在寻求两者关系的实证分析过程中，本章得到以下结论：

第一，企业知识可以分为管理类知识、市场类知识、技术类知识。通过对 70000 余条高管简历数据进行 LDA 无监督聚类，结合困惑度与一致性两大评价指标，最终选定企业知识类别主题数为 3。依据其下属词汇，本书将三者一一对应为管理类知识、市场类知识、技术类知识。在企业知识管理的过程中，知识分类的方式众说纷纭，过往研究通常依赖直观理论与主观经验，将企业知识分为若干类，但如此一来难以有量化的数据支持，也难以认定各高管拥有何种知识，拥有的程度、概率为多少。因此，本章将 LDA 无监督聚类模型运用于此，通过高管简历文本这一客观数据，聚类得到企业的知识的类别，这对企业的知识管理有着重要的参考价值。

第二，高管团队知识覆盖对企业高质量发展具有显著的正向影响。高管团队知识覆盖可以理解成高管之间所拥有的共同知识的程度，这在一定程度上反映了高管团队知识的一致性，也影响着高管团队的沟通成本与知识壁垒。当高管团队拥有的共同知识较多时，可有效缩短企业决策时间，从而提高决策效率；从技术进步维度来看，较高的知识覆盖可以促进企业高管正确把握内部研发的战略方向，也有利于高管团队在外部引进的战略部署中形成一致。从回归结果来看，高管团队知识覆盖的系数大于 0 且显著，通过了稳健性检验；在卷积神经网络（CNN）、因果森林方法（CT）、LASSO 算法中，模型 R^2 均大于 80%，且条件平均效应（CATE）均大于 0.3，更佐证了高管团队知识覆盖对企业高质量发展的正向效应。

第三，企业内部控制水平正向影响企业高质量发展，且负向调节高管团队知识覆盖对企业高质量发展的影响。内部控制指在一定的环境下，在单位内部实施各种约束和调节的组织、计划、程序和方法，从而提高运营效率，充分、有效地获取和使用各种资源，实现既定的管理目标。内部控制的提高，可以打通企业内部的“筋脉”，促进企业经营效率的提高，从而助力企业高质量发展。同时，当企业内部控制水平较高时，由于内部制度的优势淡化了高管间知识壁垒的影响，高管团队知识覆盖对企业高质量发展的影响将受到一定程度的冲淡，其反向调节效应在回归模型中得到显著的体现。

5.8 本章小结

本章探讨了高管团队知识覆盖与企业高质量发展之间的关系，揭示了高管团队知识特征在企业科学决策和高质量发展中的核心作用。在全面建设社会主义现代化国家的背景下，企业高质量发展成为经济转型的关键，高管团队良好的知识结构作为推动企业发展的重要动力，其影响力不容忽视。

通过对高管简历文本的 LDA 聚类分析，本章研究将企业知识分为管理类知识、市场类知识和技术类知识三大类，并采用直觉模糊集的方法量化了高管团队知识覆盖的程度。研究发现，高管团队知识覆盖对企业高质量发展具有显著的正向影响，这一结论在不同年份的数据中均得到了稳健性检验的支持。此外，企业内部控制作为调节变量，对高管团队知识覆盖与企业高质量发展的关系起到了负向调节作用，即内部控制的强化能够降低高管团队知识覆盖对企业高质量发展的影响。

本章不仅丰富了高管团队知识覆盖的量化测度方法，也为理解企业内部控制如何影响高管团队知识特征与企业高质量发展的关系提供了新的视角。这些发现对企业管理实践具有一定启示：企业应重视高管团队的知识结构，通过提高知识覆盖水平来提高决策效率，加快技术进步；对于知识覆盖较低的企业，加强内部控制是促进其高质量发展的有效途径；对于知识覆盖较高的企业，需要在内部控制与知识覆盖之间找到合适的平衡点。

参考文献

[1] 习近平．高举中国特色社会主义伟大旗帜 为全面建设社会主义现代化国家而团结奋斗——在中国共产党第二十次全国代表大会上的报告［J］．党建，2022（11）：4－28.

[2] 蔡昉．中国经济增长如何转向全要素生产率驱动型［J］．中国社会科学，2013（1）：56－71，206.

[3] 刘维林，刘秉镰．新时代以提升全要素生产率促进高质量发展的路径选择［J］．改革，2022（11）：15－23.

[4] Donald C. Hambrick，Phyllis A. Mason. Upper Echelons：The Organization as a Reflection of Its Top Managers［J］. The Academy of Management Review，1984，9（2）：193－206.

[5] Chung D，Cho T S，Kang J. TMT Knowledge Specificity and Search Behavior on Innovation：a Contingency Perspective［J］. Academy of Management Annual Meeting Proceedings，2015（1）：11499.

[6] Iii VLB，Mueller G C. CEO Characteristics and Firm R&D Spending［J］. Management Science，2002，48（6）：782－801.

[7] Hsiang－Lan Chen，Wen－Tsung Hsu，Yen－Sheng Huang. Top management team characteristics，R&D investment and capital structure in the IT industry［J］. Small Bus Econ，2010，35：319－333.

[8] 王益民，赵志彬，王友春．高管团队知识断裂带、CEO－TMT 交互与国际化范围：

行为整合视角的实证研究［J］. 南开管理评论，2020，23（6）：39－51.

［9］Cui Y，Zhang Y，Guo J，et al. Top management team knowledge heterogeneity，ownership structure and financial performance：Evidence from Chinese IT listed companies［J］. Technological Forecasting and Social Change，2019，140（3）：14－21.

［10］金泉．高管团队构成特征与企业绩效关系研究：一个文献综述［J］. 国际商务研究，2010（4）：71－80.

［11］姚振华，孙海法．高管团队组成特征、沟通频率与组织绩效的关系［J］. 软科学，2011，25（6）：64－68，75.

［12］杨国忠，杨明珠．基于 CEO 变动调节效应的高管团队特征对企业研发投资及技术创新绩效的影响研究［J］. 工业技术经济，2016，35（2）：51－59.

［13］李泽萍．高管团队知识覆盖对企业绩效的影响［D］. 南昌：华东交通大学，2022.

［14］王忠瀚．高管团队知识覆盖与成员变动［D］. 南昌：华东交通大学，2022.

［15］吕鲲，陈箫羽，靖继鹏．基于组合分词方法和 LDA 模型的区块链金融产业关键技术识别研究［J］. 图书情报工作，2022，66（19）：110－121.

［16］王琦峰，孙海宁．广义直觉模糊有序加权扩展相似度算子及其应用［J］. 统计与决策，2018，34（22）：78－81.

［17］李善民，周珏廷．金融背景高管能助力实体企业高质量并购吗？［J］. 中山大学学报（社会科学版），2022，62（5）：194－206.

［18］林志帆，龙小宁．社会资本能否支撑中国民营企业高质量发展？［J］. 管理世界，2021，37（10）：56－73.

［19］Georgakakis D，Greve P，Ruigrok W. Top management team faultlines and firm performance：Examining the CEO－TMT interface［J］. Leadership Quarterly，2017，28（6）：741－758.

［20］许志勇，宋泽，朱继军，等．金融资产配置、内部控制与企业高质量发展［J］. 中国软科学，2022（10）：154－165.

［21］刘永丽，程晨，贾涵涵．高管团队重组、内部控制质量与双元创新［J］. 会计研究，2022（3）：93－106.

［22］范亚东，韩银晓．高管团队职业背景异质性与会计信息可比性——基于内部控制质量的中介效应分析［J］. 财会通讯，2022（19）：32－37.

[23] 李雪，曾婷．高管团队异质性、内部控制、ESG 信息披露质量——基于结构方程模型［J］．财会研究，2024（4）：45－51.

[24] Shelagh Campbell，Yingqi Li，Junli Yu，et al. The Impact of Occupational Community on the Quality of Internal Control［J］. Journal of Business Ethics，2016，139（2）：271－285.

[25] Donald C. Hambrick，Phyllis A. Mason. Upper Echelons：The Organization as a Reflection of Its Top Managers［J］. The Academy of Management Review，1984，9（2）：193－206.

[26] 李小青，周建．董事会信息内部控制对企业 R&D 支出的影响研究——基于沪深两市高科技行业上市公司的经验证据［J］．软科学，2012（7）：113－117.

[27] 雷辉，刘鹏．中小企业高管团队特征对技术创新的影响——基于所有权性质视角［J］．中南财经政法大学学报，2013（4）：149－156.

[28] 李慧聪，汪敏达，张庆芝．研发背景高管、职业成长路径与高技术企业成长性研究［J］．管理科学，2019（5）：23－36.

[29] 张明，陈伟宏，蓝海林，等．管理者过度自信与公司避税行为研究［J］．管理学报，2020（9）：1298－1307.

[30] 胡望斌，张玉利，杨俊．同质性还是内部控制：创业导向对技术高管团队与新企业高质量发展关系的调节作用研究［J］．管理世界，2014（6）：92－109.

[31] 王颖，彭灿．内部控制与研发团队知识创新绩效——以共享心智模型为中介变量［J］．情报杂志，2011（1）：113－116.

[32] Allen C Amason，Rodney C Shrader，George H Tompson. Newness and novelty：Relating top management team composition to new venture performance［J］. Journal of Business Venturing，2005，21（1）：125－148.

[33] 段光，杨忠．内部控制对团队创新的作用机制分析［J］．管理学报，2014（1）：86－94.

[34] O'Reilly C，Snyder R，Boothe J. Effects of executive team demography and organizational change［J］. Organizational Change and Redesign，1993，6（3）：147－175.

[35] 邢蕊，周建林，王国红．高管团队内部控制与企业高质量发展关系的实证研究——基于认知复杂性和知识基础的调节作用［J］．预测，2017（1）：1－7.

[36] Iris Vanaelst, Bart Clarysse, Mike Wright, et al. Entrepreneurial Team Development in Academic Spinouts: An Examination of Team Heterogeneity [J]. Entrepreneurship Theory and Practice, 2006, 30 (2): 249 - 271.

[37] Wong S S. Task knowledge overlap and knowledge variety: the role of advice network structures and impact on group effectiveness [J]. Journal of Organizational Behavior, 2008, 29 (5): 591 - 614.

[38] Bloodgood, J M. Acquiring External Knowledge: How Much Overlap is Best? [J]. Knowledge & Process Management, 2015, 22 (3): 148 - 156.

[39] Yang Y B, Pan A C. Study on the relationship of strong tie network, overlapping knowledge, knowledge transfer [J]. Studies in Science of Science, 2009, 27 (1): 25 - 10.

[40] Mariotti F. Knowledge mediation and overlapping in interfirm networks [J]. Journal of Knowledge Management, 2011, 15 (6): 875 - 889.

[41] Hahn J, Lee G. Knowledge Overlap, Task Interdependence, and Trust in is Development [C]. International Conference on Information Systems, 2010 : 199.

[42] Saraf N, Chandrasekaran D, Siddarth S. How Knowledge Overlap Drives (and Doesn't Drive) Developer Preferences for Joining Related Open Source Software Projects [J/OL]. SSRN Electronic Journal, 2011 - 10.

[43] Blickensderfer E L, Cannon - Bowers J A, Salas E. Does Overlap in Team Member Knowledge Predict Team Performance? [J]. Proceedings of the Human Factors and Ergonomics Society Annual Meeting, 1997, 41 (2): 1405.

[44] Gupta N. Team responses to noncontributing members: The effects of attribution and knowledge overlap [J]. Group Dynamics Theory Research & Practice, 2012, 16 (3): 172 - 188.

[45] Vargas - Vera M, Nagy M, De Pablos P O. A framework for detecting and removing knowledge overlaps in a collaborative environment: case of study a computer configuration problem [J]. Journal of Web Engineering, 2013, 12 (5): 422 - 438.

[46] 范玉斌，刘闯，王俊彪．制造工艺领域知识覆盖度计算方法 [J]．计算机集成制造系统，2017，23 (7)：1447 - 1456.

[47] 陈林，龙菲．基层党组织参与公司治理的高质量发展效应研究 [J]．东岳论丛，

2022, 43 (6): 138 – 148.

[48] 肖土盛, 吴雨珊, 亓文韬. 数字化的翅膀能否助力企业高质量发展——来自企业创新的经验证据 [J]. 经济管理, 2022, 44 (5): 41 – 62.

[49] 刘冬冬. 实体企业金融化对企业高质量发展的影响 [J]. 统计与决策, 2022, 38 (11): 159 – 163.

[50] 周健君, 胡有林. 地方国有企业高质量发展评价指标体系研究 [J]. 湖南社会科学, 2021 (6): 58 – 63.

[51] 黎精明, 张泽宇. 国有企业发展质量评价指标体系构建与实证 [J]. 统计与决策, 2021, 37 (12): 166 – 169.

[52] 王瑶, 黄贤环. 企业高质量发展的指标体系构建与实现路径 [J]. 统计与决策, 2021, 37 (12): 182 – 184.

[53] 刘艳霞. 数字经济赋能企业高质量发展——基于企业全要素生产率的经验证据 [J]. 改革, 2022 (9): 35 – 53.

[54] 张治栋, 廖常文. 全要素生产率与经济高质量发展——基于政府干预视角 [J]. 软科学, 2019 (12): 29 – 35.

[55] 张曾莲, 徐方圆. 董事高管责任保险与企业高质量发展——基于代理成本和创新激励视角 [J]. 华东经济管理, 2021, 35 (2): 78 – 86.

[56] 李雄飞. 董事会多元化对国有上市企业高质量发展的影响研究 [J]. 经济问题, 2022 (6): 85 – 93.

[57] 段姝, 刘霞, 殷蓉, 等. 减税降费赋能企业高质量发展了吗? [J]. 经济问题, 2022 (1): 20 – 30.

[58] 武常岐, 张昆贤, 周欣雨, 等. 数字化转型、竞争战略选择与企业高质量发展——基于机器学习与文本分析的证据 [J]. 经济管理, 2022, 44 (4): 5 – 22.

[59] 常媛, 曾永鹏, 黄顺春. 现金持有、研发投入与企业高质量发展——基于中介效应与面板门槛模型分析 [J]. 华东经济管理, 2022, 36 (6): 58 – 67.

[60] 周泽将, 雷玲, 伞子瑶. 营商环境与企业高质量发展——基于公司治理视角的机制分析 [J]. 财政研究, 2022 (5): 111 – 129.

[61] 郑飞, 李腾, 刘晗. 政府补贴对企业高质量发展的影响研究 [J]. 经济经纬, 2022, 39 (5): 140 – 150.

[62] 陈丽姗，傅元海．融资约束条件下技术创新影响企业高质量发展的动态特征［J］．中国软科学，2019（12）：108－128.

[63] Kaplinsky R, Morris M. Thinning and thickening: productive sector policies in the era of global value chains [J]. European Journal of Development Research, 2016, 28 (4): 625－645.

[64] 杨武，田雪姣．技术创新、市场化进程与企业兴衰［J］．科学学研究，2018，36（9）：1686－1693.

[65] 黄聪英．中国实体经济高质量发展的着力方向与路径选择［J］．福建师范大学学报（哲学社会科学版），2019（3）：51－61.

[66] 黄速建，肖红军，王欣．论国有企业高质量发展［J］．中国工业经济，2018（10）：19－41.

[67] 张莉，朱光顺，李世刚，等．市场环境、重点产业政策与企业生产率差异［J］．管理世界，2019（3）：114－126.

[68] 王永进，张国峰．开发区生产率优势的来源：集聚效应还是选择效应［J］．经济研究，2016（7）：58－71.

[69] Rubashkina Y, Galeotti M, Verdolini E. Environmental regulation and competitiveness: empirical evidence on the Porter hypothesis from European manufacturing sectors [J]. Energy Policy, 2015, 83 (2): 288－300.

[70] 陈昭，刘映曼．政府补贴、企业创新与制造业企业高质量发展［J］．改革，2019（8）：140－151.

[71] Hsieh C T, Hlenow H P J. Misallocation and manufacturing TFP in China and India [J]. Quarterly Journal of Economics, 2009 (4): 1403－1448.

[72] Jiang Y, Guo C, Wu Y. Can Environmental Information Disclosure Promote the High－quality Development of Enterprises? The Mediating Effect of Intellectual Capital [J]. Environmental Science and Pollution Research, 2021, 28 (24): 30743－30757.

[73] 李巧华．新时代制造业企业高质量发展的动力机制与实现路径［J］．财经科学，2019（6）：57－69.

[74] The Dynamics of Productivity in the Telecommunications Equipment Industry [J]. Econometrica, 1996, 64 (6): 1263－1297.

[75] James Levinsohn, Amil Petrin. Estimating Production Functions Using Inputs to Control for Unobservables [J]. The Review of Economic Studies, 2003, 70 (2): 317 - 341.

[76] Ackerbergd, Cavesk, Frazer G. Structural Identification of Production Functions [J]. Mpra Paper, 2006, 88 (453): 411 - 425.

[77] 李瑛玫，史琦．内部控制能够促进企业创新绩效的提高吗？[J]．科研管理，2019，40（6）：86 - 99.

[78] 张新民，葛超，杨道广，等．税收规避、内部控制与企业风险［J］．中国软科学，2019（9）：108 - 118.

[79] 董小红，周雅茹，曾琦．企业金融化、内部控制与可持续发展能力［J］．科学决策，2022（1）：32 - 50.

[80] 毛新述，孟杰．内部控制与诉讼风险［J］．管理世界，2013（11）：155 - 165.

[81] 郑莉莉，刘晨．新冠肺炎疫情冲击、内部控制质量与企业绩效［J］．审计研究，2021（5）：120 - 128.

[82] 王亚男，戴文涛．内部控制抑制还是促进企业创新？——中国的逻辑［J］．审计与经济研究，2019，34（6）：19 - 32.

[83] 张秋实，张莉芳．战略性新兴产业企业金融化与企业创新：内部控制有效性的调节作用［J］．科学学与科学技术管理，2021，42（12）：19 - 34.

[84] 吴秋生，杨瑞平．内部控制评价整合研究［J］．会计研究，2011（9）：55 - 60，97.

[85] 宫义飞．内部控制缺陷及整改对股价崩盘风险的影响［J］．中南财经政法大学学报，2020（1）：37 - 45.

[86] 顾奋玲，解角羊．内部控制缺陷、审计师意见与企业融资约束——基于中国 A 股主板上市公司的经验数据［J］．会计研究，2018（12）：77 - 84.

[87] 林钟高，丁茂桓．内部控制缺陷及其修复对企业债务融资成本的影响——基于内部控制监管制度变迁视角的实证研究［J］．会计研究，2017（4）：73 - 80，96.

[88] 张广胜，孟茂源．内部控制、媒体关注与制造业企业高质量发展［J］．现代经济探讨，2020（5）：81 - 87.

[89] 许志勇，宋泽，朱继军，等．金融资产配置、内部控制与企业高质量发展［J］．中国软科学，2022（10）：154 - 165.

[90] Zadeh L A. Fuzzy Sets [J]. Information and Control, 1965, 8 (3): 338 - 353.

[91] Atanassov K. Intuitionistic Fuzzy Sets [J]. Fuzzy Sets and Systems, 1986, 20 (1): 87 - 96.

[92] 魏志远，岳振军．基于直觉模糊集的情感分析研究方法 [J]. 通信技术，2017, 50 (12): 2692 - 2697.

[93] Zhang D, Li Y, Wu C. An extended TODIM method to rank products with online reviews under intuitionistic fuzzyenvironment [J]. Journal of the Operational Research Society. 2020, 71 (2): 322 - 334.

[94] 邢清华，刘付显．直觉模糊集隶属度与非隶属度函数的确定方法 [J]. 控制与决策，2009, 24 (3): 393 - 397.

[95] 雷阳，华继学，殷宏燕，等．基于三分法的 IFS 非隶属度函数确定方法 [J]. 计算机科学，2009, 36 (1): 128 - 130.

[96] 胡平，秦克云．基于模糊等价的毕达哥拉斯模糊集相似度构造方法 [J]. 计算机科学，2021, 48 (1): 152 - 156.

[97] 江文奇，祁晨晨，王晨晨．融合记分函数的直觉模糊集相似度性质再定义与模型设计 [J]. 系统工程与电子技术，2018, 40 (7): 1521 - 1529.

[98] 赵燕，梁中．差异化战略与企业高质量发展——内控机制的风险应对及阈值管理 [J]. 中国流通经济，2022, 36 (11): 92 - 102.

[99] 冯伟，李嘉佳．企业家精神与产业升级：基于经济增长原动力的视角 [J]. 外国经济与管理，2019, 41 (6): 29 - 42.

[100] 张洪美，徐泽水，陈琦．直觉模糊集的聚类方法研究 [J]. 控制与决策，2007, 22 (8): 882 - 888.

[101] Tiffin M A J. Machine Learning and Causality: The Impact of Financial Crises on Growth [M]. International Monetary Fund, 2019: 23 - 134.

[102] Chernozhukov V, Chetverikov D, Demirer M, et al. Double /Debiased Machine Learning for Treatment and Struc - tural Parameters [R]. NBER Working Papers, 2017.

[103] Smith L N. Cyclical Learning Rates for Training Neural Networks [C]. In 2017 IEEE Winter Conference on Applications of Computer Vision (WACV), 2017: 464 - 472.

第6章　对高管团队知识结构的重新思考

在之前的章节，我们围绕企业高管知识结构的覆盖性问题展开了讨论。整个讨论是基于高阶管理理论，从信息决策理论和社会认同理论两大学派对高管团队寻求的是知识同质性还是异质性这一看似矛盾的观点出发，提出了知识覆盖的概念，并尝试采用自然语言处理（NLP）的方法，从公开简历文本中挖掘上市企业高管的知识结构信息。据此，回答这样几个问题：创业型企业高管团队拥有什么样的知识结构能促进企业绩效的提升？A股上市企业高管之间的知识覆盖对企业双元创新与高质量发展会产生怎样的影响？通过对高管简历文本数据的分析，本书勾画出了我国现阶段上市企业高管知识分布的全局图景。实证分析也在一定程度上说明了高管团队知识覆盖水平低于知识异质性水平是有利于企业创新的，但是一定程度的知识覆盖对消除决策分歧、提升企业绩效，乃至促进探索式与利用式创新，推动企业高质量发展，是不可忽视的有利因素。这在第1章微软投资OpenAI的决策案例中可见一斑。虽然本书的研究对于单个企业面对复杂环境进行的决策，难以给出百分之百准确的预见，但从大量数据的分析中仍然可以发现一些内在的规律，这正是本书的价值所在。为此，我们在本章就这些研究所得到的结论，为企业高管团队拥有的知识及其分布结构提出一些管理建议，也为我国企业今后发展所需的高管团队人力资源布局提供一些不同的思考视角。

6.1 创业型企业创新的启示

6.1.1 研究发现总结

在通过实证研究探讨创业型企业高管团队知识结构对企业绩效的影响，特别是高管团队知识覆盖与知识异质性的作用之后，我们发现高管团队内部以财务会计、技术研发生产、市场销售、投资管理四类知识与成员构成的知识网络覆盖度与企业绩效之间存在正相关关系，成员间在财务会计、技术研发生产、市场销售、投资管理四类知识上的知识异质性与企业绩效间存在负相关关系，且知识异质性在一定程度上会损害知识覆盖对企业绩效的正向效益，起负向的调节作用，但这种调节效应只存在于成立时间超过10年的企业中，股权激励在高管团队知识覆盖度对企业绩效的影响中起正向调节作用。

6.1.2 管理上的启示

根据以上研究结论，我们为创业型中小企业提出三点管理建议。

第一，处于发展期的中小企业应重视高管团队知识结构建设，尤其是团队的知识覆盖需要达到一定程度，应鼓励团队成员间互相交流和学习。虽说知识的异质性是有利于企业创新的，但知识覆盖综合考虑团队整体知识多样性、个体知识多样性以及知识在成员间的分布特征，是在差异性基础上对团队知识结构提出的更高要求。本书发现，高管团队内部以财务会计、技术研发生产、市场销售、投资管理四类知识与成员构成的知识网络覆盖与企业绩效间存在正相关关系，团队内部知识覆盖度越高，企业绩效表现越好。这是因为在低知识覆盖的团队，成员间知识转移的意愿较低，知识提供者会担心知识无法得到合理的保护，知识接收者则可能担心知识提供者存在的机会主义，导致团队内部知识利用效率低下，不利于处于发展期企业的经营管理。相反，一定程度的知识覆盖能有效促进团队成员基于交流合作培养起信任默契和社会认同，一方面，知识拥有者更愿意分享知识；另一方面，知识接收者也更愿意信任网络伙伴分享的知识，这种信任和默契非常有利于高质量信息传递与隐性技术知识交流，能大幅提高各类知识的利用效率，从而对企业的经营、发展产生正面影响。因此，处于发展期的企业应该注意高管团队内部的知识覆盖管理，引导成员间相互学习、了解，促进知识转移。

第二，处于发展期的中小企业应尽量平衡好高管团队内部知识异质性和知识覆盖度。本书研究表明，高管团队内部以财务会计、技术研发生产、市场销售、投资管理四类知识与成员构成的知识网络异质性与企业绩效间存在负相关关系，且知识异质性在一定程度上会损害知识覆盖对企业绩效的正向效益，起负向调节作用，但这种调节效应只存在于成立时间超过 10 年的企业中。这是因为相较于成立时间较短的企业，成立时间越长的企业，发展越趋向于稳定，高管成员间的合作时间越长，过高的知识异质性会导致小团体内部产生强有力的抱团行为，不利于团队整体共识的达成，从而损害到团队知识覆盖对企业绩效的正向影响。因此，处于发展期的企业，应尽量平衡好高管团队内部知识异质性和知识覆盖度，实现团队内部知识结构的合理分布，在保留各自差异、发挥不同作用的基础上寻求知识的整合与融合，预防小团体内部强有力的抱团行为使知识异质性在一定程度上折损知识覆盖对企业绩效的正向影响。

第三，处于发展期的中小企业应合理实施股权激励政策。虽然数据分析表明，股权激励本身不会直接对企业绩效产生显著影响，但这政策确实是当下留住人才以及绑定股东与代理人权益的最佳实践之一，并在高管团队知识覆盖对企业绩效的影响中起到正向调节作用。对处于发展期的中小企业，高管团队内部知识差异过大、知识覆盖程度较低、难以达成经营共识甚至产生分歧，是提升企业绩效的不稳定因素，股权激励所带来的影响会由此抵消。企业所有者必须引导管理者与自己保持一致的目标，而不是趋向于自利行为，这样才能保障管理决策利于企业的长期发展。股权激励政策将高管团队的利益与企业利益进行捆绑，但这需要消解高管团队内部过大的知识差异，保持团队经营决策的稳定性，从而有助于企业发展的持续，提升企业价值，同时也能正向调节团队内部知识覆盖对企业绩效的积极影响，促进团队内部的知识交换，提高知识转移效率，对企业的经营发展起到“1 + 1 > 2”的效果。因此，处于发展期的中小企业应在注重团队知识结构优化的同时，合理实施股权激励政策，如此才能促进企业发展。

6.2 对企业双元创新的启示

6.2.1 研究发现总结

双元创新是现代企业在激烈的市场竞争中保持优势的重要战略，我们从高管团队知识水平与知识结构的角度出发，探讨高管团队知识覆盖与企业双元创新之间的关系，并引入企业知识吸收能力作为中介变量。

在探讨创业型企业高管团队知识覆盖与知识异质性时，我们发现知识异质性仍然是推动企业创新的关键因素，但一定程度的知识覆盖是必不可少的。因此，我们继续沿用知识覆盖这一研究视角，揭示了一些新的规律：高管团队的知识覆盖对企业双元创新有正向影响，有助于团队内部的知识交流和执行能力的提升，对企业创新活动至关重要。高管团队知识覆盖能提升企业的潜在吸收能力和现实吸收能力，促进企业对外部知识的获取、消化，提高知识内化效率。企业的潜在吸收能力和现实吸收能力对双元创新均有正向影响，有助于企业知识的更新和新知识的转化、利用。潜在吸收能力和现实吸收能力在高管团队知识覆盖与企业双元创新之间起到部分中介作用，表明企业应提升这些能力以维持创新动力。利用式创新对探索式创新有正向促进作用，通过优化现有技术，不断积累，最终促进探索式创新的产生。

由此可以看出，高管团队的知识覆盖和企业的知识吸收能力是推动双元创新的关键因素。企业应重视高管团队的知识结构，促进知识共享和创新活动，实现持续竞争优势。

6.2.2 管理上的启示

根据上述得到的研究结论，有针对性地提出一些管理建议，以期为我国企业的创新发展提供一定的参考。

（1）合理布局高管团队的成员构成。由于高管团队的知识覆盖对企业的双元创新具有显著的正向影响，企业在构建高层管理团队时要注重组成成员的合理性，选择彼此间存在知识覆盖的高管成员，可以促进成员之间的沟通交流，利于知识在团队内部的共享，实现知识的叠加效应，从而提高创新决策的质量与效率，使企业的行为更加有效，能够及时应对复杂激烈的市场竞争。

（2）重视企业知识吸收能力的提升。这与以往的研究结论是一致的，知识吸收能力是知识与企业创新之间的转化工具，可以有效实现知识价值的最大化。企业高管团队应当密切关注外部环境，重视知识吸收能力的提升，充分获取外部知识与资源，实现企业自身的知识积累，并在团队内部积极开展知识共享与交流活动，识别有价值的外部知识信息并将其内化，促进企业内外知识的充分整合并进行有效的转化与利用，维持创新动力以实现双元创新。不论是潜在吸收能力还是现实吸收能力，都能够促进双元创新活动的开展。

（3）注重双元创新活动的均衡性。本书再次说明了利用式创新活动与探索式创新活动之间存在互补关系，在企业的发展过程中，两者间呈现交互促进的趋势。利用式创新是基于企业现有知识进行改进的创新活动，为企业带来短期的经济效益；探索式创新是企业脱离现有知识进行革新的创新活动，为企业带来长期利益。为了保证企业长、短绩效的平衡，高管团队应当结合企业自身特点与总体战略目标，通过合理配置资源来协调好两种创新活动，以实现两种创新活动的共存，不能忽视任何一种创新活动，两者对企业的生存与发展都非常重要，缺一不可。

6.3 对企业高质量发展的启示

6.3.1 研究发现总结

我们进一步追问，高管团队知识覆盖与企业高质量发展是否存在影响关系？因为企业高质量发展不仅要求提供高质量产品或服务，还需要保证过程的高效率和可持续性。通过实证分析，我们也得出一些结论：

首先，我们进一步将企业知识划分为更加集中的管理类知识、市场类知识和技术类知识三类，这一分类基于 70000 余条高管简历数据的 LDA 无监督聚类分析，强化了企业知识管理的量化参考。其次，高管团队知识覆盖对企业高质量发展有显著正向影响。知识覆盖反映了团队知识的一致性，影响沟通成本和知识壁垒。高知识覆盖有助于缩短决策时间，提高效率，促进技术进步，多种模型结果均验证了其正向效应。最后，企业内部控制水平对高质量发展有正向影响，但会负向调节高管团队知识覆盖对企业高质量发展的影响。内部控制的强化可以提高运营效率，同时也可能减少高管团队知识覆盖对企业高质量发展的正向作用。

因而，高管团队的知识覆盖和企业内部控制水平同样是影响企业高质量发展的关键因素。企业应重视高管团队的知识结构和内部控制体系的建设，以实现高效、可持续的发展目标。

6.3.2　管理上的启示

根据研究结论，我们获得了一些管理上的启示。

第一，企业要实现高质量发展，高管团队应适当提高知识覆盖水平，不但要注重全面性，也要提高一致性。一方面，在选择高管团队成员的过程中，无论是外部引入还是内部提拔，在其他条件不显著的情况下，应尽可能选择拥有更多共同知识的人才组成高管团队，充分发挥高管团队知识覆盖的优势，提高决策效率，促进技术进步；另一方面，应鼓励高管团队成员进行沟通交流，加强成员间的知识转移，以达到提高知识覆盖的目的。相较于知识异质性，高管团队知识覆盖一直以来未能受到足够重视，这也让部分企业过于注重高管团队知识的差异化，而在一定程度上忽略了成员间知识的一致性。事实上，高管团队知识异质的达成，更多需要外部人才、知识的引入与学习，这也意味着不可避免的知识沟通成本。高管团队知识覆盖则更依赖企业内部的知识转移，这更加仰仗企业知识管理的实施效果。本书以企业官方公布的高管简历文本为样本，运用 LDA 算法将各个高管的知识结构按照概率分布的模式加以展现，从而对每个高管进行知识结构的客观描述。在实际中，对于企业而言，不仅拥有高管更为详尽的简历信息，还能依靠自我评述、专家评述等调查方式，详细了解高管团队成员的知识结构。

第二，高管团队知识覆盖较低的企业，应致力于提高内部控制水平。高质量发展是技术进步率、管理效率、资源配置效率的共同体现，高管团队知识覆盖作为其中一环，其影响力受到内部控制的反向制约。因此，当高管团队知识覆盖较低时，企业可以提高内部控制设计与执行的有效性，以此提高内部控制水平。如此一来，一方面，可以充分发挥内部控制对企业高质量发展的正向影响；另一方面，由于知识覆盖水平较低，企业不必担心提高内部控制水平会降低知识覆盖对高质量发展的边际效益。当企业高管团队知识覆盖较低，同时改善成本较高时，不妨另辟蹊径，致力于提高内部控制水平，也能实现高质量发展的目标。

第三，高管团队知识覆盖较高的企业，对内部控制的投入成本应根据模型结果进行权衡。由于内部控制具有负向调节效应，企业应在内部控制与高管团队知识覆盖之间权衡利弊。从实验结果来看，虽然内部控制对企业高质量发展具有显著的正向影响，但是其系数为 0.002，标准化后的系数也仅为 0.004；高管团队知识覆盖的回归系数为 0.708，标准化后的系数也达到 0.03。两者相较而言，内部控制的影响权重远低于高管团队知识覆盖。因此，当知识覆盖较高时，企业对内部控制的投入应充分考虑其对知识覆盖的负向调节效应，不宜再投入较多成本，过度发展内部控制。此时，可尝试通过本书的模型模拟计算企业高质量发展的期望水平，结合内部控制的成本因素，权衡得到合理的内部控制与高管团队知识覆盖配比。

6.4
研究存在的局限

虽然我们尝试从大样本与自然语言处理的视角去探索企业高管知识结构特征对企业创新、绩效与高质量发展的影响，并得到了一些结论，为企业管理实践提供了些许参考。但由于样本选择、数据时效、模型选择、实证分析等多种因素的影响，研究过程存在一些不足与需要改进的地方。

第一，受客观数据条件的限制，在对创业型企业进行研究时，只选取了 2009—2017 年在创业板上市的企业作为样本，且未考虑未上市的中小企业，需要通过案例研究来弥补这一不足。在对双元创新进行研究的时候，也只是以 A 股上市公司为研究样本，得出的相关结论并不适用于非上市公司。因此，本书研究结果的适用范围存在局限性。同样，由于经济环境不断变化，只用 A 股上市企业的截面数据来研究高管团队知识覆盖对企业高质量发展的影响，研究发现的规律是否因此波及更深远的范围，目前尚不能定论。因而后续研究建议要扩充样本范围，考虑将非上市公司与上市公司一并纳入研究范围，拓展研究对象，验证研究结论的普适性。

第二，研究过程只选取了 2017 年、2019 年、2020 年、2021 年的数据作为观察期，不同年份间企业发展和行业现状存在较大差异，本书获得的结论是否能在其他经济环境下得到验证尚不可知。为此，需要增加数据的观察期，以期获得更具说服力的结论。

第三，知识覆盖是一个抽象、复杂的概念，通过构建二模网络刻画知识覆盖特征，并且此方法是基于国泰安数据库中高管的个人简历，从收集的数据来看，在不少企业高管的个人简历存在缺失的情况，不一定能准确反映企业的高管团队知识覆盖。虽然在研究企业高质量发展问题时，我们进一步提出了以直觉模糊集的方式来改进对知识覆盖的测度，但仍然未能充分挖掘知识覆盖的深层含义，这将在之后的研究中进一步完善。

第四，在对双元创新变量的测量上，因变量利用式创新与探索式创新的测量是基于专利数量，由于数据的可获得性，并没有考虑专利的质量，数据存在片面性。若能将数量和质量一同考虑进来，共同测量企业的双元创新，测量结果将会更加准确。

第五，在影响因素的选取上，对于高管团队知识覆盖与双元创新的影响研究，只考虑将企业知识吸收能力作为中介变量，但实际上还存在很多其他因素，比如调节变量或其他中介变量可能会影响这一作用机制，而本书考虑的影响因素相对有限。这需要将其他中介变量或调节变量纳入理论模型，研究这些变量对该路径可能造成的影响，比如企业的其他能力、生命周期等都可以作为重要的影响变量。

6.5 本章小结

通过前述章节的实证研究，我们针对企业高管知识覆盖的议题获得了一些发现，并总结了这些发现，如高管团队的知识覆盖与企业绩效正相关，过高的知识异质性与企业绩效负相关，且知识异质性会削弱知识覆盖对企业绩效的正向影响。此外，股权激励在高管团队知识覆盖与企业绩效的关系中起正向调节作用。对于双元创新，高管团队的知识覆盖和企业的知识吸收能力是关键推动因素，其中，利用式创新对探索式创新有正向促进作用。在高质量发展方面，高管团队知识覆盖对企业高质量发展有显著正向影响，企业内部控制水平对高质量发展有正向影响，但会负向调节高管团队知识覆盖的影响。

这些研究结论让我们对当下企业高管知识管理方面的问题产生了一些新思考，并获得了一些管理启示。我们建议企业重视高管团队的知识结构建设，平衡知识异质性和知识覆盖度的关系，并合理实施股权激励政策。企业应合理布局高管团队的成员构成，重视提升企业的知识吸收能力，并加强对双元创新的均衡关注。对于高质量发展，企业应提升高管团队的知识覆盖水平，提高内部控制水平，并在内部控制与高管团队知识覆盖之间进行权衡。这些发现和启示为企业管理实践提供了新的视角，有助于企业优化高管团队的知识结构，提升企业绩效和创新能力。

我们也总结了研究存在的局限，包括样本选择的限制、数据时效性问题、知识覆盖概念的深度挖掘不足、变量测量的片面性以及影响因素考虑的局限性。未来的研究需要扩充样本范围，增加数据观察期，改进知识覆盖的测度方法，并考虑更多影响因素。